樂果文化

樂果文化

樂果文化

樂果文化

工廠女孩

FACTORY GIRL

Leslie T Chang（張彤禾）◎著

編輯案頭

本書作者張彤禾二〇〇四年前往中國東莞記錄兩名來自貧困農家的年輕工廠生產線女工的故事。她花了兩年的時間追蹤他們的生活，針對民工和其單調、勞苦以及與世隔絕生活的描繪。

民工，也稱為農民工、外來工，「民工」是中國改革開放前便出現的稱謂，源自於淮海戰役中的民伕，當時人們不太喜歡稱為民伕，於是改稱民工。早期民工工作時離土不離鄉或短期離鄉，而「農民工」稱謂是由改革開放後，大量農民工進城後出現。

隨時代改變，民工又被狹義地稱為農民工、外來務工人員（外來工）、外地人，這些稱謂都是民間（包括媒體在內）一個過渡性的稱謂，無法準確的代表他們，官方文件中指「轉移農村剩餘勞動力推進城市化建設」，這一政策思維影響了農民工的命運，農民工被當作「勞動力」使用而不是「人」，農民工作為「人」的「基本權利」和人的「成長和發展」被忽視，農民工擁有「農民」和「工人」兩種「職業」身分和兩種「階級」身分，從一九七八年至今，時間長達三十多年，人數達兩億五千萬。

他們擁有農業戶口身分，由於中國大陸至今仍未廢止戶籍制度，農民無法自由遷移，在城市裡沒有非農業戶口，為城市創造了GDP，卻不能享受城市經濟發展帶來的社會福利，「農民工」成為這一制度之下特殊群體。他們普遍受教育水平較低，租住在十平方米左右的「單房」。

中國大陸的企業普遍不同程度違反勞動法，工會制度名存實亡，農民工的權利得不到有效保障，沒有政治地位，無法表達自己的聲音，往往是城市被僱傭者中工作條件最差、環境最苦、收入最低的群體；他們是貧富巨大差距的壓力承受者，和城裡人一樣承受通貨澎脹、教育、醫療、住房、養老的壓力，同時也是中國產業工人中人數最大的群體，中國經濟建設的主力軍。

大量的青中年農民工進入城市，使農村產生空巢老人和留守兒童，其中大部分農民工跨省流動打工，脫離農村原有的生活社區。文化差異、城市制度排拆和思想觀念歧視，使他們很難融入城市新的社區，遇到法律糾紛、生活矛盾、感情問題等容易走向極端，跳樓、跳橋、自殺成為他們不得已的維權方式，使得部分農民工成為城市的治安及刑事案件的製造者。

這本書深入民工的生活與心裡，詳實記錄與深刻描述中國經濟發展最底層的真實面貌，以英文出版後引起了全球的關注，讓我們一起跟著作者的靈心妙筆，進入民工的生活與透視中國經濟發展的真相。

謹獻給我的父母親

目錄

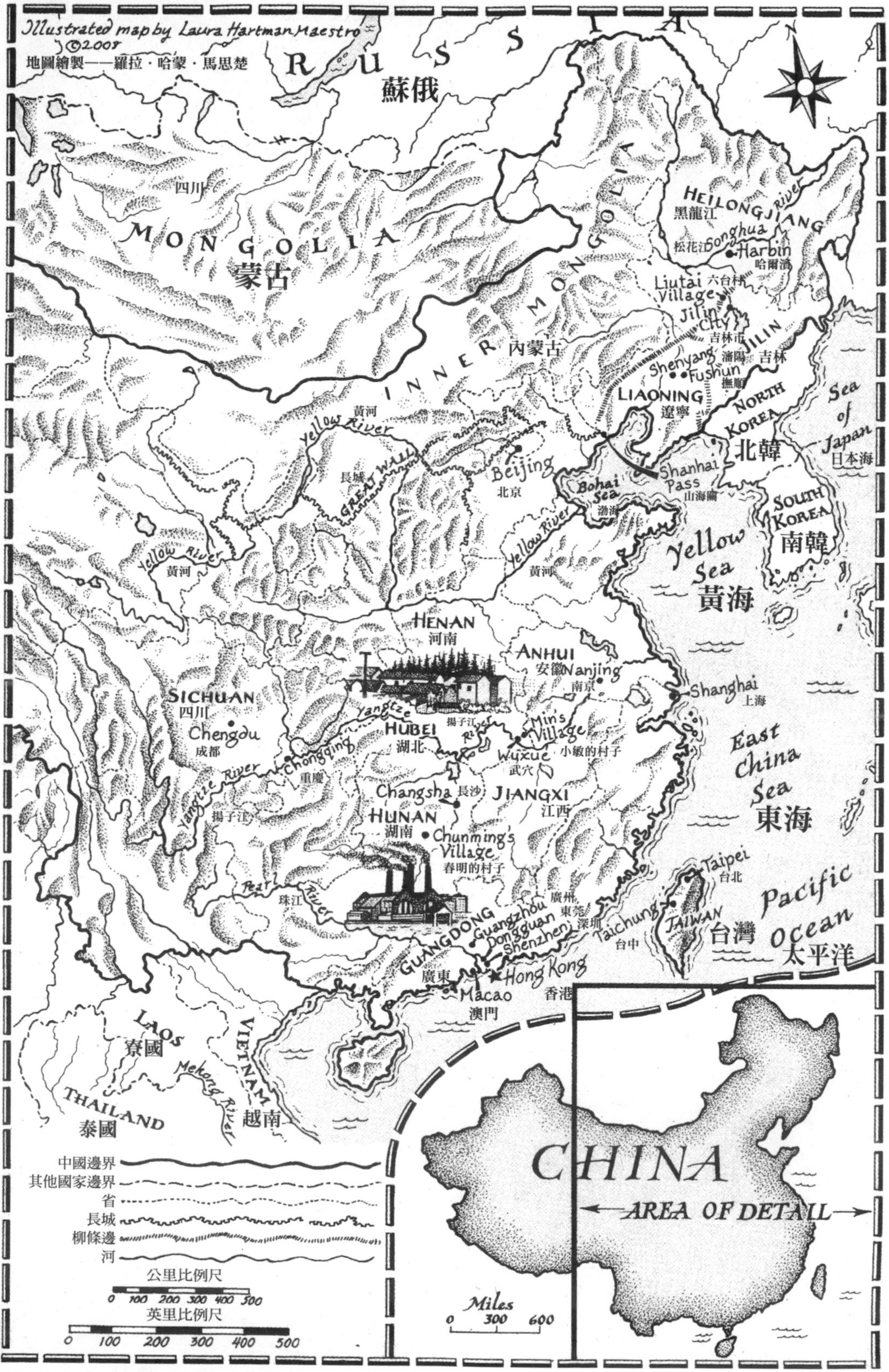
Illustrated map by Laura Hartman Maestro
©2008
地圖繪製——羅拉·哈蒙·馬思楚
RUSSIA
蘇俄
MONGOLIA
蒙古
四川
INNER MONGOLIA
內蒙古
HEILONGJIANG
黑龍江
Songhua River
松花江
Harbin
哈爾濱
Liutai Village
六台村
Jilin City
吉林市
JILIN
吉林
Shenyang
瀋陽
Fushun
撫順
LIAONING
遼寧
NORTH KOREA
北韓
Sea of Japan
日本海
Shanhai Pass
山海關
Bohai Sea
渤海
SOUTH KOREA
南韓
Yellow River
黃河
GREAT WALL
長城
Beijing
北京
Yellow Sea
黃海
HENAN
河南
ANHUI
安徽
Nanjing
南京
Shanghai
上海
SICHUAN
四川
Chengdu
成都
Yangtze River
揚子江
HUBEI
湖北
Min's Village
小敏的村子
Wuxue
武穴
East China Sea
東海
Chongqing
重慶
Changsha
長沙
JIANGXI
江西
HUNAN
湖南
Chunming's Village
春明的村子
Pearl River
珠江
Taipei
台北
Guangzhou
廣州
Dongguan
東莞
Shenzhen
深圳
Taichung
台中
TAIWAN
台灣
Pacific Ocean
太平洋
GUANGDONG
廣東
Hong Kong
香港
Macao
澳門
LAOS
寮國
VIETNAM
越南
Mekong River
THAILAND
泰國
中國邊界
其他國家邊界
省
長城
柳條邊
河
公里比例尺
0 100 200 300 400 500
英里比例尺
0 100 200 300 400 500
Miles
0 300 600
CHINA
AREA OF DETAIL

第一章

城市生活

1、出走

當妳遇見來自另一個工廠的女孩，妳會先趕緊探聽一些情報。第一句通常是「哪一年來的？」聽起來好像指的不是一個人，反倒像是詢問一部車的製造年份。「多少錢一個月？含住宿嗎？加班費多少？」然後才問她是從哪一省來的。妳從不問對方的名字。

工廠裡很難交到真正的朋友。女孩們睡在擠了十二個人的房間，在如此狹小的宿舍裡，最好不要隨便洩漏自己的祕密。有些女孩用借來的身分證到工廠工作，她們從不透漏自己真正的姓名。有些女孩只和從自己家鄉來的人交談，不過這樣也有風險，因為閒言閒語很快就會從工廠傳回村裡，等妳回鄉的時候，每一位嬸嬸、婆婆都知道妳賺了多少錢、存了多少錢，有沒有跟男孩出去鬼混。

但是等妳真的找到一位知心好朋友後，妳會甘願為她做任何事。如果她辭了工、沒地方可去的時候，妳會冒險讓一半的床給她睡，即使被抓到了得罰十塊錢人民幣，換算成台幣大約四十五元。假如她到了很遠的地方工作，妳會在好不容易才等到的休假日那天早早起床，搭上車程好幾個小時的巴士，而在城市另一頭的朋友也會請一天假——代價是扣薪一百塊人民幣，和妳一起共度一整天。妳可能待在一家自己根本不喜歡的工廠，或是離開喜歡的工廠，只因為妳的朋友要妳這麼做。妳們每個星期會互相寫信給對方，雖然在那些比較早到都市來的女孩眼裡會覺得這麼做很幼稚，因為她們都用手機傳簡訊。

只是這樣的友情常常無疾而終，因為生活裡的變化太多。這個世界上最容易做的事，就是和某個人失去聯絡。

發薪日是每個月最快樂、也最糟糕的一天。當妳工作了那麼久、又那麼賣力之後，卻發現自己因為一些愚蠢的小事被扣了那麼多錢，簡直氣死人，不過就是有天早上遲到了幾分鐘，有天覺得身體不舒服請了半天假，還有換季的時候多了一筆添購夏天制服的開銷。每個人在發薪這天全擠到郵局，趕著把錢匯回家裡。剛從家鄉來的女孩拼了命地把錢寄回家，在都市待得比較久的女孩則會笑她們傻。有一些女孩，特別是那些已經有男朋友的，會為自己開個儲蓄帳戶。每個人都知道哪些女孩最會存錢，也知道她們存了多少錢。大家也清楚哪些人沒存什麼錢，只要看看那些女孩的唇蜜、銀色手機、心型項鍊和好幾雙高跟鞋便知曉。

女孩們常常嚷著想離開，不過按照規定必須做滿六個月才可以辭工，而且還不一定得到批准。工廠會先扣下每個工人前兩個月的薪資，如果沒被批准就離開，那兩個月的錢也領不回來，妳就得再找個地方重新開始。這些工廠生活的現實面，絕非外人可以了解：想進工廠做工很容易，難的是離開。

想要找到更好的工作，唯一的出路就是辭掉現有的工作。因為妳必須請假才能去面試，通常新工作那邊也會希望妳立刻上工。辭掉工作是找到新工作最好的保證，迫切需要糊口與急著找地方住的窘境，是快速找到工作的動力。女孩們常常一群人集體辭工，她們在群體中找到了勇氣，也說好要一塊兒到某個工廠工作，雖然最後根本不可能實現。這個世界上最容易做的事，就是和某個人失去聯絡。

＊＊＊

呂清敏有很長一段時間都是孤伶伶一個人。她的大姐在深圳一家工廠上班，這個工業蓬勃發展的城市離呂清敏打工的地方大概一個小時的車程，而和她從同一個家鄉來的朋友，則是散居在中國沿海城市。但是小敏——朋友都這麼稱呼她，從來沒和他們聯絡，原因是自尊心作祟，因為小敏不喜歡自己工作的地方，所以不讓任何人知道她在哪裡。於是，她就這麼消失。

小敏在佳榮電子製品廠工作，這是一家香港人經營的工廠，專門製造鬧鐘、計算機和可以顯示世界各城市時間的電子月曆。小敏二〇〇三年三月來到這裡面試的時候，整座工廠看起來非常體面，磁磚外牆、水泥地面、還有一扇摺疊開關的金屬大門。小敏直到確定被雇用了，才准進入那扇門。這裡的床是上下舖的，十二個人擠在一間，房間侷促地緊挨在廁所旁邊，又髒又臭；提供的伙食也很差，一餐只有白飯、一碟肉或蔬菜和一碗淡而無味的湯。

每天的工作時間從早上八點到半夜十二點——整整十六個小時，中間只有兩餐飯的休息時間，星期一到星期日，天天都要上班，除了偶爾不必加班的星期六下午，這也是他們唯一的休假日。一個星期的薪資是四百元人民幣，大約台幣一千八百元，如果加上加班費，可以領到兩倍錢，只不過薪資經常遲發。這間工廠有將近一千個工人，大多數是女性，如果不是剛從鄉下來的少女，就是超過三十歲的已婚婦女。你可以從一家工廠短缺的受雇年齡層中，斷定這個工作環境的品質；像這裡就幾乎看不到工廠界裡的菁英份子——二十多歲的年輕女性。

小敏幾乎一進工廠就想要離開，但是她發誓要撐六個月，這是個自我鍛鍊的好機會，更何況她眼前的選擇也寥寥無幾。十八歲是合法打工的年齡，雖然十六、七歲也能找到一些工時較短的特定工作，不過通常只有那些敢明目張膽地違反勞工法的雇主——就是那些「非常黑心的黑心工廠」——才會雇用像她這麼年輕的工人，小敏這麼說。

小敏進工廠的第一星期就滿十七歲，她請了半天假，自己一個人在街上逛，還買了一些甜食獨享，她完全不知道別人是怎麼玩樂的。來到城市之前，小敏對工廠裡的一切只有非常模糊的概念，她以為大夥兒會像朋友般聚在一起。「我以為在生產線工作會很有趣，」小敏之後說：「我以為會有很多人在一起忙碌的工作、大家一起開心的聊天，我還以為會很自由，但根本不是這樣。」

工廠規定工作的時候不能聊天，不然得罰五塊錢人民幣。上廁所的時間最多只有十分鐘，而且還要登記。小敏在品管部門工作，負責檢查一個個從生產線傳過來的電子小零件，確認按鈕都可以使用，安裝好的電池和塑膠接頭也都依照規定組合在一起。小敏不算是個模範員工，她時常和其他女工偷偷聊天、唱歌，一整天坐著讓她覺得自己好像被困住，像隻被關在籠子裡的鳥，所以她常常跑到廁所去，只為了看看窗外讓她想起家鄉的青山。東莞是一個位於亞熱帶山林環繞的工廠城市，然而似乎只有小敏一個人注意到這件事。因為她，工廠發佈了一項每隔四個小時才能上一次廁所的新規定，違規的話，會被罰五塊錢人民幣。

六個月之後，小敏找了她的老闆，一個年齡二十多歲的男人，說她想要辭工。但是老闆不放人。

「妳在生產線的工作表現特差，」老闆說：「妳自己不知道嗎？」

「就算是這樣，」小敏回答：「我也不想在你這種討人厭的老闆底下工作！」

為了表示抗議，小敏第二天沒去上工，罰款是一百塊人民幣。到了第三天，她又找老闆提辭工的事，老闆的回答嚇了小敏一跳——只要小敏撐到六個月之後的農曆新年假期，她就能離開，還可以拿到工廠欠她的頭兩個月薪水。小敏的老闆賭她到時候一定會留下來，因為農曆年後通常會有一大批人到東莞這樣的大城市找工作，想要找個工作可是難上加難，而且競爭非常激烈。

經過這一次的抗爭，老闆對小敏的態度好多了，也好幾次慫恿她繼續留下來，有一回甚至提到要將她升為廠房辦事員，不過還是一樣的薪水。小敏拒絕了，「你的工廠不值得我把整個青春浪費在這裡。」小敏直接告訴她的老闆。她在附近的職業學校註冊了一堂電腦課，只要晚上不必加班，小敏就不吃晚餐，直接到學校上幾個小時的課，學電腦打字或是打報表。大多數的工廠女孩認定自己沒讀過什麼書，所以就算上課也不會有什麼幫助，但是小敏不一樣，「學總比不學的好」，她是這麼想的。

小敏打電話回家說出辭工的打算，但是在鄉下守著一小塊耕地、還得養三個小孩的父親和母親都反對，「妳老是想從這個地方跳到那個地方，」小敏的父親說：「女孩兒不該這麼沒定性，在一個地方好好待著，存點錢唄！」

小敏不認為這是最好的建議，「別擔心我，」小敏告訴父親：「我可以照顧自己。」

現在小敏在工廠裡有兩個真正的朋友，梁容和黃嬌娥，兩個人都大小敏一歲。小敏晚上去上課的時候，她們會幫小敏洗衣服。洗衣服幾乎是天天都得做的例行雜務，因為這些女工們沒幾件可供換洗的衣物。下工之後的溼熱夜裡，一群女工排著長長的隊伍，來來回回從廁所提水洗衣服。

一旦交到朋友，工廠裡的生活也變得有趣起來。三個女孩會在難得的放假夜捨棄工廠提供的晚餐，先跑去溜滑輪，再趕回工廠看一部晚場電影。秋去冬來，沒有暖氣設備的工廠宿舍冷得讓人無法入睡，小敏會拉著梁容和黃嬌娥到空地打羽毛球，等身體夠暖和了才回去睡。

二〇〇四年的農曆新年在二月底來臨，工廠只放四天假，根本不夠回鄉再回工廠的時間。小敏窩在宿舍，兩天裡打了四通電話回家。新年假期過後，小敏又找了老闆，這一次他同意讓小敏離開。當小敏告訴梁容和黃嬌娥這個消息時，她們倆都哭了。在這個陌生的城市裡，她們是唯一知道小敏即將離開的人。她們求小敏留下來，她們認為其他工廠也不會比這裡好，到頭來不管離開或是留下，其實都一樣。但是小敏和她們想的不一樣。

在生產線工作了十個月，小敏總共寄了三百塊人民幣回家（大約一千三百多塊台幣），還交到兩個真正的朋友。

小敏應該感到害怕，不過她只想著自己終於自由了！

＊　＊　＊

在小敏出生的村莊裡，幾乎每一個人都姓陸。總共有九十戶住在那裡，在小小的農地上種稻子、油菜和棉花維生。小敏的家人在二十畝地上耕種，飯桌上的食物也大多從這塊田裡來。

小敏的未來顯然在她還是個小娃兒的時候就已經註定了，因為鄉下奉行的觀念，就是家裡一定得有個男孩。小敏的母親連生了四個女娃兒後，才盼到個壯丁。雖然中國政府早年實施「一胎化」政策，限制每個家庭只能生一個小孩，不過鄉下地方抓得比較沒那麼嚴。不過一九八〇年代的經濟開放讓人民的生活費用節節上漲，五個孩子是很重的負擔。身為家裡的老二，小敏必須分攤家計的重擔。

小敏不喜歡上學，成績也不太好，只記得自己在學校裡好像老是闖禍。她曾爬上鄰居的梅子樹偷摘梅子，要是被大人抓到免不了一頓打。有一次小敏的母親要她做家事，她非但不願意，還說：「那麼多人在家，為什麼偏偏得我去做？」她母親氣得追著小敏跑了四百多公尺遠，用棍子打了她一頓。

小敏倒是很會找樂子，她學會了游泳和開卡車，也喜歡溜滑輪，有時候還偷偷藏起傷不讓母親發現。「妳想得到的每一種姿勢，我都跌過。」小敏說：「不過妳不能老想著會跌倒。」她是父親最疼愛的一個。有一年夏天，小敏的父親租了一輛卡車，和她一起開遍整個鄉間，販賣自家種的西瓜。他們白天開車，晚上就睡在卡車裡，這段旅程是小敏最珍藏的回憶。大部分的民工認為自己的家鄉既貧窮又落後，有些人甚至不願意說出自己是打哪兒來的。但是來到城市已有很長一段時間的小敏，依然提起自己的家鄉，彷彿那是一個多美麗的地方。

一九九〇年底，小敏的父親和母親曾經為了小孩的學費，離鄉出外工作。她的父親在沿海的鞋廠打工，但是因為身體不好的緣故，又回到家鄉。後來小敏的母親也到城市工作了一年。小敏那時候在附近的城鎮上中學，雖然是住校，不過她每個星期都會回家替父親和弟弟妹妹們煮飯、洗衣服。

小敏村裡的年輕人幾乎都到大城市去了，她的大姊——桂敏也到東莞的工廠工作。沒多久，小敏因為沒考取高中，所以她的父母親也考慮讓她離家去工作。但是桂敏特地打電話回家，說服他們一定得讓小敏繼續讀書，學費則用她在工廠賺的錢付。小敏的爸媽也同意，就讓她到一間兩年制的高職就讀。這讓小敏成為全村學歷最高的人——比為了幫助家裡而犧牲自己的桂敏學歷還要高。

桂敏在二○○三年回家鄉過農曆新年，她離開的時候連小敏也一起帶走。雖然小敏還有一個學期才畢業，但是她想省點學費，順便也提早找工作。小敏對離家可是興奮得不得了，她從來沒搭過火車，也不曾看過工廠大樓。「我想要早一點出來，學一點東西，看看這個世界。」小敏說。

桂敏在東莞替小敏租了一間便宜旅館的房間，也替她在製造液晶顯示器的日本工廠找到工作。可是小敏在那裡工作一個月就離開了，因為她從來不曾待在一個四周都是陌生人的地方，她受不了那種寂寞。小敏搬回旅館之後，找到一家願意雇用她的工廠，但是小敏沒考慮。雖然桂敏願意繼續幫小敏付住旅館的錢，但是小敏覺得自己好像變成了姊姊的負擔。後來小敏在某個巴士站看見一家電子工廠徵品管控制人員的廣告傳單，她撥了電話過去——很多都只是想騙民工錢的詐騙伎倆，接電話的人告訴小敏到工廠的地址和方向。她搭了三個小時的巴士，才到達位在東南邊的佳榮電子製品廠，小敏在這裡度過孤單又艱困的一年。

小敏一腳踏進這家工廠的那一分鐘，馬上發現這裡比她剛放棄的日本工廠還要糟糕，但是一切都太遲了。小敏不願意再給姊姊添麻煩，況且她也漸漸習慣靠自己——這樣比較好。

＊＊＊

民工通常會用一個簡單的術語來定義自己的生活：出去！家鄉裡沒啥別的事可做，所以就出去啦！一位民工的奮鬥史，就由此揭開序幕。

都市生活沒讓這些民工的日子好過，用勞力辛苦換來的工資並不高——通常比最低薪資還要少，一個月大概介於台幣一千六百元至兩千三百多元之間，但是每個星期的工作時間經常超過法律規定的四十九個小時，受傷、生病或者懷孕了，工廠一概不負責。地方政府對於保護勞工權益沒什麼興趣，他們的任務是讓工廠老闆們開心，這樣才能帶來更多的投資和稅收。不過民工們也不認為自己有苦說不出，雖然離鄉背井到外地的工廠打工是他們未曾經歷過的難事，但也是一段探險的歷程。讓他們待在城市裡的理由不是恐慌，而是一種驕傲——提早回鄉等於承認失敗。離鄉、待在異鄉——出去，才能扭轉命運。

離鄉的民工大都是鄉下的菁英份子，他們的年紀比較輕、學歷比較好，也比留在家鄉的人更具進取心。城裡的人稱這些民工為「流動人口」，意指他們是一群漫無目的的烏合之眾。然而大多數的民工離開家鄉時都在心裡打定了主意，也有已經熟門熟路的親戚或同鄉的村人幫忙照應。

而且現在的民工多來自於學校，而非以往的農家，耕種是他們父母親那一代做的事。

經濟的改革意外造成民工大量湧入城市。中國政府在一九五八年制訂了戶籍系統，將每個人強制指派到鄉村或城市居住。住在都市的居民被分配工作、住家，還有食物和生活必需品的配給券；但被指派住到鄉下的居民卻什麼福利也沒有，就這樣被困在農村。

一九七〇年末實施的改革開放政策，准許農民將一部分農獲直接運到市場販售，不必全部繳給政府。農產量因此暴增，食物突然湧入全國的地方市場，農村居民終於擁有在都市立足的機會。中國政府隨後在一九八四年直接下令，允許農民移居到小城鎮去，移居也從此不再是犯法的行為。離鄉的人潮與日俱增，到了一九九〇年時，從鄉下湧入城市的民工人口已多達六千萬人，他們大多移居到工廠林立的沿海城市。

如今，中國的民工更高達一億三千萬人，他們遍佈於工廠、餐廳、建築工地、運輸業、幫傭保母、垃圾工、理髮店和妓院，這些行業幾乎每一個人都是從鄉下來的民工。在北京和上海這些大城市裡，民工就佔了總人口的四分之一，而在中國南方工廠密集的城鎮，這些民工更是全中國出口經濟生產線的幕後推手。他們是人類史上最龐大的民工潮，比一百多年前從歐洲移民到美國的人數還要多出三倍。

然而中國政府遲遲未對這股民工潮做出即時的因應對策，城市裡的民工多年來得一天到晚躲公安，如果沒有工作證被公安抓到，除了被罰錢，也有可能被遣返回鄉下。後來，中國國務院終於在二〇〇三年由內閣公佈一項綜合條款，條款中稱民工為國家進步發展的重要關鍵，因此嚴禁不利於民工的工作歧視，並且呼籲企業為民工提供更好的工作環境，也為他們的孩子解決就學的問題。農村的磚牆上也出現了為民工打氣的標語：**離鄉打工，回鄉建設。輸出勞力，賺回錢幣。**

民工潮將農村裡的年輕人一掃而空。放眼整個中國農村，在田裡耕種、收割的，都是老人和女人，他們一手擔下田裡的農務，還要照顧仍在上學的年幼子女；到城裡工作的家人寄回鄉下的錢，已成為中國農村居民大部分的財富來源。然而吸引人們到城裡打工的原因不僅僅是為了賺錢，由調查中顯示，受訪的民工們認為「增廣見識」、「開發自我」以及「學習新技能」和增加收入同等重要。許多個案也顯露出驅使農民離鄉的原因不在於貧窮，而在於生活太閒散；因為家鄉那一方小農地由父母照料就已綽綽有餘，而且附近城鎮的工作機會少之又少。**家鄉裡沒啥別的事可做，所以就出去啦！**

＊＊＊

即使已經過了很久，小敏依然記得自己第一次到人力中心的情形，那一行又一行的工作敘述，就像一個個小敏無法解讀的夢。二〇〇四年二月，離開佳榮電子後的某個星期天早上，小敏在人力中心待了四個小時。她什麼也沒準備，心裡緊張得要命，她的求職策略只有簡單的四個字——眼光放低。她面試了六家應徵職員的公司，工作內容可能需要打字、接電話、填表格、打文件、接待來訪的客人，還有倒茶，職員是公司裡階級最低的職位。「妳不會想找那些標準太高的公司。」小敏後來告訴我：「這樣才不會老是被拒絕，然後很快就失去信心。」

在一家叫做屹東電子的攤位上，招聘人員向小敏要履歷表，小敏根本沒想到要準備，後來招聘人員讓小敏將工作經歷寫在申請表上面時，她甚至連枝筆也沒有，所以這位招聘的女士借她一枝筆，然後對小敏笑了笑。「我不知道欸，」小敏說：「她看著我微笑，或許就是這樣吧！」小敏常常回頭想著這一天，想要弄明白改變她往後命運的這一刻到底是怎麼發生的。

那位女士請小敏到工廠進行後續的面試，但是小敏後來沒去，因為那個地方太遠了。不過，屹東電子總部的一位李朋傑經理負責篩選履歷，他翻到小敏的履歷表時停了下來，因為他注意到小敏寫了一手好字。

在傳統中國的觀念裡，字體代表一個人的教育程度，優雅的字體多半出自有教養且具文學素養的人之手，所以從字體上也能透露出一個人的性格缺陷。不過，李朋傑的想法更實際，他需要一個職員來負責整理工廠機器的相關文件，而且這些文件必須用手謄寫。沒想到在一個製造手機連接器和背光源的工廠裡，傳統手工技術才是最重要的一環。

李朋傑撥了小敏表哥的電話號碼——因為小敏沒有自己的手機，請小敏到公司進行面試，這一面試就是三個小時。

小敏在第一關的電腦考試就不及格了，「其他女孩的電腦能力都比妳好。」李朋傑對小敏說。

他接著問小敏的工作經驗。

「我沒做過這種工作，」小敏說：「也沒任何經驗。」

再來考的是寫字，小敏寫得不錯。李朋傑告訴小敏她被錄取了，而他就是小敏的頂頭上司。

李朋傑要小敏回去收拾東西，今天就可以搬進工廠。

一切來得太突然，小敏不知道該說什麼。但是當她站起來準備離開李朋傑的辦公室時，話又忽然來到嘴邊：「那麼多人想要這個工作，」她問新上司：「你為什麼選我？我什麼都不懂。」

「妳很直接，」李朋傑回答：「而且妳比其他人誠實。」

小敏第二天就開始在設備部上班。這個部門負責檢查用來製造手機零件的沖床、磨床和滾板機，每一台機器的狀況和歷史都記錄在一本精裝的冊子上，這本冊子是這些無法自己喊痛的超級病人的醫療紀錄，小敏的工作就是整理這些紀錄。這裡八個人睡一間房，一餐裡有飯，搭配三樣肉或蔬菜和湯，一天工作十個小時，週末或週日偶爾放假。小敏的工資是八百人民幣一個月，大約是三千七百元台幣，幾乎是上一間工廠的基本薪資的兩倍。

我第一次遇見小敏，是在抵達這兒的三個星期後。她長得不高，身材壯壯的，一頭捲髮和一雙靈活的黑眼珠，好像什麼事都看得清清楚楚。就像許多從鄉下來的年輕人，小敏看起來比實際年齡還輕，大概只有十五、十四歲，或者十二歲而已，渾身男孩氣的她穿了一件吊帶褲和一雙球鞋，等不及想趕快長大。小敏有一張娃娃臉，圓圓的眼睛對這個世界充滿好奇，稚氣未脫得耐心等待未來。

我們在一位名叫林雪的女士家裡見面，她替當地以民工為讀者群的雜誌寫文章。我之前就告訴林雪，我要替《華爾街日報》寫一篇關於年輕女民工的報導，林雪的妹妹就在一家工廠工作，是她邀請同事小敏來的。因為我先前已經和幾位女工聊過了，所以小敏的故事對我來說並不陌生。

「我從湖北鄉下來的，是家裡五個孩子中的老二。」小敏告訴我：「我父母都是務農的，我家的環境不太好。」

「我和大姊一塊兒出來，她在深圳打工。雖然我們很想在同一個地方工作，但是沒辦法。」

她突然停了下來。

「為什麼不行？」我問她。

「因為我們老是吵架。」小敏笑了出來。

小敏什麼事情都很願意聊，不像我認識的大多數中國人，她非常樂意敘述自己的故事，而且就像我對她一樣，她對我也充滿好奇。她之所以會來林雪家裡，是因為她「想要看看美國人長什麼樣子。」小敏後來告訴我。我唯一擔心的，是小敏的生活可能太過於安定，因為她有一份穩定的內勤工作，或許屬於她人生中的大變動早已過去，其實我的擔心根本是多餘。

我們見面的那一天，小敏提到她的人生計畫：她預計在城市裡工作七年，然後把錢寄回給鄉下的父母親，報答他們的養育之恩；在中國的傳統觀念裡，兒女們應當對父母心存感恩。等到小敏二十三歲的時候，該回報父母的恩情也還完了，她就要回鄉下找個人嫁了。

小敏那天的心情很好，因為她已經「走出工廠」，民工們是這麼說的，代表一個人跨越那道分隔用手工作和用頭腦工作的階級分野。「老天爺還是公平的，」小敏說：「祂讓我那一年過得那麼辛苦，但是現在祂給了我一個新的開始。」才剛過十八歲生日的她，已經對新的開始有了深刻的體認。

2、城市

漫長的旅途在廣州抵達終點。歷經二、三十個小時，甚至四十個小時的車程，人們迫不及待地從火車上一湧而下。乘客大多是年輕人，獨自提著行李或揹著背包，或者拖著原本裝米的粗麻布袋。寬闊的站前廣場人聲鼎沸，到處都是人，而你在這裡聽到的第一個嘈雜聲，是車站的尋人廣播，才剛到這兒的人已經走失了。**河南來的，你的哥哥正在找你。大哥的老婆，請妳到門口。**「歡迎光臨美麗的花城」，一家提供旅遊行程的汽車公司在車身上這麼寫著，但是這座城市看起來並不美，也沒有花。

經過一段陡斜的坡道，再過一座天橋，就是長途巴士站，這裡每十分鐘就有一輛直達車開往五十公里外的東莞。巴士裡擠滿人，一股汗味和每天早晚都穿同一件衣服的腐味兒瀰漫整個車廂——這是民工的味道。巴士開上隆起的高速公路上，一間間工廠在巴士底下經過——印刷工廠、油漆工廠、塑膠工廠、手機工廠、螺絲工廠、沙發工廠，這些外牆貼了白色瓷磚的工廠，好似一間間超大的公共廁所；員工宿舍就在廠房後面，宿舍陽台上到處都是晾曬的衣服。中國的工廠都會取個吉祥的名字，而這段直達東莞的旅程，也是一段道德與財富的衝擊之旅。

這裡的第一波廠房是二十多年前蓋的，不過直到現在，整個發展依然持續不斷。一座山被從中挖開，紅色的泥土隨風吹散，高速公路交流道隱沒在一片雜草叢裡。一家嶄新的集團總部矗立在稻田、魚池和養鴨場之間，令人意外的是這兒竟然還有人務農。十七世紀初，珠江三角洲居民將這裡開墾成全中國最豐饒的地區，供應魚貨、蔬菜、米至中國其他各地，也出口絲布到歐洲地區。而今在這塊工廠林立的土地上，類似這樣零星的自然景觀反而顯得格格不入。這些農地的主人大多是移居來此的民工，是下層階級裡的最底層居民，即使他們離鄉千里，卻仍不曾將農事拋棄。

巴士緩緩開下東莞交流道，一座座廠房越來越靠近，紅色布條橫過建築物前，掛著下垂的笑臉迎人：**需有經驗女工**。一間工廠門前聚集了一群民工，大夥兒被催眠似地默默瞪著招工的告示牌：每天下午一點半在側門面試。還有一間名字叫做「跳槽有限公司」的工廠，也恰如其名的正在找人。巴士經過另一棟巨大的建築物——不不不，原來是巴士站，巴士就在這裡讓車上的乘客下車。

想要了解東莞，最好的方式就是走路。幾間銀行總部高聳的鏡面大樓，座落在街道兩旁販售機車零件、塑膠管，和牙醫診所之間。整個大馬路有十線道，高速公路就在市區街道上。民工們拖著行李或揹著被舖走在路肩上，巴士和卡車從他們身後呼嘯而過。每一個地方都在施工，到處都是機器運轉的聲音——電鑽、馬達、挖土機和四處飛揚的塵土，大街上的噪音簡直快把人震聾。雖然馬路很寬、很平坦，卻沒有給行人通行的紅綠燈或斑馬線。這是一個為機器建造的城市，不是為人。

中國其他城市幾乎每個轉角就看得見的政府機構，在這兒反而一個也沒有。幾個騎機車的男人在街上明目張膽地違法拉人坐出租車，偽造的大學畢業證書在街角就買得到，在東莞還有一家山寨版的IKEA，一間叫做「McKFC」的速食連鎖店，和一棟十層樓高、有著大理石地板大廳的

「Haiyatt」大酒店，而對於仿冒這件事，酒店人員倒是一派輕鬆（「我們的名字多了一個i，他們的沒有。」櫃檯一位年輕小姐理直氣壯地解釋）。東莞這個城市分成三十二個鎮，每一鎮都有獨特的製造專長。長安專門生產電子零件，大朗是羊毛衫名鎮，厚街則是製鞋的。三星電子和先鋒電子在寮步鎮設廠，南城區則是Nokia在全世界最大的手機製造廠。而全中國喝的雀巢即溶咖啡，也都是在東莞市中心的工廠生產。工廠是巴士主要的停靠站，也是這個城市的地標和繁榮的象徵，其他事物的存在都是為了供應這些工廠的所需。雖然早已經擁有全中國最密集的高速公路系統，東莞的高速公路還是經常進行拓寬工程，希望讓製造出來的產品更快速地運送至全世界。為了接待工廠的外國客戶，奢華的旅館和高爾夫球場接連開張，世界各地來的買家住在東莞的希爾頓大飯店，飯店提供一張上面列滿外需要知道的各個景點：

廣東國際展覽中心
東莞國際會展中心
鴉片戰爭博物館
太平碼頭
渥爾瑪購物廣場
家樂福
百佳超級市場
海逸高爾夫球會

峰景高爾夫球會
長安高爾夫球會

沒有人知道有多少人住在這裡。根據市政府的數據，東莞有將近一千七百萬的當地居民，以及七百萬的外地民工，不過很少人相信這些官方說法，關於這部分的推測眾說紛紜，有人說：**東莞每年湧進一百萬個民工**；也有人說：**東莞有一千萬個民工，不過為了避免繳太多稅，報上去的只有七百萬個**。東莞市長應該知道的比較清楚，但是他不願意證實，只說：「東莞的人口比實際公佈的數字還要多很多很多。」他在二〇〇五年曾對一位記者這麼說，根據他個人的「保守」估算，超過一千萬。

東莞是個未完成的城市，這裡的每樣東西都在轉變當中。筆直的人行道上堆了高高一疊石磚，上頭的告示牌承諾：**歐洲皇家級辦公大樓**；中央商務區到處都是一個又一個大窟窿。而在城東地區，嶄新的市中心也逐漸成形，將來除了政府部門，還規劃了圖書館、科學博物館和劇院。寬敞的大馬路現在一輛車也沒有，草綠色的商場一片靜悄悄，樹籬倒是修剪得井然有序。「每年一大步，五年見新城」是東莞的目標。

想要塑造一個新生活更快。幾堂電腦課就能讓一個人躍升到不同的階級，在人力中心待一個早上就足以展開新生涯。只要花二十塊錢人民幣，就能在照相館拍一份背景有著圍籬或一般花園的快照，這些照片通常用來寄回家或是送給朋友，或者貼在宿舍牆壁上，宣告照片中的人已經和從前不一樣。城裡的牆上除了職缺廣告和梅毒診所之外，就是尋人啟事。**他五年前離家，皮膚黝**

黑，臉上有痘疤，講話有點快，喜歡玩遊戲機。這些尋人海報，都是為了尋找在這個城市深淵失蹤的家人所張貼的。

週末假日的東莞是青少年的領地，公園和廣場就像開放的高中校園，女孩穿著花俏的衣服和緊身牛仔褲，一群一群勾肩搭背地聚在一起逛街。男孩群聚的人數比較少，他們穿著工廠的制服襯衫，袖子捲到腋下。情侶們在路上分開走，女的一臉驕傲宣示所有權，男的卻顯得懶散、心不在焉。到了星期一早上，東莞的公園和廣場又恢復一片詭譎地空蕩蕩，工廠之間的長街上，只見一張張面無表情的臉孔，一個個男孩和女孩，被吞進工廠裡。活動力或許不是企業發展的必要條件，但是一條又一條冷冷清清的街道讓人感到死氣沉沉。

夜晚，高速公路兩旁的工廠亮著燈，如果看仔細一點，有時候可以看到在窗前移動的身影，彷彿飄忽不定的螢火蟲。只要工廠亮著燈，就一定有人還在工作。黑夜中，每一排亮著燈的藍色窗戶代表一間工廠，一排窗戶隔著一排窗戶，就像海面上一艘艘遠洋郵輪，從遠處看起來真是漂亮。

＊　＊　＊

這兩個女孩才離家二十天，她們對這個城市全然陌生，也不知道自己工作的這間工廠老闆是誰。她們倆啥也沒有，沒有任何喝的，也沒有裝著水果或點心的塑膠袋。兩個女孩只是坐著，頂著炙熱的太陽，困在東莞以小製鞋廠聞名的鎮區裡的公共廣場。

女孩的名字叫做田永霞和張大麗，兩個人都是十六歲，這是她們第一次離開家鄉。她們是在農曆年後的第九天離開在河南省的農村老家，這也是傳統習俗中適合離家的吉祥日。她們村裡有個女孩在東莞的一間工廠工作，一個月有八百塊人民幣，所以她們也來到這裡。她們每個人付了四百塊人民幣給一對夫妻，換算成台幣大概一千九百多元，這對夫妻答應幫她們兩個找到工作，然後帶她們坐了三天的車。但是到了這裡之後，不但沒有工作，那對夫妻也不見蹤影。

兩個女孩在巴士站睡了四個晚上，最後終於聯絡上同村的某個人，並且幫她們在電子工廠找到工作，一個月三百塊人民幣。雖然薪資很差，但是也沒別的選擇，「那時候我只想趕快找間工廠，讓我可以好好睡一覺。」永霞這麼告訴我。永霞的眼睛小小的，有一張寬寬的臉，常常掛著微笑，大部分的時候都是她負責發言。大麗長得比較嬌小、比較瘦，五官也比較精緻，有一口不太整齊的牙。

兩個女孩很快就知道工廠生活的階級之分，而她們是最底層的那一群。去年進入工廠的人，通常看不起新來的，也不和她們交談。永霞和大麗待的是個小型的電子工廠，薪水比較少，想要在主要廠房工作需要合法證件，她們兩個的證件都是借來的，因為她們還沒有申請自己的工作證。這個工廠的生產線一天工作八個小時，週末不上班。這樣其實不太妙，因為沒有工作，就沒有薪水。製鞋廠的工資比較高，可是工作時間非常長，永霞和大麗經常討論那些錢是否值得她們那麼賣命。雖然兩個才到工廠上班，卻已開始想著要怎麼離開了。

永霞和大麗在離開家鄉之前，已經彼此做了協議，假如第一個工作吹了，她們馬上打包回家。但是當第一個工作成了泡影之後，她們還是留下來。兩個女孩剛到這個城市，就已經改變了初衷。

我在到鎮上的第二天遇見永霞和大麗，那是二月的一個燠熱早晨，天空矇著一層灰白，摩托車排放的廢氣和空氣中的熱氣蒸騰而上，珠江三角洲的夏季還有一個月才正式開始。我帶永霞和大麗到一間麵店，然後點了可樂。兩個女孩一邊告訴我離鄉的故事，一邊小心翼翼地用吸管啜飲。

我向永霞和大麗解釋自己是《華爾街日報》的記者，永霞反覆翻看我的名片，仔細看著上頭陌生的北京地址。「我們可以寫信給妳嗎？」她突然問我：「我們很想媽媽，也很寂寞。」隔著餐廳窗戶，她們其中一個不知道發現了外面的什麼東西，兩個人突然像受驚嚇的小鳥般站起來準備離開。「對不起，我們得走了。」

等我趕上她們的時候，已經是半條街遠了。她們站在人行道旁，中間還有另一個女孩——她們視為目標的那位，就是去年從她們村裡出來的女孩，一個月賺八百塊人民幣的那個。她正要到某個地方去，不過永霞和大麗這一次可不會讓她輕易離開。

我向永霞要她宿舍的電話號碼，只不過她才剛上工，還不知道電話是幾號。她答應我會寫信來，我們約好兩個星期後在早上碰面的廣場見面。然後她們就消失了。她們只有十六歲，獨自在中國最混亂的新興都市之一裡隨波逐流，在沒有成人的陪伴下自力更生。她們是各個詐騙份子的獵物，她們在缺乏資訊之下做出人生的許多抉擇。她們想念自己的母親，但也擁有掌握自我生活的自由。

兩個星期之後，我從北京搭飛機下來，在廣場上等她們。我們約好十點鐘見面，但是有太多的理由讓她們可能不會出現在這裡。或許她們找到更好的工作，需要加班，所以沒辦法赴約；可能她們覺得我這個人不足以信任；或者只是忘記了；也許她們有比跟我見面更有趣的事情；還是說不定她們也成了失蹤人口。為什麼她們不來？我唯一的希望來自永霞說過的一句話：**我們很寂寞。**

我一直等到中午。那時候我已經知道她們不會來了，我也知道一旦離開了這個廣場，她們將永遠從我的生命中消失。她們是從河南省來的十六歲女孩，我知道的就只有這樣，還有她們的名字。花邊上衣、牛仔褲、梳成馬尾的頭髮，她們看起來就像上百萬個從其他地方來到東莞的年輕女孩。當天的我沒辦法再和其他女孩碰面，我在大太陽底下來回徘徊，看著過往行人們的臉龐，用微不足道的理由說服自己和過路的陌生人攀談。如果她們成群結隊，我就很難插話；如果她們正在吃東西或喝飲料，那麼生活過得應該不錯，就不可能認識永霞和大麗。看著來來往往那麼多我永遠不可能認識或了解的女孩，我突然一陣沮喪——因為任何一個女孩的故事似乎都無關緊要。

接下來的幾個月，我只要一到城裡，就會盯著街上每一個年輕女孩的臉龐，希望能再看見永霞和大麗。這座城市有上百萬個年輕女孩，她們每一個人都有值得分享的故事，而我需要從端詳她們的臉開始。

我第一次到東莞是在二〇〇四年的二月，中國的民工潮在當年已歷時二十年之久，大多數的國外媒體，包括《華爾街日報》，也報導過當地工廠內工作環境惡劣的故事，所以我想寫點不一樣的——關於民工自己如何看待民工潮這件事。我對女性這部分特別感興趣，因為離開農村對她們來說好像最有利，但也可能是最大的輸家。東莞的製造工廠是中國最大的工廠城市之一，每年也吸引了毫無相關經驗的年輕人前來，其中估計有百分之七十為女性。這似乎是一個最佳選擇。

接下來的兩年裡，我每個月安排一至兩個星期的時間到東莞，熟識了幾個年輕女孩，也遇見許許多多願意告訴我她們的故事，但之後卻消失的女孩，就像這兩個我從此未曾見過的女孩。這些女孩甘願冒險的程度令人驚訝，如果她們不喜歡某個工廠、某個上司或某個同事，馬上就換到別的地方，從不戀棧。當這些女孩向我說起自己的歷程時，常常沒來由地忘了從前在那些工廠發生的某些生活片段。而女孩們在鄉下的父母親，也不太知道自己的女兒到底在做些什麼。生活，對工廠女孩來說，是一個無止盡的禮物，就像是徹底的解放，但卻也困難不斷。想要在城市裡生存，意味著她們必須切斷和過去所有一切的連結。

那些後來和我逐漸熟識的女孩們都有一個共通點——她們了解自己的人生故事充滿了戲劇性，也明白我為什麼想要知道她們的故事。我想，她們也了解我，或許比我預期的還要深入。雖然我從美國來，雖然我上過大學，雖然在教育程度和社會階級上，我跟她們相差了十萬八千里，但是身為城市中的單身女子，我非常了解孤獨的感覺。我也被中國男人欺負過，被警察咆哮過，被巴士司機騙過；我也有交男朋友的難題，我的父母同樣擔心我至今仍然單身的問題。當我在二〇〇六年春天結婚的時候，其中一位和我非常熟稔的民工女孩說了一句讓我意外的話，「妳的母親一定非常高興，」是她的第一句話，「我覺得妳的母親應該是一位傳統的中國人。」

或許我和這些女孩最親密的關係，是她們永遠不知道的——我，也離開了家。從美國的大學畢業之後，我搬到了捷克斯洛伐克共和國（註一）的首都布拉格。算一算，我總共在國外住了十五年，每隔兩、三年才回家探望父母，就像民工們一樣。有很長一段時間，我刻意和「中國」保持距離。我在大學裡不曾參加任何華裔美人的組織，也只修過一門中文課；我主修美國歷史及文學，大學畢業論文的主題是賴瑞．麥克穆崔（Larry McMurtry）的美國西部文學。在布拉格居住期間，我替外籍報刊報導捷克的政治與社會狀況。一九九二年的一個冬日，一對中國夫婦在泥濘的人行道旁拖著行李，用中文向我問路。我遲疑了一段時間，才不太情願地用他們的語言回答——像是被逼迫回到我早已拋在腦後的世界。

然而之後和中國的關係，最初其實是基於現實的考量。中國的經濟在一九九〇年代快速崛起，吸引了全球的矚目，我流利的中文也跟著變成一項極為有用的才能。我在一九九三年到香港擔任《華爾街日報》的當地記者，我也從那時候開始閱讀中國歷史方面的書籍，後來也包括其他的書。對我來說，中國就像是我一直疏於用功的科目。兩年之後，我移居到了台灣，大家最常問的問題，就是我是哪一年到美國的？他們似乎認為每個人都應該是在中國出生的。我後來搬到了中國，還是經常被問到同樣的問題。直到最近之前，台灣和中國一直處於對立的局面，然而彼此對立的兩岸比他們想像的還要更相似。

大部分的華裔美人到中國之後都會做的一件事，就是探訪自己祖先的家鄉。但是在香港、台灣和中國住了十二年的我，從來未曾展開尋根之旅。我擔心自己還沒準備好去了解那些陳年往事，事實上，我只是害怕一切到了最後可能一點意義也沒有。無論如何，我能體會工廠女孩們聊到家鄉時所流露的複雜情緒。

來自鄉下的年輕女孩，是我在這個城市的老師，我從她們那兒知道哪些工廠運作得比較好，雖然她們從未離開東莞，但這些民工們已經對全球的國家等級有了大致上的了解。美國和歐洲的老闆對待員工最好，再來是日本、韓國、香港，然後是台灣。中國的工廠最差，因為「他們老是破產！」一位民工如此解釋。他們也知道什麼時候將有重大的政策改變——二〇〇五年初，有一些工人在相關單位尚未正式公佈之前，就已經告訴我最低工資會被調高。

我來到的東莞似乎是中國的最不良示範，資本主義、環境廢墟、貪污腐敗、交通問題、污染、噪音、賣淫、不良駕駛、短視、壓力、掙扎以及混亂。如果你能在這裡闖出名堂，你到任何其他地方都會有成就。我試著盡可能融入當地生活，我吃一塊五人民幣的湯麵當午餐，不管到哪裡都搭巴士，穿的是牛仔褲和涼鞋，比那些假日外出時穿花邊襯衫和高跟鞋的工廠女孩還要樸素。我在東莞一點也不引人注目，我喜歡這樣。要是有個陌生人在中國其他地方低頭於筆記本上振筆疾書，可能會引起大家的側目；但是這裡的每個人都太專注於自己的事情，所以沒有人注意到我。唯一的一次，是我在人力中心裡抄寫牆上一張操作指南的時候，一位警衛上前問我在做什麼，我說只是在練習英文而已，他也沒再多問。

外面的世界對東莞好像也沒有什麼印象。我住在北京的朋友絕大多數都曾經路過這兒，但他們只記得數不清的工廠和娼妓——然後就沒了。而我無意中發現了這個祕密世界，一個我和其他七百萬或八百萬，也許一千萬人分享的世界。居住在東莞的每一天，都讓我有初來乍到的感覺，奔馳在每小時一百一十公里的高速公路上，四周景色飛快地往後移動，讓人來不及好好看個仔細。東莞是個沒有回憶的地方。

註一：目前已不存在的中歐國家。成立於一九一八年，於一九九二年解體，並在一九九三年一月一日另行成立捷克共和國及斯洛伐克共和國兩個獨立的國家。

＊　＊　＊

東莞也是個矛盾的城市，因為中國的現代歷史就在此地展開。十九世紀時，英國將鴉片走私至中國，導致整個國家一蹶不振、國力衰退、財富耗盡。西元一八三九年夏天，大清兩廣總督林則徐下令在東莞虎門鎮的碼頭，公開銷毀兩萬箱鴉片，此舉引發兩國的第一次鴉片戰爭，戰爭的地點就在東莞。英國的強大軍艦很快就將中國打敗，並簽下南京條約，逼其割讓香港島，開放中國對外貿易的通商口岸，並給予其他國家最惠國待遇。這段歷史在中國學生的課堂上是這麼教的：虎門銷煙奠定了中國現代史的開端：外國勢力入侵、大清王朝瓦解、革命運動揭起，最後由共產黨在一九四九年取得政權。

不過東莞還有另一段歷史。一九七八年秋天，香港太平手袋廠在這裡設立第一個外國工廠，第一年的收入就高達一百萬港幣。這家工廠將香港運來的原料製為成品，再運回香港銷售到全世界；後來在東莞的幾千家工廠都遵循這個模式。在接下來的兩年內，中國設立了四個「經濟特區」，以關稅優惠吸引外資進駐，做為擴大對外經濟交流的試金石。其中距離東莞以南約九十公里的深圳，是最大的一個，也快速成為中國自由經濟貿易的象徵。深圳是一個經由北京領導人強力推動，及政府部委與底下公司的支持之下，所應運而生的模範城市。

東莞則不同，它不是任何法令下的產物，它的興起完全基於經濟發展的帶動。當深圳熱衷於科技與創新之時，東莞接收了來自香港和台灣的低科技成衣廠、玩具廠和製鞋廠。這些工廠的需求很簡單——廉價的土地和勞工，及不會干涉太多的地方政府。最早在這裡設立的工廠還稱不上是現代工業，早期的工廠很多都是兩、三層樓高的房子，每個房間裡有五十張桌子，工人們就坐在桌子前埋頭做簡單的代工，像是縫製玩偶的衣服或是替洋娃娃黏上假頭髮。有一些工廠老闆不想把錢花在增建廠房上，所以只蓋了構造簡單的鐵皮屋。

早期並沒有火車，從香港來的商人必須先到靠近深圳的英國殖民地邊境，然後步行過來，再搭計程車經過沿途的農地，才能到達他們位於另一頭的東莞工廠。「這裡沒有公路、沒有車子、沒有電視，甚至連窗簾也沒有，」一九八九年從台灣來到這裡的鞋廠負責人Allen李告訴我：「妳在這裡根本買不到這些東西。」他在一九八九年六月時，騎了四十分鐘的腳踏車去看天安門抗議事件遭受武力鎮壓的電視轉播。

當地的勞力資源很快就供不應求，民工開始從鄰近的省份湧入。替民工雜誌寫文章的林雪，就是一九九〇年從四川鄉下來到東莞。「我們糊裡糊塗就來了，」她告訴我：「我就到賣票的那兒問：『我這車票該買到哪兒呀？』然後我就買她說的地方啦！」林雪找到了一間工廠，每個月付她七十塊人民幣，她的妹妹則是到一間木頭工廠壓製夾板。

同樣在一九九〇年間，東莞的製造業轉移至電子和電腦零件。現在的東莞負責生產全世界百分之四十用於個人電腦的磁頭，以及百分之三十的硬碟。東莞過去二十年的經濟成長率，每年都超過百分之十五。然而有些事情依然沒變，民工還是不斷地湧入，勞力需求密集的工廠依舊佔絕大多數；雖然這些工廠製造的產品越來越精細，工作本身卻沒什麼改變，很多工廠裡還是有許許多多工人坐在桌子前，用他們的手做著簡單的工作。

東莞是一個與過往歷史相抵觸的城市，這裡的過去全面抵制外國勢力的入侵，但這裡的現在卻偷偷摸摸地對外來文化照單全收。每一個中國學生都學過虎門銷煙的歷史，但是我卻由不曾出現在任何教科書上的太平手袋工廠，直接連結到我在東莞遇見的每一個人，從學習微軟文字處理的民工，到自我提升的大師，再到賓士車銷售員，這位銷售員告訴我賓士最貴的S-Class和E-Class系列的車種在東莞賣得最好，因為「這是大老闆們提升形象最好的產品」。對他們所有人而言，東莞的現代歷史是從太平手袋廠開始的。

＊＊＊

我在這兒好幾個月，卻沒遇過一個東莞當地人。工廠上至高階經理，下至生產線工人，清一色都是外來民工，不過在上頭的老闆大多來自於香港或台灣。雖然當地居民說的是廣東話，在工廠裡卻以官方的國語來溝通，因為這是來自各省份的人唯一能夠彼此對話的語言。外來的民工對當地人並不尊敬，他們認為當地居民都是沒受過什麼教育的農人，全靠跟工廠租地耕種過活，在工廠要求那麼高的工作環境之下，當地人可能連一天都撐不下去。「當地人跟外來的人互相看不起對方。」我的朋友林雪如此描述當地人和外來民工之間的關係。

六個月之後，我又到東莞來，這一次我訪問了東莞副市長，他的名字叫張順光，是東莞本地人——我遇見的第一位。我們坐在市政大樓的接待廳裡，酌飲紙杯裡的茶。好幾位副市長助理也一起參加，他們用廣東話互相交頭接耳。我之前從沒碰見任何一個東莞人，現在他們倒齊聚一室，原來全都在政府單位裡。

「妳會說廣東話嗎？」其中一位助理問我。

「真抱歉，我不會。」我回答。以前沒有人問過我這個問題。

「這是妳第一次到東莞來嗎？」

「不是，我來過好幾次了。」

「這樣啊，都是祕密旅行嗎？」

「如果你不知道，算是祕密嗎？」

我們已經彼此都不喜歡對方了。在訪談當中，我看了其中一位助理一眼，他面無表情的回看我。坐在他旁邊的年輕女士竟然睡著了。我的腦海中突然蹦出「互相看不起對方」這句話。

這場訪問算得上獲益匪淺，如果不是親眼所見，我一定不相信一個政府竟然可以對外來人口如此不聞不問。副市長對當地的外來人口數一知半解，因為那是全國人口普查的問題，不屬於他的部門。他承認地方政府缺乏資源去查訪每個工廠的狀況，「假如我每天查一個工廠，」他說：「得花五十年才檢查得完所有的工廠。所以，我們必須靠每間公司做好自我管理。」

副市長接著談到「提升東莞人民素質」的計畫，但是其中並不包括非本地人在內。如同其他所有的都市人，這位副市長對**外人**——外來的人，意指移居至此的民工，有一種反射性地輕蔑態度。「民工的素質都不高，」他說：「但這是企業公司的責任，他們應該替這些民工開個課或什麼的。」

我問副市長，為什麼工廠裡不見東莞的當地居民，即使是階級較高的工作也一樣。他的回答馬上和他剛剛說的話互相矛盾。

「外來的人素質比較高、薪水比較低。」副市長這麼說。

訪談結束之後，副市長和我握手，並誇獎我對這個城市的了解。我沒讓他知道我的線民全來自於一群十幾歲的女孩——一群素質低、工資更低的民工。

造訪東莞一年之後，我在市區租了一間月租一百六十元人民幣的一房公寓。這棟高樓叫做**東莞城市假期**，是一棟專門租給單身女性的公寓，城裡的桃紅色招牌上寫著：**一個人的房子，一個人的燦爛天地**。我以為能在這裡遇見一些年輕女性，可以聽聽她們的故事，但是不管在走廊還是電梯裡，就是沒人跟我說半句話，我也不曾在交誼廳裡遇過任何人。大家都忙著過自己的生活，沒空管別人。我的消息來源大多是從公寓走廊上的公佈欄得來的，上頭除了社區偷竊事件，還有一些住戶須知之類的告示。

為了住戶的安寧，整修工程將在一月一日停止，

一月二日恢復施工。

如果有人敲妳的房門，

在尚未確認對方的身分之前，
請不要隨便開門。
任何人如有關於南城竊盜集團的消息，
請通知警察。

我的房東幾年前從廣東鄉下搬來東莞城裡，她常常披著粉紅睡袍、腳踩居家拖鞋出現在我門前收房租，我曾經聽她對著電話罵「幹你娘」，因為她丈夫告訴她今晚出差會晚點回到家。房東晚上還在旅館兼差賣東西，到底是哪門子買賣得在半夜三更到早晨六點之間進行，我實在很好奇，不過一直提不起勇氣開口問。我的房東有一套迴避問題的方式。

「為什麼妳有兩個小孩？」我曾經問她。絕大部分的都市家庭被限制只能生一個。

「妳覺得我為什麼會有兩個小孩？」她這麼回答我。

公寓外面的商家流動性很高。我搬進去的第一天，興奮地看見大門旁有個**窯烤披薩**的招牌，啊，家鄉的味道。等我再過去的時候，招牌卻變成了**雄心大志手機電子商場**，正好是中國需要的——另一間賣手機的商店。接下來的兩個星期，樓下的這間店面從天花板垂著電線的空房子，變成一間滿屋子都是手機的商店和像機器人似的業務員，轟隆作響的音樂聲從大喇叭傳出來，直撲空無一部車的停車場。再下一次的時候，這家店已經開張了，一個年輕女人站在店門口，對著手上的麥克風唸一堆手機型號和價錢，一個接著一個。另外一間店的招牌就在大樓前面：**有肯德基做鄰居！坐收年利8％**，我一點也不喜歡和肯德基當鄰居。這附近唯一沒變的，是對街的雀巢咖啡工廠。夏天時，只要我一走出房門，一股又甜又苦的味道馬上圍繞著我。

住在北京就像住在一個防護罩裡，但是住在沿海城市，你可以更深入了解中國的發展。因為汽油經常短缺，所以這裡的巴士也常常為了加油而偏離路線，只要加油站一開放，就算載滿了乘客也要先停下來加個油再上路。停電也是家常便飯的事，所以這裡的工廠必須根據政府的供電配給時間來調整生產作業。我住的公寓大樓公佈欄上，永遠都有一張告示單，上面寫著：**原來的電力無法負荷發展的需要，需要改善。**

我在二〇〇五年夏天每一次待在東莞的時間裡，至少有一天停電。如果事先通知的話，還能及早計畫，但是有時候無預警地說停就停，我也只好整天關在攝氏三十二度的房間裡盡量不走動。我當然可以打電話到公寓管理員那兒臭罵一頓，但這不是他們的錯，也不是任何人的錯。中國的經濟發展每年都以百分之十的速度持續成長，南方地區的發展速度更快，在這樣的情況下還能保持目前的狀態，就已經是個奇蹟了。

＊　＊　＊

我到每個地方都搭巴士，部分原因是因為這樣我才能融入民工的生活，另外一個原因則是基於現實考量。這裡的計程車司機是最奸詐的騙子，我不只一次遇過計程車司機在漆黑的高速公路上放慢車速，然後威脅我給他更多錢，否則就要把我丟在路邊。另外一個和計程車司機有關的手法，就是和乘客商量只載到半途，錢也少收一點。這些計程車司機真是短視，他們為了早一點拿到錢寧願少賺一點錢。不過即使是誠實的司機，也很難讓人安心，因為只要一離開熟悉的地區，他們就像我一樣不認得路。

巴士上有兩個人一起工作，一個是司機，通常是本地人，另一個則是外地來的車掌小姐。有時候他們會隔著滿車子的乘客大聲交談，有時候前面的儀表板上還架著一台小電視，讓司機可以一邊開車一邊看電視。快到站的時候，車掌小姐沒等巴士停下來，就把上半身探出車門外，然後扯著嗓子喊站名。等車的人也礙於這樣不敢貿然上車，除非喊得夠久了，有一些人才上車。

巴士上的年輕男人身上都有一股汗味，是那種在外奔波一整天，沒得享受豪華空調的氣味。年輕女人卻是乾乾淨淨的，頭髮梳得整齊亮麗，身上也沒有怪味道。而每輛巴士上總會有幾個民工拿著塑膠袋靠在嘴邊，靜靜地嘔吐。暈車是鄉下人的噩夢，因為他們不習慣搭車出門；咖啡色的塑膠袋一袋袋掛在車廂的吊環上，像一串串開始發出難聞氣味的過熟香蕉。乘客隨身攜帶的東西也堪稱五花八門，農村人家幾乎是不丟東西的，我在巴士上看過扛老舊電視的，抱了裝滿電線的竹簍的，提著裡頭都是石匠工具、桶子外一層泥漿的鐵桶，還有拎著一把一呎長、活像殺人工具的扳手，有一次一個年輕女孩甚至拿著一根光木柄就有六呎長的掃把上車。

這裡的巴士站沒有標示，也沒有路線圖，你必須用問的——所有的訊息都靠嘴巴傳遞，好像我們是生活在文字尚未發明的遠古時代。我買了兩次附有巴士時間表的市區地圖，但是上面寫的時間都是舊的，這裡的一切變化得太快，快得來不及被寫下來。其他乘客也和我一樣搞不清楚，車上常有人大喊已經過站的站牌名稱，然後慌亂地急著下車。不管我到哪裡去，都有人向我問路。一天下午，一位外地來的女子找我問路，我遲疑了好一陣子想要想辦法回答，她卻對我說了一句：「妳從湖北來的嘛？」這句話是羞辱嗎？還是恭維？我不過是想要回家罷了。

晚上的巴士很早就停駛，對搭不起其他交通工具的人來說真是沒道理。夜裡八點過後，晚歸的人只能溜到朋友宿舍裡過夜，即使大部分的工廠嚴禁訪客過夜，而且如果被發現了得要罰一大筆錢。

我從來沒在巴士上看過老人。

有一次我從深圳搭巴士到東莞，車才開到半路卻忽然停下來，司機大聲嚷著要乘客換到另一輛巴士去。雖然這麼做不合法，但在這裡早就司空見慣，因為晚班車上的人只有一半，是個賠錢生意，所以司機們把乘客集中在一輛車上。接手乘客的司機會依照上車的人數，付費給另一輛ㄤ巴士司機。

第二輛巴士開上高速公路之後，車掌小姐竟然宣佈這輛車不到東莞去，這種事也不算稀奇，接手乘客的司機一旦付錢了之後，他的唯一目標就是盡快把車上的乘客甩掉。

巴士停了下來，「到厚街的人在這裡下車。」這車的車掌是一個瘦巴巴、說話老是帶著鼻音吼的廣東人，他走到走道上，用手指著某幾個人要他們下車，他的手指著我。

坐我前面的一位乘客下了車，消失在黑夜裡。我走到前面，站在最後一層台階往外看，我們在一片漆黑的高速公路上，旁邊是一座廢棄的工地。

「這裡招不到計程車，」我對車掌說：「我不下車。」

「這裡有計程車！」他用廣東話大呼小叫。

「我不下車。」

他走到我身後，一隻手壓著我的肩膀。

「別碰我！」我爬上階梯，坐到前座。其他乘客也都坐著不動。

巴士又開始動了。車上的人陸續在他們的目的地下車，彷彿什麼事都沒發生過。「這些司機很黑，」坐我旁邊有著瘦黑臉蛋的年輕女人對我說：「妳應該只搭那些司機穿著制服的巴士。」不過她自己也在這部巴士上，就跟我一樣。

「這輛巴士上的員工真是邪惡，」她扯著嗓門說：「從他們嘴裡說出來的每一句話都很下流。」光是坐在她身邊就讓我覺得很安全，但是她也下車了。

然後，巴士又開到路邊停下來，「好了，每一個人都下車。」車掌大聲喊，這一次他先走到車廂後面，然後往前依序發給每個人兩塊錢。

我走到他的面前：「我付了二十五塊錢到東莞，我要退錢。」

他轉身面向我，他當然比我高，還是個男的。在那當下，我才了解自己實在很弱。

「要是妳付了一百塊，我也要給妳一百塊嗎？」他大聲嚷嚷：「如果我把褲子脫了，妳願意給我一百塊嗎？」

根本就是胡言亂語，而且一點也不好笑，但是他似乎很得意，於是他又說了一次：「如果我把褲子脫下來，妳會給我一百塊嗎？」

「Fuck you，」我脫口用英文開罵：「Asshole（混蛋），Prick（自大狂）。」也打破了我住在中國以來謹守的原則——絕不打美國牌，不過有時候用英文罵髒話還挺管用的，那個車掌馬上用敬畏的眼神看我。

我一把推開他走到巴士的最前面，想要找什麼東西來丟。我想扯下他裝錢的腰帶丟出窗外，但是他把腰帶緊緊揣著。儀表板上有一條毛巾，我抓起毛巾往司機臉上丟，然後衝下車門開始狂奔。我的心跳加快，以為他會追上來。我跑了好一陣子才放慢腳步，然後想到自己剛剛看起來一定很愚蠢。

我在路邊攔了一輛計程車，劈頭先問司機到東莞要多少錢，八十塊人民幣——大概十塊錢美金。我坐進車裡，仍然氣得發抖。我想到那些我認識的女孩們，她們全都住在這裡，我還想到她們每一個怎麼被欺騙、虐待，被像那個廣東瘦子的男人大吼大叫，說不定他一早醒來就已經對這個世界極度憎惡。而我們毫無求助的對象，只能埋怨悲泣自己的無能。在衝突的當下，最後可能訴諸於蠻力來解決，但在這方面女人永遠是輸家。我有錢，我可以用錢買到舒適與安全，但她們完全沒有這個選擇。

然而這裡還是有和善的人，就像那位在巴士上替我數落司機不是的女子。你需要時時提醒自己這一點，否則很難在這裡繼續存活。

＊　＊　＊

或許東莞看起來不像是一個有歷史背景的城市，但是市政府的官員們卻不這麼認為。他們在新市區設立一幢歷史博物館，龐大的灰石建築宛如獨裁者的陵墓般蹲踞在市中心。計程車司機還不知道這個地方，他們老是把我載到街底的商業展覽中心。我在二〇〇五年夏天總共拜訪博物館三次，每一次都冷冷清清的。

中國的歷史博物館是一個棘手的地方，中國的古朝文化浩瀚綿延——根據官方的說法，卻也趨於封建與保守。而中國在邁向現代史的初期，雖然遭受外國勢力的蹂躪與摧殘，但中國人民也在屈辱和挫敗當中，留下一段段英勇的史蹟。隨著共產黨在一九四九年掌握政權，中國也重新站了起來，然而之後的一九五七、一九六六，以及一九八九年，卻在歷史記載上銷聲匿跡。每一件混亂、支離破碎、最好隱瞞不說的事，都必須被琢磨、修正到合理的模式，因為從孔子時代開始，歷史的目的長久以來就是讓後代從中學習倫理與道德。

東莞的這座博物館敞著過度寬廣的大廳和強冷的空調，既浪費土地又耗損電力。指標上寫著：**歷史**，往前；**經濟**，二樓。第一次去的時候，我先走進**歷史**。第一間展示廳裡陳列了從史前海底化石到清朝的文物，一個個玻璃櫃擺放了一堆像石頭的東西，仔細觀察後，才發現每堆石頭上方都有一排難懂的英文說明——Whet stone appearing from Haogang shell mound remains（出土於福建貝塚遺址的磨石）。展示廳裡還有一個大型的婦女紡織立體模型，藉此彰顯東莞早期揚名的手工藝，織布機運轉的聲音不斷從喇叭裡播放出來，即使到了其他的展示大廳，粗嘎的聲音還是在我耳邊環繞。

接下來是更多的石頭，然後顛簸坎坷的歷史軌跡突然出現令人訝異的精準數字——**明朝天順六年（西元一四六二年），人口增加至十五萬零三百七十八人**。商業市集興起、鹽業興盛、農業發達。在一間較大的展示廳裡，一棵人造樹的影子映照在一面人造假湖上，緊接著是一艘假船、一座彎彎的人造橋、三隻假鵝和兩隻塑膠鴨，還有不斷播放的鴨叫聲。這是陳述歷史另一個困難的地方。

雖然每一個展示廳皆試圖反映中國五千年來的歷史傳承，但是真正被保存下來的東西實在少得可憐，貴重的藝術品都被運到了北京，或是在戰爭和政治鬥爭中遺失，逼得博物館只好自己想辦法湊數。他們造假大砲、假大鐘和假的盔甲，從複製的碑匾上印製古文，再將這些二手複製品掛在牆上。立體模型幾乎佔據了每一個展示廳，這是最受展場青睞的展示方式，應該是因為它們很佔空間的關係。東莞博物館裡唯一真實的物品，是那一堆一堆的石頭。

從十九世紀鴉片戰爭之後的現代歷史更是一團亂，讓人摸不著頭緒。其中一個名為「憤起反英」的展示中，有一個身著英國海軍軍服的假人和一個憤怒的中國人。展示說明上寫著：**鴉片戰爭的挫敗，是中國永遠的羞辱與痛苦**。然而對一個經濟正在起飛的城市而言，可能很難對英國產生恨意，因為緊臨的展示區已經到了一八七八年，**香港政府提議設立劣等保護局來保護中國的婦女與孩童**。接下來的展示區快速帶過第二次世界大戰，直接來到共產黨的勝利奪政，牆上掛了一張人民歡騰的模糊照片，底下標示著：**百萬人民歡慶解放軍的勝利**。

下一個展示廳的牆上寫著一排標題字：願景成真——從農村到科技城市。一面打著燈光的告示板上貼了好幾張共黨集會的照片，顯示鄧小平致力於經濟改革與對外開放的計畫。這是一九七八年。從上一個展示廳到這個展示廳中間跳過了三十年，直接略過中國共產黨的成立、土地改革、剷除異黨、資本主義鬥爭、設立人民公社、大躍進運動、至少造成兩千萬人死亡的大饑荒，以及持續十年之久的文化大革命。

我離開了歷史展區，進入**經濟**，這裡是貼近真實生活的歷史。展示廳內有一座巨大的太平手袋廠立體模型，還有四個低頭縫製鞋子的婦女假人；還有一個模擬商人必須到此申請執照的政府辦公室場景，裡頭擺放了一個大家都很熟悉的東莞人模型：肚皮圓滾滾、手提公事包的商人。歷史的腳步飛快——**一轉眼就過了好幾十年**，幾幅大照片展現高速公路的建設與發展、廢水處理廠的興建，以及投資會議的舉行。

一個投入—產出—投入的良性循環

第一個擁有百萬人次手機使用率的完美城市

舖路、造橋、興建電廠，

是為了賺取更多金錢來舖更多路、造更多橋、興建更多的電廠。

其中一個互動展示區顯示這個城市的生產毛額、出口貿易、平均儲蓄存款，以及稅收。最後展示的，是一幅中國政府參與二〇〇一年世界貿易組織大會開幕典禮時的照片。

新時代的來臨

我離開博物館時，正好有一群三、四年級的孩子到這兒進行戶外教學，他們在大廳前歪歪斜斜地排成一列一列。每個人都穿著學校的運動褲，脖子上都圍著一條「中國少年先鋒隊」的紅領巾。博物館解說員是一位有著嚴肅面孔和竹竿腿的年輕小姐，她拿起麥克風，我準備洗耳恭聽鴉片戰爭的歷史與歷經一百五十年的屈辱。

「三樓這裡展示的，是這個都市的模型。」解說員開始了她的工作：「我要你們在這個模型上找出自己的家在哪裡。你們都知道松江湖嗎？」

「知道。」小朋友異口同聲地回答。

「松江湖是我們的高科技工業區，東莞有一句座右銘：『每年一大步，五年見新城』，我們現在已經到了第三年。」

她停了一下，「你們知道『建設城市、修建道路、改造山林、整治河川』嗎？」

一片沉默，沒有人知道這個。

「這些都是政府的政策，東莞還有一個開放外國船隻入港的港口……」

西元七世紀唐朝皇室指派宮內的歷史學家為前朝在位皇帝編立年史，自此之後，每一個朝代皆開始撰寫前朝傳史，但常為了鞏固自朝政權而擅自竄改或湮滅事實；共產黨自一九四九年以來亦重蹈覆轍，試圖將中國現代史演繹成一段為了抵抗外國勢力而奮起對抗的英雄事蹟。然而這段歷史在東莞地區擁有截然不同的結論——這裡的歷史是關於開放、關於貿易市場，以及外來投資。這裡的歷史始於一間手袋工廠，而來到這裡的每一位學童，都必須被灌輸良好基礎建設所帶來的好處。

博物館解說員督促小朋友們要當個「文明的觀眾」，接著這些三、四年級的小朋友就排著歪歪扭扭的隊伍，進入了「歷史」區。寬敞的大廳一下子空蕩蕩，只留下我單獨一人，揣想著這間竟然一點也沒提到「毛澤東」這三個字的歷史博物館。

3、死於貧窮，是一種罪惡

5月25日，一九九四年

雖然被永通廠給解雇，但我還算幸運，因為我的薪水全都拿到了。我身上有一百多元，而且我一點也不害怕。不過還是會有一點擔心，畢竟我沒有身分證。在沒別的法子之下，我也只能用那張上面寫著出生於一九六九年的身分證來碰碰運氣！誰知道我的運氣還挺好的，我找到了這間工廠，在塑膠模具部門工作。

自從到東莞之後，我已經換過四、五家工廠，而且越換越好。重要的是，我每一次都是靠自己，從沒求過任何人。雖然我有幾個好朋友，但是沒有一個人在我最需要的時候幫助過我。我還記得從深圳逃回來的時候，真的是什麼都沒有，只剩下自己。我身無分文地在外頭流浪了一個月，有一次甚至連續兩天沒有吃東西，也沒有人知道……雖然我的大表哥和大表嫂都在龍陽電子工作，但是我不想去找他們，因為他們也幫不了什麼忙。我也常常想靠別人的幫忙，但是卻找不到可以信任的人，所以只能靠自己。

沒錯，我只能靠自己。

伍春明第一次離開家時並沒有讓父母知道，那是一九九二年的夏天。一個女孩就這樣不告而別地到城市去，真的很大膽，也很危險。在春明居住的湖南村落中，每個人都說女孩子到了都市會被騙去當妓女，然後再也回不來。

春明那個夏天十七歲，剛從中學畢業，在家附近的鎮上賣蔬菜水果，她和還在就學的表妹一起偷偷到大城市去。兩個女孩借錢買了火車票到東莞，然後在一家專門製造玩具塗料的工廠找到工作。但是工廠裡刺鼻的化學藥劑燻得她們經常頭痛，所以兩個月之後兩個人就逃回家了，口袋裡就像剛離家時一樣空空如也。第二年春天，春明又離家了，雖然她的父母親又求又哭地極力反對，她還是決心離開。春明的母親向附近幾個朋友籌了買火車票的錢。

一九九三年的廣東比現在還要混亂，到處都是從各地鄉村湧入的民工，他們到這裡來找工作，夜裡就睡在巴士站或橋底下。那時候找工作的唯一辦法，就是一家一家工廠問。連續被好幾家工廠拒絕之後，春明和她的朋友終於找到願意收留她們的國通玩具廠。一般工人一個月的薪水只有一百塊人民幣，為了生活，她們會買一大袋方便麵，滾水煮開再加點鹽就是一餐。「那時候我們都覺得如果每個月能賺兩百塊，我們就已經開心得不得了。」春明後來這麼說。

四個月之後，春明跳槽到另一家工廠，不過沒多久聽到同廠的女工說她表哥知道深圳有更好的工作，春明馬上就不做了。她和幾個朋友一起到深圳，在高速公路高架橋下待了一晚，第二天早上就去找那位表哥。他帶這群女孩來到一間髮廊的二樓，一位濃妝豔抹的年輕女人坐在按摩床上等客人上門。春明嚇壞了，「我來自一個非常傳統的家庭，」她說：「我覺得那裡的每一個人都是壞人，他們一定是要逼我做妓女。我要是一進到那裡去，鐵定也會變壞。」

有一個人叫這些女孩都留下來，然後要她們到公共澡堂沖個澡，但是春明不願意。她偷偷下樓梯，找到前門之後拔腿就跑，丟下了朋友和一只裡頭裝著錢、身分證，和一張春明母親照片的行李箱。一陣腳步聲在春明身後緊追不放，她鑽進一條巷子，再彎進另一條小巷，身後的腳步聲才終於消失。春明跑進一戶人家的院子裡，院子後面有一間廢棄的雞舍，她馬上爬進雞舍，在裡頭躲了一天一夜。第二天早上，她的手臂全被蚊子咬得一個個包。春明後來走上街，跪在人行道上求路人施捨一點錢給她，但是沒人給她半毛錢。後來一位好心的路人帶她到公安局，但是春明不知道那家髮廊的地址，也不知道店名，公安也幫不上忙。他們給春明二十塊錢，讓她買車票回工廠。

巴士還沒開到東莞，司機就把春明趕下車，她只好步行，街上一個男的緊跟在她後頭。春明在路上發現一個身穿工廠制服的年輕女孩，她拜託那女孩讓她溜進工廠過一晚，女孩借了一張識別證把春明帶進工廠。那天晚上，春明躲在淋浴間過了一夜，隔天趁早跑進浴室偷了一件晾在那兒的乾淨褲子和上衣，然後翻過工廠大門跑出去。那時候她已經兩天沒吃東西了，一位巴士司機買了一塊麵包給她充飢，還開車載她一程到東莞她表哥、表嫂工作的地方。

春明壓根兒沒提發生在自己身上的事。她在街上閒晃了一陣子，認識一個在工地當廚師的人，他讓春明和其他工人一塊兒吃飯。晚上，春明就偷偷溜進朋友的工廠宿舍睡覺。沒有了身分證，春明根本沒辦法找到工作。閒晃了一個月之後，春明看到銀輝玩具廠生產線的徵人廣告，她找到一張不知道是別人搞丟的還是忘了拿走的身分證，然後用那張身分證應徵到工作。那張身分證上面寫著她的新名字——唐聰蕓，生於一九六九年，比春明真正的年紀還要大五歲，但是沒有人注意到這件事。

春明在銀輝玩具廠做了一年，她的工作就是把一桶一桶的塑膠灌進製造玩具車子、飛機和火車的模子裡。春明的膽子大，又愛找人聊天，所以很容易交到朋友。她的新朋友叫她唐聰藝，而春明就這麼變成了另一個人。

即使後來她離開了玩具工廠，還是會收到署名給唐聰藝的信。春明一直不知道誰是唐聰藝。

我認識春明兩年之後，她才告訴我這個故事。那是二〇〇六年底的一個星期假日，春明在街上逛了一整天，並替自己買了生日禮物之後，和我一起坐在東莞的果汁吧裡。「我從沒跟別人說過那時候發生的事，」她吸了一口綜合果汁，接著說：「感覺好像是昨天才發生的。」

「妳知道留在髮廊裡的那些朋友後來怎麼了嗎？」我問她。

「不知道。」她說：「我也不確定那裡是不是一個不好的地方，說不定真的只是讓願意的人去當按摩小姐。不過他們不讓我們離開，真的把我嚇死了。」

春明最要好的朋友，是那些沒離開的女孩之一。她們在市區的一家工廠認識的，春明不知道她從哪個村子來，也不知道該怎麼找她。幾年之後，春明遇見一位認識那個朋友的女孩，女孩說她的朋友回鄉去了，後來又來到東莞。春明從那段簡短的談話中，說服自己她的朋友安然無恙。但是誰也沒辦法確認是否真的是這樣，說不定她被騙去當妓女，然後再也沒有人聽見她的消息，就像村裡的人曾經說的那樣。春明失去了最好的朋友，就像她一路上認識的許多人。在東莞的每一年是如此地漫長，春明已經在此過了十三年。

＊　＊　＊

5月24日，一九九四年

我們從早上七點開始上工，晚上九點下班。然後洗澡、洗衣服。十點多的時候，那些手上有點錢的人會外出吃宵夜，沒錢的人就去睡覺。我們早上六點半就得起床，沒有人想離開被窩，但是七點就得工作。還有二十分鐘——爬下床，揉揉浮腫的雙眼，洗臉、刷牙，還剩十分鐘。想吃早餐的利用這十分鐘吃完，不過我發現很多人什麼也沒吃。不知道是不想吃？為了省錢？還是想減肥……

我當然不會為了保持苗條或省幾個錢就忽略自己的身體健康，難道我大老遠跑到這兒來，就只為了賺這麼一點點錢嗎？

來到都市沒多久，春明開始寫日記。她在一本有著淡粉色封面的筆記本裡，描述工廠裡的生活——像是計時員的嚴苛、難得和朋友聊天說閒話吃東西的悠閒片刻，還有偷偷喜歡上的男孩們。**要記下每天看見、聽見、感覺到還有想到的事情**。她在本子上面這麼寫，**這樣不但可以提升寫作水準，還可以為自己的成長留下痕跡**。春明還在本子上的好幾頁裡，寫下讓自己逃離現階段生活的自我改進計畫：看小說、練字、練習說話——改掉湖南腔，同時學會工廠老闆說的廣東話。她最害怕的一件事，就是自己永遠只能待在工廠裡。時間是春明的敵人，時時刻刻提醒她一天即將過去，而她的目標還有一段遙遠的距離。然而時間也是春明的朋友，因為她還很年輕。

春明的日記通常沒寫日期，也沒有順序，看得出來她寫得很匆忙。日記裡除了描述每天的生活之外，還有寫信給她父母親的草稿，也抄了一些歌詞和啟發人心的箴言，以及鞭策自己努力工作的字句。有時候她寫的字大大地橫跨了兩頁，而且愈寫愈大，直到每個字幾乎有二．五公分高。她在心裡吶喊：

我沒時間傷心，因為我有太多想要去做的事情。

「時間就是生命」

人可以平凡，但絕對不能庸俗——伍春明

我現在什麼也沒有，我的唯一財產就是我還年輕。

快一點了！我還沒辦法合上這一期的《民工雜誌》，可是晚上七點必須上工，我最好趕快去睡。

唉！我真恨時間怎麼那麼少。我每天工作十二個小時，剩下的十二個小時得填飽肚子、洗澡、洗衣服、睡覺，還能剩下多少時間讀書？如果上的是晚班，時間就更瑣碎——下班之後吃點東西，然後等一個小時才輪得到我洗澡，接著從下午睡到晚上六點就一定要起床，吃晚餐又浪費了一個小時……之後看書看到半夜，這樣只有不到六個小時的睡覺時間，還剩一個小時可以做其他的事情。

我被打敗了，被打敗了。

難道在人生的這條路上，我註定要被打敗？

我不相信

我絕對不相信

伍春明，妳不能再繼續這樣生活下去！想想看：妳已經在這家工廠待了半年，但是妳到底得到了什麼？妳知道在塑膠模具部門做工根本沒有未來，所以妳要換工作，找一個好一點的事做。第一，妳一定要學會說廣東話。為什麼妳這麼沒用？妳真的那麼蠢嗎？

為什麼妳學不會別人學會的事？

妳也是人啊，伍春明！還是妳根本就是個沒用的東西？

已經兩個月了，妳的廣東話一點也沒進步。妳還記得自己進這家工廠時的目標就是學廣東話嗎？如果今年還學不會，那妳就是一隻笨豬、笨牛！妳也別繼續待在東莞做工了，每個月領那兩、三百塊錢工資，還不如待在鄉下。

3月23日

唉！我想做的事真的太多，但是時間太少。有人覺得很煩，有人覺得很懊惱，哈！我可沒時間去煩惱。

第一，我一定要運動，絕不能讓自己發胖。

第二，我一定要讀很多書，還要把字練好，這樣我就可以生活得既快樂又富有。

第三，我一定要學會說廣東話，這件事急不得，要慢慢學。

至於睡覺時間，最多六個小時就夠了。

3月29日

今天發薪水，我領了三百六十五塊。還掉之前欠的五十五元債之後，還剩下三百。我想要買一支錶、幾件衣服和一些東西，這樣我還能剩下多少錢？……夏天已經到了，我沒有什麼衣服……而且我必須買一支錶，沒有錶，我就不能好好利用我的時間。

我根本不可能寄錢回家。下個月領錢之後，我要到「速記祕書函授大學」註冊，我一定要拿到大學文憑。我可不是為了每個月領這兩、三百塊才到東莞來……這只是暫時的落腳處，我絕不會永遠待在這裡。

沒有人了解我，我也不需要他們了解我。

我只能走自己的路，就讓別人去說吧！

5月22日

很多人說我變了，我不知道自己是不是變了……我比從前安靜，也不像以前那麼愛笑。有時候我得強迫自己笑出來，有時候我覺得自己變得麻木。「麻木」，就是麻木。不！不是這樣！但是我真的不知道應該用哪一個字來形容現在的自己。

我覺得好累，好累。

真的，我真的覺得好累。
我的身體和我的靈魂都覺得好累。
太累，太累了。
我不想再這樣過日子。
我不想要再這樣活著。
絕對不要再這樣活著了。
我該怎麼辦？

＊＊＊

即使春明積極朝著升遷之路邁進，但是在寄回家的信裡，她仍然拋不開當個傳統乖女兒的包袱。

母親，我幫您織了一件毛衣……如果那天沒織這件毛衣，我可以多讀好幾本書。但是，母親，有時候我會想：我寧願當您的乖女兒，就算得丟了那些我那麼想讀的書，我也要當一個孝順的女兒。
母親，我把對您的愛都織進了毛衣裡……
母親，記得我在家時，您總誇別人家的女兒多會織毛衣，而我老是沒耐心。

但是現在您看，您的女兒也會織毛衣了吧？

請您記住，您的女兒永遠不會比別人笨。

家人的期望是春明肩頭上的重擔。從農村來的女孩兒壓力特別大，如果她們不趕緊力爭上游，家裡的父母就會催著她們回鄉找個人嫁了。

我終於收到家裡寄來的信……除了父親之外，還有誰會寫信給我？母親連一句想念我的話也沒有……上一封信裡，母親寫了一句要我別在外地交男朋友。雖然只是短短一行字，卻讓我特別高興，彷彿母親就在我的身邊。

我多麼渴望將心中的話一股腦兒地全說給她聽，但是我不能。母親啊！我的母親，為什麼妳不識字？但是妳不識字也沒關係，不管妳寫些什麼都好。就算只是隨便幾個字，我也能懂得妳真正想要告訴我的事。

母親，我知道妳有好多話想對我說，只是父親沒寫在信上……

父親和母親啊，我們之間好像沒辦法溝通。你們永遠不知道，也不了解你們的女兒心裡真正的想法。也許你們認為我已經找到理想的工廠，一個月有三百塊的工錢。也許你們以為我再也不會換工作，也許你們希望我不要再換工作，就這樣在這間工廠工作個兩年，然後回家結婚去，像村裡每個女孩那樣擁有一個家庭。但是，我的心思全不在那些事情上面……

我想在東莞建立屬於我自己的世界……我的計畫是：

1、上函授大學

2、學說廣東話

3、在沒有任何成就之前絕對不結婚

春明在都市的前三年從沒回家，她對朋友說因為工廠給的假太短，但在日記中她是這麼寫的：**誰知道我為什麼不回家過年？主要的理由是——我實在不想浪費時間，因為我得用功！**春明也沒聽母親的勸告，她寫了好幾封情書給在工廠同一層樓工作的一位年輕帥哥。年輕男子在工廠裡是少數民族，長得好看一點的更總是得到女孩們的青睞與注目。可惜這位帥哥對春明不感興趣，還把她寫的信到處傳閱。

在生產線工作了六個月之後，春明發現工廠計畫由內部招募職員，於是她寫了一封信給部門主管，表達她的意願。不過老闆早已聽說春明追求男生的八卦傳聞，所以想把她調到別的部門，但是不知道是哪兒出錯，竟讓春明當上了職員。她在新工作上表現得很好，反而讓老闆刮目相看。職員的薪水一個月有九百塊人民幣，足足是春明前一年月薪的三倍。

這些離鄉女人的故事都有一些共同點，像是她們剛到城市時同樣感到迷惑與懵懂，而且也都曾經受騙。年輕女孩常常說自己是獨自離開家鄉，但事實上她們通常有同伴一起同行，她們只是覺得孤單。她們往往一下子就忘記自己工作過的工廠名字，但是某些日子卻記得很清楚，好比離家的那一天，或是總算從一家惡劣工廠逃離的日子。工廠裡製造的東西到底是什麼從來就不是重點，這些女孩在意的是工作辛不辛苦，有沒有機會往上爬。身為民工，這些女孩的機會只能來自於槓上老闆或是挑戰上司，她們賭上所有從群眾裡挺身而出，強迫這個世界接受她這個獨立的個體。

在工廠裡很容易讓人失去自我，因為裡頭有好幾百個出身背景相同的女孩，同樣生於農村，沒受過什麼教育，而且同樣貧窮。妳必須相信自己，即使妳只是百萬人群中的一個。

4月1日，一九九四年

沒錯，我是一個非常普通的人，普通到不能再普通，我是一個就像所有其他女孩的女孩。我喜歡吃零食，喜歡找樂子，喜歡看起來漂漂亮亮的。

別以為我可以變成超人。

我只是一個最普通、最平凡的女孩，只要是漂亮的、好吃的、好玩的，都能吸引我。

那麼我就從普通和平凡起步吧！

＊　＊　＊

東莞工廠裡的性別區分非常明顯，職員、人力資源部門，還有售貨員都是女性，生產線上絕大部分的工作也由女性擔任，老闆們認為年輕女性比較勤勞，也比較容易管理。男性則獨佔技術性工作，像是模具設計和機器修理。男性通常也掌握工廠裡的高位，但也囊括最沒得升遷的工作，譬如警衛、廚師，還有司機。在工廠以外的職場裡，女性的工作包括服務員、保母、美髮師，還有妓女，男性則在建築工地任職。

性別區隔在徵人啟示上更可見一斑：

高寶工廠誠徵員工

銷售員：限女性，四級英文程度

接待員：限女性，會說廣東話

警衛：限男性，30歲以下，身高1.7米或以上，軍人退役，熟悉消防，會打籃球更佳。

如此截然不同的應徵條件，意味著某些事情：一是年輕女孩享有流動性較高的職位，或許她們一開始只是生產線的作業員，後來可能升為職員或售貨員。男性進入工廠的門檻通常比較高，然而一旦雀屏中選之後往往就無緣升遷。不論在工廠內或工廠外，女性接觸的人比較多、層面也比較廣，她們很快就接收了都市的穿著、髮型和說話的語氣；反觀男性則傾向自我封閉於外來客的圈圈裡。女性比較容易融入城市生活，她們也有比較多繼續留在城市裡的誘因。

女性佔中國民工總人數的三分之一以上，她們多半比男性來得年輕，單身的人也比較多；她們的家鄉大多比較遠，但留在城市裡的時間比較長；她們擁有更多激勵自己努力向上的動力，也更將離鄉視為改變人生的機會。一項調查顯示，男性將賺更多錢列為離鄉的主要目的，女性則是渴望獲得「更多生活經驗」。和男性不同的是，女孩們沒有家可回。依照中國的傳統，兒子結婚之後必須帶著老婆回父母的房子定居，兒子永遠都能在家鄉有間房子住。反觀女兒一旦長大了，就不能再回到家裡住，這些女孩一直到結婚之前都沒有一個可歸的地方。

就某些方面來說，這種根深蒂固的性別歧視對女性比較有利。許多農村父母希望成年的兒子待在家附近，或許就在鄰近城鎮送送貨或是賣點蔬菜維生。這些不被賦予太多期望或鼓舞的年輕人，可能就這麼「晃」日子，漫無目的地做些奇怪的工作，然後把微薄的工資花在抽菸、喝酒和賭博上頭。另一方面，較不被看重、也較不受關愛的年輕女性，可以遠離家鄉，實現她們自己的人生計畫。正因為不受到父母的重視，這些女孩們才能夠更自由地尋求自己的夢想。

然而這是一個暗藏危險的優勢。雖然離開家鄉讓農村的年輕女孩獲得自由，但同時也讓她們掉入一個缺少另一半的人生。農村女孩大多二十歲出頭便嫁人，而因離鄉工作而耽誤婚姻的女孩們，很可能就此錯過姻緣。據說東莞的工廠裡百分之七十都是女性，在男女失衡的狀況下，實在很難找到優質的對象；而女性社會地位的改變，更提高了找對象的難度。從生產線高升的女性根本看不起鄉下農村裡的那些男人，但是城裡的男人也對她們看不上眼。民工們稱此為「高不成、低不就」。意思是沒辦法高攀，但也不願意屈就。

我認識的離鄉女性從沒抱怨過身為女人所得到的不平等待遇，即使父母親寵愛兒子勝過女兒，老闆們偏愛貌美的秘書，招工廣告明顯地性別歧視，她們依然忍受所有的不公平，勇敢地向前邁進。我在東莞的三年多來，從未聽過任何一個人提到有關女權主義的言論，或許她們認為這裡每個人的生活都一樣苦，重要的是如何從鄉下人變成這個城市裡的一份子——一旦跨過之間的分界線，就能改變命運。

＊＊＊

春明倒是輕輕鬆鬆地就往上爬。她在一九九五年時跳槽到一家離東莞市區比較遠、專門製造水槍和BB槍的工廠，她也終於學會說廣東話。她的薪水在一年之內從三百塊人民幣增加到六百五十塊，接著又跳到八百塊，現在是一千塊人民幣。然後春明發現雖然她和同部門主管做的工作一模一樣，但是主管領的錢卻比她多。於是春明寫了一封信給老闆：**要是你不把我的薪水加到一個月一千五百塊，我就不幹了！**春明得到她的要求，這間工廠從沒給過任何員工五百塊人民幣的加薪。但是春明並沒有因此而滿足，她反而像發現職場新大陸似的，這裡頭還有很多她要學的事。

春明和其他人的相處霎時變得複雜起來。鄉村的人際來往通常源自於親戚關係或是擁有相同的際遇，而在學校或是生產線上的每個人也都有同樣的卑微背景，因此如果其中一個人在工廠的地位開始往上升，處於平衡的人際狀態就會起變化。這樣的狀況可能讓人不安，因為原本同甘共苦的朋友突然變成了頂頭上司，年輕女孩一下子比男朋友還快高升。

3月26日，一九九六年

這次的加薪讓我看盡人生百態。有些人為我高興、有些人羨慕我、有些人恭喜我、有些人祝我幸運，還有些人嫉妒我，也有些人無法接受……

對於那些嫉妒我的人……我只會把他們當成前進之路的絆腳石，然後一腳通通踢開，再繼續往前邁進。未來的路上還會有更多的嫉妒等著我！

讓陌生人留下一個好印象，對春明來說變得很重要。她像個生物學家對待標本般研究工廠裡那些位高權重的人，她觀察到人資部門主管每次在公共場合說話時，老是緊張得手發抖。春明在新年假期時巧遇工廠裡的一位經理，但是他對她視而不見，直到春明大膽上前祝他新年快樂，那位經理才親切地招呼春明，還給她一個裡頭裝了十塊人民幣的紅包。**這件事讓我了解到：有些人看起來好像冷漠不可親近，但不見得真是如此。你只是需要讓自己更親切一點。**

春明的自我改造計畫進行得快馬加鞭，她的日記裡不再記錄每天的生活細節，取代的是由斷斷續續的大量閱讀中摘錄一些如何成「大器」的守則。

自信、體面和優雅，是專業女性應該有的形象。

班傑明．富蘭克林的十三則道德規範

1、節制：飲食不過量。

2、沉默：不開口說不重要的話。

3、紀律：將物品放置在固定的地方，保持規律的作息。

4、果斷：立定志向，不屈不撓。

5、節省：不浪費，把錢花在對自己和別人都最值得的東西上。

……

接受批評

1、別人批評你的時候，你必須保持冷靜，並表現出專心聆聽的樣子。

2、眼睛看著說話的人。

3、不要指責剛剛才批評你的人。

4、不要感到沮喪。

5、不要開玩笑。

春明在日記裡寫的那些理想典範，和現實狀況完全相反。其中一則標題為「不具領袖資格的十五項特質」，幾乎就是「如何在東莞當老闆」的守則。

第三項：為小事忙得不得了，每件事都要參一腳。

第十五項：獎金、獎賞跑第一，位置也要排第一。

春明本來報名參加祕書技能的函授課程，後來因為課本看起來很難而作罷。另一堂公共關係的課也打了退堂鼓。

你計畫怎麼學習公共關係？

答案：學習人際關係的正確方法，就是要先學做人。

春明有一陣子決定要用自學的方式學英文，她在本子上寫了一長串單字——

ABLE
ABILITY
ADD
AGO
ALWAYS
AGREE
AUGUST
BABY
BLACK
BREATH

——可是還沒寫到C就放棄了。

太多太多事要學，春明的日記裡也抄寫了各種事半功倍的小祕訣。百分之六十的人沒有目標。想要擁有「耀眼光彩」，混搭黑色、灰色、金黃、寶藍和亮紅色的眼影。A可以乾洗；

「A」表示任何洗潔劑都可以使用。互相問候是交談的催化劑和潤滑劑。喝湯的時候不要讓湯匙碰到盤子，以免發出碰撞的聲音。不閱讀的人說話無趣，面目可憎。

＊　＊　＊

遠離母親身邊的外來民工，只能從其他地方尋求忠告。一九九〇年中，專為離鄉讀者創辦的雜誌紛紛出籠，特別是在中國南部工廠聚集的城市。這些雜誌使用非常便宜的紙張，每本只賣兩塊人民幣或是五毛錢；它們調查民工的工作環境，也提供法律、求職和感情上的諮詢與建議。雜誌中以第一人稱的敘述方式，刻劃外來民工的生活，故事的發展不外乎兩個結果——一個年輕女孩在大都市裡飽受磨難，最後終於成功勝利，通常是開啟了自己的事業或買了一棟公寓；或者是來到都市的年輕女孩被一個懶惰、移情別戀或已結婚生子的男人看不起。這些女孩宛如美國小說家西奧多・德萊賽（Theodore Dreiser）、艾迪絲・華頓（Edith Wharton），以及亨利・詹姆斯（Henry James）筆下的女英雄；這些故事的情節發展，也是西方現代小說的傳統模式。只不過在民工雜誌裡，所有故事的道德隱喻都一樣：妳只能靠自己。

每一個成功故事的結局，都是以經濟數字做為個人勝利成功的指標——例如每個月的營業額、一間公寓的坪數等。在「野心成就現在的我」一文當中，一位年紀輕輕就當保母養家的女孩，不但自學識字、書寫，還靠著賣冰棒、送貨、幫人剪頭髮和賣保險，讓自己及弟弟完成大學的學業。故事最後，女孩當上保險公司的業務部主管，還擁有一間一百多坪的房子。在「當自己的主人」這一篇，另一個年輕女孩為了實現自己開店的夢想，在美容院當了兩年學徒，一毛錢也沒領，就為了學功夫。**開店後每個月的營業額超過三千塊人民幣，六百塊錢付房租，一百塊錢繳稅，剩下的全都是她的收入。**「立志進電視圈的女孩」裡，女孩任勞任怨地在辦公室裡打雜——**她經常十幾個小時不間斷地打字**——後來當上一家娛樂公司的副總裁，住的是七十多坪的大樓。

成功之路漫長而艱辛，更有許多人在中途迷失方向。年輕女孩可能夢想找到一個愛她、願意養她的男人，但現實總不如人意。

回到家之後，我不禁嚎啕大哭，不敢相信自己的真愛竟然是個大騙子。在他眼裡我只是個好騙的傻女孩。

如果我現在離開他，還會有人要我嗎？

許多文章描述民工在日常生活上的委屈與羞赧。一個女孩偷溜進麥當勞的廁所，因為工廠宿舍裡的廁所又髒又臭，她說：**麥當勞的廁所太棒了，不但非常乾淨，裡頭還有衛生紙和烘手機。**這當中還有個民工羞愧得不敢告訴老闆自己買不起手機；而那些有幸坐辦公桌的人，卻發現自己彷彿身處達爾文所形容的無情世界：

我有幾個客戶遲繳帳款，公司要我負責把這些錢收回來，而且每個月先扣我百分之三十的薪水，直到客戶的欠款全部繳清為止。這樣合理嗎？

公司規定每個月業績最差的業務要被解雇，這是合法的嗎？

然而這些鼓勵民工們自力更生、一切靠自己的訊息有時候太過頭。在一篇關於女傭遭受虐待的文章裡，絲毫未提到居家幫傭這項工作的危險性，而是讚揚女傭勇敢逃出雇主家的勇氣和膽量。**能夠拯救王麗的人，只有王麗她自己**——文章裡這麼寫。另一篇探討百貨公司失火造成傷亡的故事裡，完全漠視施工不良及預防措施等值得關切的議題，只把焦點集中在如何自救——**身上著火時趕快把衣服脫掉，或是立刻在地板上滾動將火苗撲熄**。

民工雜誌一反中國媒體慣常的呆板與說教，也不刻意營造完美的結局，許多故事結尾都充滿了煎熬或困惑。這些雜誌雖然報導了一個人們互相欺騙的世界，卻從未有幫助這些無依、茫然人群的意圖。它們不高呼修改法律或是矯正任何行為，也從不提共產黨這三個字；它們只是單純寫出如何在現實社會中活下去的事。

＊＊＊

一九九六年夏天，春明在她的日記裡寫著：

朋友們，我們沒做錯什麼卻生來貧窮，但是讓自己死於貧困是一種罪惡。

我們在生命的這堂課裡難道還不夠努力？不夠堅持嗎？想要成為一個頂尖的直銷業務，就必須確實做到這四點：

1、有決心。
2、有明確的目標。
3、深入學習並完全了解公司的產品與計畫。
4、研究直銷技巧。

那年夏天，一位同工廠的朋友帶春明參加了一場改變她一生的演講。演講者是「完美日用品有限公司」的員工，這家公司表面上銷售的是健康用品，但實際上販售的，卻是包裝在「傳銷」這個神奇字眼裡的財富追逐與夢想。「傳銷」這兩個字在中國又稱為「直銷」，是介於合法直接銷售和老鼠會詐欺手法之間的行銷模式。有時候瀰漫在空氣中的腐敗氣味，似乎也滲透到了語言裡。

春明開始銷售完美健康用品來增加收入，大部分是賣給同工廠的人。她購買完美公司的錄音帶，參加完美公司的演講，她的日記也成了夾雜著詭異健康訴求的完美銷售指南。

銷售的成功與否取決於見面的前三秒。
演講時，直視你的聽眾。
每天認識三個人。
蘆薈礦物晶能夠調節人體的五感。
掉頭髮是因為體內缺銅。

一九九六年底，春明當上工廠裡舉足輕重的總務處主管一職，但是她決定辭職，全心投入完美公司的產品銷售。為了培訓銷售人員，春明花一萬塊人民幣的存款租了一些設備和一間會議室；也招攬從前的同事加入會員，還承諾要讓大家一起變有錢。春明把會員的名字登記在日記本的最後幾頁上，有些人還只是青少年，年紀最大的不過二十五歲而已。

為什麼我們今天要聚集在這裡？簡單來說，是為了帶領每一個人探討「如何活出完整生命？」這件事。

想想看：我們為什麼老是這麼普通？為什麼那麼多人辛苦工作了一輩子，卻還是沒辦法過自己想要的生活？我們都曾經有過夢想，也都曾經拼了命地努力，但是為什麼付出和收穫如此不成正比？我們已經有太多太多的遺憾！

我們也逐漸了解到一個事實：想要求進步、求發展，一定要抓住機會。光有夢想和決心是不夠的……一旦做了錯誤的選擇，你將從此勞碌一生。就像我們的父母親選擇務農一樣，他們勤奮辛苦地工作了一輩子，但是到了頭髮花白的晚年，卻陷入勉強度日的窘況。

我的朋友們，你們想要像自己的父母親那樣過日子嗎？

不！

給自己一個掌聲！

直銷公司在二次世界大戰後的嬰兒潮時期，如雨後春筍般在美國蓬勃興起。安麗集團和雅芳化妝品公司以有別於傳統經銷的方式，創新由個人到府推銷的方式，取代商店販售的管道將產品銷售出去。這些批發商靠兩種方法賺錢：一種是自己把產品賣出去；另一種是吸收新會員，然後靠他們賣產品得到分紅獎金。

直銷熱潮在一九九〇年中瘋狂席捲中國，其中一些傳銷公司仿效美國的銷售模式；其他的則向新會員收取昂貴的入會費，並向這些新會員保證，只要他們再找新的人加入，就一定會賺錢。這一類的傳銷公司就像老鼠會，他們的獲利不是來自於銷售真正的商品，而是吸收新會員時的高額會費。所以只有最早加入的人才會賺到錢，當新會員不再加入的時候，整個騙局也隨之瓦解，許多人的積蓄也跟著付之一炬。

這樣的直銷模式剛好搭上中國傳統道德社會瓦解之際，心腸狠毒——誰也不管，有錢快賺——的惡劣行徑比比皆是。這些直銷公司靠的是每個會員的親戚、朋友關係，因為每個傳銷人員入會後做的第一件事，通常是拜託認識的每一個朋友或親戚買他的東西。傳銷公司也一再保證為每個會員帶來財富與自我提升的機會，它們也明指一條成功之路：**每天認識三個人**。傳銷事業在珠江三角洲的小鎮和外地民工移居區蓬勃發展，在這個農村和城市交錯的世界裡，人們對成功者報以羨慕的眼光，更渴望自己也能功成名就。只要有個認識的人承諾帶來快速賺錢的機會和奇蹟，人們很容易就會動搖。

傳銷公司的興起引起了中央政府的關切，因為有些傳銷公司涉嫌賣假貨、走私商品或販售劣級品，而充滿個人魅力的講師在訓練會場上激起近似宣揚福音似的銷售熱潮，更使傳銷看起來有如邪教般令人不安。其中一些更浮誇的操作方式，甚至危害到社會秩序。一家台灣銷售鑽石的傳銷公司在一九九四年瓦解了之後，還得藉助警力來驅散上百個憤怒的會員。雖然北京當局頒佈了許多法令來控制傳銷公司，但是地方政府卻極少執行，一部分原因是因為這些公司為地方帶來稅收和工作的機會，另外一個原因則是傳銷也是很多政府官員普遍兼差的副業。

＊　＊　＊

對春明而言，銷售訓練是學習如何說話的機會。演講藝術在中國的傳統上並不受到重視——一篇優美的文章加上漂亮的字體才是上上之作，以往的中國式演說總是枯燥無味，演講者常常只是照著講稿唸，慘的是講稿內容多半乏善可陳。傳統上像春明這樣一個年輕、來自農村、又是女性，在條件或背景比她好的人面前理當保持沉默；但是在商業貿易及激烈競爭之下的現代中國，懂得如何演講已經成為一項必備的技能。

傳銷公司將美國的社會風潮直接引進中國的下層階級，他們的演說方式融合了傳統傳教士的呼喊與回應，以及企業講師滔滔不絕地大聲疾呼。他們宣揚個人的重要性，認為每個人都是贏家。他們也將美國人堅信財富與道德能夠兼具的信念帶到中國來。

春明在她的日記裡草擬了幾段演講草稿：

我的名字叫做伍春明，一個非常平凡又普通的名字。但是我相信在將來的某一天，我會讓這

個名字變得不平凡……

朋友們，你想要變成哪一種人？這是一個值得大家思考的問題。今天的我們是哪一種人很重要嗎？

一點也不重要！

重要的是：你將來想要成為哪一種人？我們離開家鄉、長途跋涉了好幾千公里外出工作，為的是什麼？

賺錢！

沒錯，就是為了賺錢。但是直到現在，我們賺到想要的錢了嗎？

沒有！

現在的生活是我們想要的？還是我們過得起的？

沒錯，只是我們過得起的……

朋友們，你想要成為哪一種人？決定權在你自己身上。假如你從來不敢想要成功，那麼你永遠都不會成功……重要的是你必須勇敢去想，勇敢去要……

真的，世界上的每一個人都是獨特的。沒有一個人生來就註定失敗，因為我們都是天生贏家。

朋友們，請相信我！但是更重要的，是相信你自己！因為你做得到！

春明在完美公司的職位很快從學員變成經理，她在一九九七年辭去完美的工作，加入台灣的

「唐京靈塔園開發公司」，這家公司主要是建造存放骨灰的靈骨塔，它的銷售結合了宗教性、實用性，以及中國人情有獨鍾的房地產。對逝者來說，唐京靈塔園承諾一處風水絕佳的安息之地；對生者而言，賣點在於靈骨塔優越的地理位置、限量的塔位，還有珠江三角洲日漸增加的人口數。投資人可以購買一個大單位的靈骨塔，然後再分成小單位轉手賣出賺取差價。

春明的工作就是替公司的業務籌辦訓練會議。她已經是個演講的高手，現在的她負責教其他業務銷售話術——就像工廠一樣，真正賣到客戶手上的東西，絕對不是最重要的部分。春明的話術融合了佛教、火葬對環境的益處還有靈骨塔將來幾乎肯定增值三倍以上的保證。換句話說，死亡——是最好的長期投資。

讓我們的先人用最人道、最有尊嚴也最莊重的方式走完人生最後的旅程。

光是廣東地區每一年就有超過一百萬人死亡。

我們公司的一般塔位價格，也從一九九五年的三千五百元人民幣，增值到現在的五千六百元人民幣。

我們提供一套完整的服務（從火化到送進塔位，還包括為亡者消除業障等等。）。

推廣期間從一九九四年的七月十一日至二〇四四年的七月十日。

春明的生涯規劃期比靈骨塔的推廣期還要短，她在一九九七年底又跳槽到另一家傳銷公司。這家公司規定每個新進會員都要繳交一千元人民幣，購買一整箱傳統的西藏草藥，這顯然是老鼠會的行徑。不過春明加入得早，所以賺了一些錢。她吸收了十幾個人，這些人後來也確實賺了錢，不到幾個月的時間，春明的下線人數暴增到一萬人，她的收入也高達四萬人民幣，接近於十八萬八千元台幣，這在一九九八年的珠江三角洲可說是個天文數字。公司特別幫春明的週薪工資護貝起來，好讓她在招收新會員的時候，拿出來當激勵的證明。春明後來返鄉時，給了父母三萬元人民幣整修老家，不但地磚重新舖過，也買了很多家電用品和一台二十九吋的大電視機。春明在大都市裡成功而回，讓她成了村裡，甚至村外的名人，「每一個住在附近的人都知道我的事。」春明告訴我。

然而此時的傳銷事業已逐漸失控，在距離東莞六十五公里遠一個叫做「淡水」的小城鎮裡，某個銷售足部按摩器的台商引起了人民的怒火。為了加入傳銷的行列，每個入會的人必須先花三千九百元人民幣買一台足部按摩器——將近一萬八千元台幣，這個價錢甚至高於市價的八倍。傳銷公司告訴加入的會員，只要每拉進一個下線，就可以分到百分之四十的佣金。民工們聚集到淡水鎮，有些人為了支付入會費，賣掉房子、家具和牛。但是想在一個窮鄉鎮賣一台三千九百元人民幣的足部按摩器實在不容易，尤其是其他好幾千個人都在做同一件事。

當整個騙局爆發之後，一些受騙的會員開始攻擊當初吸收他們入會的人，其他人則在政府官員面前要求把錢討回來，公安也前來維持秩序，他們鎮壓憤怒的群眾並將民工遣返。然而就在同一時間，整個傳銷騙術早已移到內陸的一個湖南小鎮，而且在騙局被拆穿前用同一個手法吸收了三萬多個會員。

一九九八年四月，中國內閣總理朱熔基下令禁止所有傳銷公司的運作，兩千多間公司被勒令停業，多年來違抗政府法令的企業王國一夕之間化為烏有。春明發現自己突然沒了工作，她的有錢生活只維持了短短兩個月，她也因此深受打擊。春明知道一切都該怪誰，她告訴我：「自從朱熔基上任之後就把傳銷給禁了，所以我也不做了。」在自由開放的珠江三角洲，春明學會了說話的技巧；在這個商業掛帥，每一個人都是贏家，而死於貧窮是一種罪惡之地，政府的勢力第一次，毫無預警地改變了春明的生活。

4、人才市場

小敏下工之後的黃昏，我會搭公車到她的工廠門口等她。夜幕低垂時的東莞反而活躍了起來，白日的暑氣散去，昏暗的街道蜂擁出剛下班的年輕人——一個個在我眼前從老實的工人變回雀躍的青少年。小敏和我通常走到離工廠幾條街外的地方，然後選一間便宜的店吃晚餐。她每次都點一道肉、一盤炒青菜和一整條骨頭比肉還多的魚，然後我們兩個分著吃。如果我們的見面時間剛好是她的發薪日，小敏會堅持由她請客。小敏吃東西時像個餓得要命的美食家，常常我已經吃完了，她的筷子還繼續在盤子上挑挑揀揀，從一小口剩餚裡品嚐美味。

有一次小敏的表哥進城來，他帶我們到麥當勞吃東西。小敏把臉靠在桌子上和她的漢堡對望，就這樣看了「大麥克」好久好久，才一層一層地按照順序把漢堡、番茄、生菜、牛肉吃進嘴裡。小敏之前從沒到過麥當勞。當我送她兩個小相框當生日禮物的時候，還得教她怎麼打開後面的蓋子把照片放進去；她有一次還問我什麼是股票。小敏對國家事務完全沒興趣，某個下午我們和工廠裡兩個比較年長的工人一起吃飯，話題聊到一九七〇年代的毛澤東政府，其中一個工人回憶：「我們經常餓肚子，一直到一九八〇年之後才總算不必再挨餓。」

「現在是誰當主席？」小敏突然說：「我都不知道。」

「胡錦濤。」其中一個工人回答。

「那就不是江澤民囉？」小敏說。

我說不是，然後告訴她江澤民已經退休了，現在由胡錦濤接任。

「喔，我以為江澤民死了。」她之後又接著說：「這些人好像距離我很遠。」

生活中的大小事已經佔盡小敏所有的心思，幾乎我每一次見到她，她總是有新鮮事和我分享。有時候我覺得現實世界的法則對她好像不管用，所以她只能自己找點事做，像是換工作或是和男朋友分手。如果我有一段時間沒見到小敏，她可能會忘記說已經辭工或是老闆幫她加薪的事，因為她早已經往下一個階段邁進。自從離開家鄉之後，小敏很少停下來回顧過往，這似乎是東莞的通病。或許人們擔心自己如果花太多時間回首從前，就會失去前進的動力。

當第一篇關於小敏的文章刊登在《華爾街日報》的時候，我帶了翻譯成中文的版本到當晚約見面的點心攤。她專心地看那篇文章，桌上的蛋糕和綠豆沙一口也沒碰。看到第三頁的時候，小敏笑了出來，「妳每一件事情都記得好清楚啊！」說完之後又繼續翻到第四頁。她一口氣看到最後，還翻過最後一頁的背面看看是否還有沒看完的。「就這樣！」

「就這樣。」我回答。

「這篇文章讓人還想繼續看下去。」她說。

「還會繼續下去的。」

「真的？」小敏說：「妳正在寫嗎？」

「妳就是這個故事，」我告訴她：「現在正在繼續。」小敏露出奇怪的神情，好像不確定我是不是在開她玩笑。

小敏後來又把整篇文章看了好幾遍，還寫了e-mail給我，她寫：**看了從前的自己，才發現我真**

的變了。

有一件事小敏從來不曾忘記，就是那些年在工廠生產線時過的苦日子。通常工廠裡的人對在生產線上的時光總是念念不忘，因為那是一段沒有什麼負擔和責任的日子。對小敏而言卻不然，「沒有什麼比當個普通的工人還難受！」我經常聽她這麼說。小敏從沒忘記自己的出身，那也是我最喜歡她的地方。

＊　＊　＊

二〇〇四年四月，小敏領到新工廠第一次發的雙週薪，但是她沒把錢寄回家，反而到百貨公司買了一件緊身的黑襯衫和一條白色七分褲。因為她答應去找老朋友見面，找老朋友見面就需要新行頭。第二天早上八點鐘，我和小敏一起搭巴士到東莞郊區，到她第一年離家時工作過的工廠去。巴士上擠滿了放週末假的民工，年輕女孩一身星期天的打扮——白襯衫、乾淨牛仔褲、綁著光滑的馬尾，和同伴並肩而坐。走道上擠滿了歡樂的人，大家隨著巴士左右搖晃，彷彿參加嘉年華會的康加舞群。少數幾個暈車的年輕女孩牢牢抓住吊環，她們低著頭、緊閉著眼睛，好像想把痛苦也一併緊閉。

小敏在兩個小時的車程裡一路說個不停，她想說服朋友像她一樣跳槽到現在的工廠來。她對每一個經過的地方都能如數家珍。

樟木頭鎮：「他們叫這裡小香港，這裡很豪華。我好幾次到這裡來找工作都找不到。」

清溪鎮：「這裡有很多電腦工廠，但是你需要一些本事才進得去。」

鳳崗鎮：「這個地方不像我現在那裡那麼繁榮對吧？」

對我來說，每一個小鎮看起來都一樣。一樣的建築工地，一樣的廉價餐廳，一樣的一間工廠又一間工廠，大門上一格一格鐵欄杆像張網子般關住整座工廠。然而小敏用不同的眼光看待這些城鎮，在她心裡，每一個城鎮都可能有一個比目前更好的工作機會等著她。小敏腦海裡的東莞地圖，佈滿了每一條她曾經為了尋找更好的生活而踏上的巴士路線。

小敏的朋友在高速公路下的立體交流道底下等我們，兩個人焦慮的看著反方向。梁蓉個兒高，有張漂亮臉蛋；黃嬌娥長得矮一點、體態比較豐滿，有一雙明亮的眼睛和有點嬰兒肥的臉。兩個人都比小敏大一歲。三個女孩見面時拉著手又叫又跳，就像參加遊戲節目贏得大獎似的興奮無比。

「哇，妳變瘦了！」

「妳長高了！」

「妳剪頭髮啦！」

「這是我新買的衣服，」小敏等不及地說：「好不好看？」兩個好友都覺得很不錯。

高速公路旁有個小公園，公園裡有塊水泥廣場，一旁的石椅被太陽晒得泛白，看起來像古老的墓碑，幾根枝條細瘦的樹影了無生氣地映照在上頭。她們找了張椅子坐下，然後互相玩彼此的頭髮。梁蓉和黃嬌娥很羨慕小敏買了新衣服，小敏也樂得把每一件買了多少錢告訴她們。

「那，我是不是變了？」小敏很想知道答案，她剛好離開了兩個月。

「嗯，妳變了。」黃嬌娥說。

「我哪裡變了？」

「妳看起來比較成熟。」

梁蓉和黃嬌娥把工廠裡發生的事和小敏分享：比如誰找到新工作、誰把頭髮剪短了之類。這是她們這個月第一次休假，因為工廠被斷電。她們的薪水還是一樣，也常常拖了很久才領到錢，因為什麼時候領薪水得要看老闆的心情而定。

小敏忍不住小小誇耀自己現在的工作：「這家工廠裡的人真是沒水準，」她說：「我現在的工廠好多了，老闆很有錢。」

「到我的工廠來吧！」小敏突然脫口而出：「我想請妳們吃晚餐，妳們什麼時候要來？」

「可是如果我們到了那裡，」梁蓉說：「妳又不一定能休假。」

「如果妳們來找我，我就幫妳們介紹男朋友。」小敏一點也不害臊：「我們工廠裡有很多男孩子。」

兩個女孩睜大了眼睛，嘴裡同時發出「哇」的聲音，然後三個女孩笑成一團。

一個拄著枴杖的乞丐走向前，她們三個人才安靜下來。梁蓉猶豫了一下，接著輕輕把一顆蘋果放進老乞丐的碗裡，那一幕有如童話故事中的場景。想在東莞討生活並不容易，也許正因為這樣，這裡的人有時候格外仁慈。我在這裡看見人們同情乞丐的善心，比中國的其他城市還要多。工人對於老人或身體有殘疾的人特別有同情心，但是對那些和他們年紀相當的乞丐則是不屑一顧。如果你既年輕又健康，實在沒有藉口不去賺錢。

小敏之前的工廠離城市大約半個小時的路程，中國的工業發展正逐漸擴大到農村地區。一條水質黝黑得像汽油的小溪緩緩流過，平坦的路面變成了泥土地，一家家麵攤在風沙飛舞的街道兩旁排成一列，幾張撞球桌就這樣擺在街旁。一群群男孩身穿工廠制服，腳踩著拖鞋在路邊打撞球。小敏走在兩個好朋友中間，有如軍團隊長凱旋歸來般神采飛揚。幾個年輕男女紛紛和她打招呼：「妳什麼時候回來的？」、「妳現在在哪兒呀？」他們對小敏在東莞市區工作都覺得很羨慕。

「我變了嗎？」小敏問每一個遇見的人。

「妳變得比較瘦，也比較黑喔！」一個年輕女孩說。

小敏聽了有些失望，「我比較希望妳說我比以前成熟。」

梁蓉和黃嬌娥回到工廠裡領錢，顯然工廠老闆那天的心情很好，所以願意在那天發薪水。小敏站在工廠大門外等著，從外頭盯著工廠外牆和廣場中央的一堆砂土。工廠正在擴建。

「妳覺得看起來怎麼樣？」小敏問我。

「看起來不錯。」我回答。

「從外面看起來還好，」她告訴我：「不過妳得確定要在這裡工作了才進得去，然後妳就哪兒也去不得了。」

那天下午，三個女孩和另外兩個也在這間工廠工作的女孩碰面，然後一起走到附近的塘夏公園。外來民工通常不懂得如何安排得來不易的休假日，女孩們在公園裡看一個大約六歲的小女孩拿小石塊丟一隻蹲在淺塘裡的烏龜。公園裡大部分的娛樂都需要花錢，例如遊客可以花錢用來福槍射池塘裡的魚，小敏看著池裡等著被槍擊的幾隻小魚，神情嚴肅地說：「這就是失去自由的下場。」遊客還可以搭纜車到附近的山頂，不過一個人得花十五元。小敏和朋友們坐在野餐區的椅子上，抬頭看著纜車從頭上經過。

黃嬌娥報名了一堂電腦課，她想要離開工廠，然後跟小敏一樣到人才市場找一個更好的工作。「我都已經計畫好了，」她害羞地宣佈這件事。

「妳知道怎麼上網了嗎？」小敏問她。

「我還沒上過網欸。」

「我來教妳，」小敏看了一下手錶，下午四點。「今天可能沒辦法，那就——下次吧！」

「能學盡量學，」小敏建議黃嬌娥：「如果妳學會了，它就會永遠跟著妳。至少我的經驗是這樣。」小敏說得很謙虛，因為在當天的某個時候，她發現自己能為朋友做的事實在不多。離開工廠的勇氣，是必須一個人獨自完成的事。就像外來民工經常說的：「**你只能靠自己。**」

下午五點，女孩們稀鬆平常地說再見後，便各自離開。「我還不累，」我們在巴士上找到位子坐下來時，小敏開口說：「晚點可能會吧！但是現在我太興奮了。」不過當巴士經過她以前曾找過工作的小鎮，夜色也漸漸昏暗的時候，小敏的心情隨之低落。拜訪了老朋友之後，小敏知道過去的一切已經過去了；但是她的新生活依然充滿了不確定。一盞盞燈光開始在街上亮了起來，工廠的窗戶上也出現默默移動的身影；即使是星期日的夜晚，人們也照常工作。「如果我只是去上學、離鄉外出工作個幾年，然後回鄉、結婚、生小孩，」小敏說：「我還不如不要活這一遭！」

我和小敏在昏暗的夜色裡站在工廠大門外，她的一位水電工朋友要和我們一起吃晚餐，所以我們在外頭等他換衣服。一個長得不錯、穿著迷彩褲的警衛走過來——**身高一百七十以上、會打籃球更好**——他一邊笑，一邊丟了一串鑰匙給小敏，原來是小敏請他幫忙保管的。人們陸陸續續結束星期日的假期走回工廠，小敏喊了一個年輕女孩的名字，有個人影從人群中大吼一聲：「我現在餓死了啦！」然後連個招呼也沒有就走進工廠裡。

小敏似乎被對方粗魯的回應嚇了一跳，她告訴我那女孩最近試著用吃中藥墮胎，可是沒成功，小敏後來還陪她到醫院動手術。「她是我假裝很要好的人之一，但是我們根本不是朋友。」

一個年紀有點大、身材中廣、戴著眼鏡的男人經過我們走進工廠裡，「是妳沒關門嗎？」他問。

「我一整天都在外面！」小敏大聲地回答他。

那個人是小敏的老闆，小敏很討厭他。「他很驕傲，」小敏說：「工廠裡沒有一個人喜歡他。」幾分鐘後，小敏的老闆又經過我們身邊準備出去，他看著小敏，小敏毫不退卻地回看他，兩個人都沒說話。

「他明天會問我妳是誰，」小敏說：「我知道他一定會問，我會告訴他妳是我的朋友，就這樣。」她私底下叫他「劉老頭」。

站在工廠門口的那十分鐘裡，我覺得自己好像看見了小敏的世界：和警衛的單純友誼，年輕女孩的冷漠和她草率的墮胎事件，還有老闆的冷酷無情等等。但是她依然堅持自己的立場。

小敏的水電工朋友出現了，他有粗壯的臂膀、寬大的臉，和靦腆的笑容。我們在大街旁的餐廳吃烤牛肉和燉魚配啤酒。在漫長的一天過後，小敏心裡的不滿全在這一刻爆發出來。「我在以前的工廠哭過一次，那一次哭了一個半小時，我的朋友試著安慰我，但是一點也沒用。」她又說：「自從到現在這間工廠以後，我總共哭了兩次，但是根本沒有人知道。」

水電工人兩眼直直盯著碗裡的飯，一句話也沒搭腔。

小敏的怒火延燒到下午跟我們一起去公園的那兩個朋友。「我們沒那麼熟，只是假裝是朋友。」她繼續說：「胖的那一個，滿腦子想的都是找男朋友，她領的錢全沒寄回家，反而拿錢幫她的男朋友付手機帳單或請男孩子出去吃飯。而且她長得根本不好看！另一個雖然有男朋友，但是她發現對方劈腿，所以跟他分手了，可是她手上還戴著那個男的以前送她的手錶。」

「妳看到她們領薪水時滿臉不高興的樣子了嗎？她們全都想著──我工作得那麼辛苦，就只有這點錢？每天在工廠裡工作太辛苦了！」

然後她轉向我：「妳不知道那種感覺，」她說：「只有經歷過的人知道。」

＊　＊　＊

小敏對最近發生的事感到很厭煩，升上職員的驚喜在她發現自己是那裡地位最低下的人之後迅速熄滅。每個人把工作都丟給辦公室裡最資淺也最年輕的她身上；還有，小敏唯一的夥伴也不見了；她來到這裡兩個星期之後，當初好心雇用她的人為了另一個更好的工作跑到北京去，留下小敏一個人孤軍奮戰。小敏在這個辦公室裡領略到白領階級的權謀與手段。她的新上司，身材中廣的那個，幾年前被發現有小老婆而遭到解雇——因為工廠裡沒人尊敬他。這件事讓小敏的處境更加為難，她的同事顯然等不及看她出糗；每次她一走進辦公室，原本聊天的人馬上安靜下來，也沒人協助她熟悉工作事務。小敏發現，從嘴巴說出來的話是一回事，但實際上指的可能是另一件事，她必須學會察言觀色。「他們在辦公室裡可能對妳非常友善，但是背地裡卻會說妳的壞話。」小敏說：「在那間工廠裡根本交不到半個朋友。」

跨過階級分野的界線之後，小敏更孤單了。生產線的女工和小敏的年紀相仿，家庭背景也差不多，但是如今的她已不再屬於那個世界。她的辦公室同事年紀比較大，許多人都已經結婚，他們和小敏沒有任何共通點。假日時每個人外出去找男朋友或另一半，整個宿舍空無一人；小敏假裝不在乎，也從沒讓人看見她掉眼淚。

四月時小敏的前任上司從北京打電話來，說是想給她一份工作。他現在專門組裝電腦零件在各省販售，他需要找個人來管理店面。小敏的前任上司大概三十多歲，是清華大學的優秀份子，也是東莞唯一一個對小敏友善的人。她知道的就是這樣，所以她決定去北京。

小敏打電話告訴在深圳的姊姊。

「妳到那兒以後要做什麼？」小敏的姊姊問她。

「管理店面。」小敏回答。

「一月多少錢？」

「我不知道，一定比這裡多吧！」

「妳相信他嗎？」

「嗯。」

「小心一點。」

小敏寄了一封信給我，告訴我她的計畫。

我還是決定到北京去，給我自己一個機會。我會小心處理「大哥」和「小妹」之間的關係，但是好不容易才習慣這裡的工作，所以我真的很不想離開……

被快樂包圍的人無法成長，快樂讓人變得膚淺。唯有透過苦難，我們才能逐漸茁壯，才能有所轉變，才能更加了解人生。

然而一切都還是個未知數，小敏的情緒後來也突然有了極大的轉變。她認為到北京投靠前任上司不是很恰當，因為他是個男的，又不是自己的家人，而且小敏發現自己並不那麼信任他。她決定待在原來的地方。

工廠的生產量日漸提升，宿舍也從原本的六個人擠到九個人，那麼多人在不同的時段輪流上工，晚上根本不可能好好睡一覺，小敏又興起離開的念頭。小敏的辦公室隔壁是人力資源部門，有時候她會看見大家排成一列準備面試，十個面試的人只有一個人會被錄用，這當中有些人都有大學文憑。小敏覺得自己很幸運能有現在這份工作。

小敏工廠裡的生產線工人每個月領三百二十元人民幣，在東莞算是低工資，這讓小敏覺得很不公平。她經常和工人們打招呼，但大家總是默然地和她擦肩而過。「辦公室裡有一些人根本不和那些工人說話，因為他們看不起打工的。」小敏接著說：「但是我自己以前就是一個工人。」

* * *

五月底，小敏從手機傳了一則訊息：**我有一個驚喜，不過現在還不能告訴妳，哈哈。**我正在去找她的路上，腦海裡不禁快速閃過幾個可能。辭職了嗎？還是交了男朋友？或者她決定還是去北京？

我回了簡訊：我非常好奇。

說不定妳會覺得不好。她也回我。**哈哈，希望妳不會失望。**

小敏在工廠大門口等我，我看見她把頭髮燙直，還剪了層次，原本孩子氣的長捲髮都沒了。她在美容院坐了三個小時，花了一百塊人民幣，小敏告訴我，她剛領到第一次的全部薪水。

小敏和我分享工廠裡的八卦，她說比她大幾歲的主管和女朋友吵架，那個女朋友很聰明，賺的錢比男的多兩倍，這些事辦公室裡的人都心知肚明。那女的還存了八萬塊，這個大家也知道。如果他們決定分手，他的女朋友要求一萬塊的分手費，用來彌補這八年來和他在一起的損失。這是東莞式的分手方式——用錢來計算情感上的傷害，工廠裡的每一個人都知道這對男女朋友之間的每一個細節。小敏的年輕上司現在要離職了，小敏說有幾個人也要跟他同進退。小敏沒有理由繼續留下來，所以她昨天也辭職了。

「妳確定要離開了嗎？」我問她。她匆促的決定讓我嚇一跳。

「我昨天把辭職信交出去了。」小敏說。

她的老闆，她不喜歡的那一個，問小敏為什麼要離開。

「我想回家。」小敏說謊。

「妳找到另一個工作是嗎？」他問。

「沒有。」小敏回答：「我只是家裡有事需要處理。」另一個謊。

「妳在這裡做得很好，」她的老闆說：「為什麼想要離開？」他第一次對小敏這麼客氣，不過他沒批准小敏的辭呈，只告訴小敏他會在一個月內決定。

這就是小敏說的驚喜——把頭髮燙直、提出辭呈，她的生活又回到了未知數；然而小敏似乎不認為這有什麼大不了。

那天下午，我們到工廠附近的小公園。被公寓大樓包圍的公園裡有一個池塘，池塘裡的水像維大力汽水般黃黃綠綠，幾個小孩在水深至膝蓋的池塘裡玩水。「我們在家鄉游泳的池塘比這個深，而且水是乾淨的。」小敏忽然開口。

「我小時候的夏天，」她陷入回憶似地繼續說：「家裡會種西瓜，大人們在離家走路十分鐘遠的地方蓋一間小棚子，他們用樹幹做柱子，在上面舖一片木板，然後再舖一層乾草。我們整天坐在小棚子底下看守西瓜，我父親晚上會睡在那裡。」

「白天的時候，我會和姊姊、表哥、兩個妹妹在小棚子裡玩一整天，我們一起玩牌、釣魚、游泳。雖然我媽一直盯著我們做暑假作業，但是我們根本不管。」

「我們會用繩子把幾個西瓜綁在一起，再放進河裡，免得西瓜跟著水流走，這樣就可以吃到冰冰涼涼的西瓜。」

我從沒聽過任何一個離鄉的民工像小敏這樣談論自己的家鄉。

「如果我是妳，如果我有妳的條件和錢，」小敏說：「我會在年輕的時候非常努力地工作，但是當我老了，我會回鄉下找個人嫁了，然後住在一間小房子裡。就算只是一間簡陋的小房子，還是可以養幾個孩子。」小敏沉默了好一會兒，我們都知道她腦海裡幻想的那些都不可能實現。

＊　＊　＊

六月初的時候，小敏工廠裡的一個新進工人被單孔打洞機鍘斷左手四根指頭。一個星期後，同樣一部機器又鍘斷另一個剛來工廠的工人三截指頭，他們兩個人都沒有受過正式的訓練。當工廠亟需提升生產量的時候，受傷人數也跟著增加。冬天訂單不多，工廠才有剩餘的時間訓練新人；不過當春天訂單增加，即使來的是完全沒經驗的工人，訓練的時間反而更少。因為生產線的工作是以量計價，如果在產品需求量大時能夠加快生產的速度，那麼收入也會跟著增加，花時間訓練工人可沒辦法賺錢。這就是東莞工廠的「零和邏輯」（一方獲益，另一方相對損失的局面），在這個地方，幫助別人等於傷害自己。

那個月底，小敏意外被升職到工廠的人力資源部門。她的工作就是在大太陽底下站在路邊，遊說經過的人加入工廠，第一天就有十個人加入。小敏也負責新員工的訓練會，大多數的新進員工年紀都比她大。小敏現在連週末也不能休假，所以我跟她約在六月底的星期五，就在她加班結束的晚上九點，我們約好在工廠附近的果汁店外見面。我剛到沒多久，小敏以前工廠的朋友黃嬌娥也出現在那兒，她提了一個小行李箱，準備加入生產線的工作。

小敏向我們提到她的新工作：「我站在馬路旁邊，說服大家到我們工廠來工作。」

「妳都跟大家說什麼？」我問她。

「我告訴他們，你可能覺得其他工廠看起來比較好，但是每一家工廠都有一些你可能看不出來的問題。待在這個比較穩定的工廠不是比較好嗎？先存點錢、累積一些工作經驗，然後再決定自己想要走的路。」這些話聽起來很熟悉，正是小敏父母之前常對她說的話。

「可是妳說的那些和妳做的完全相反。」我說。

「嗯，」她微笑地點點頭，「我不認為那些話是對的。」

「我從來沒聽過妳講話那麼誇張！」黃嬌娥對小敏說。

「這是我的責任啊！」小敏替自己辯護：「如果是妳，妳也會這麼做。」雖然兩個人只是聊聊天，但還是有那麼一點挖苦的意味。這兩個女孩曾經是朋友，而且有相同的處境，但是現在小敏在辦公室裡工作，遠遠超越像黃嬌娥這樣的裝配工。

小敏到隔壁的攤子幫我買一碗麵當晚餐，「如果不是為了小敏，我也不會來這裡。」小敏離開之後黃嬌娥對我說出心裡話。她兩天前已經到這兒來看過，可是不喜歡這間工廠的環境。她本來昨天就應該來報到的，不過那時候仍然打不定主意，今天她終於下定決心前來，她沒有和任何人商量，也沒領到被預扣的兩個月工資。想離開工廠有很多方法，如果老闆允許妳辭職，那麼妳就可以在離開時領到所有的工資；妳也可以暫時辭工，過一段時間還可以回去做原來的工作；也有一些想要離開的工人會和雇主談條件，把欠他們的錢要一些回來。但是最糟的還是「狂離」——瘋狂的離開，就像黃嬌娥這樣。

我問黃嬌娥她準備在這裡待多久。

「再看看，」她說：「我在試他們，他們也在試我。」

小敏回到桌邊，「如果做得好，就可以往上升。」她有點為自己說話似地加上這一句，「我們的薪水不高，只有八百塊人民幣，如果妳加班的話就可以領得比我多。」

「可是那樣我也會累死。」黃嬌娥說。

「累有很多不同的累法，」小敏說：「我現在的工作不但讓我的身體覺得很累，我的心也很累。」她正逐漸從社會的底層往上爬，她的新工作責任包括替客人倒茶，她還參加了每個星期為工廠管理員開設的英文課。「妳知道pardon的意思嗎？」小敏用英文說出這個字問黃嬌娥，當黃嬌娥回答不知道時，小敏的臉上露出失望的表情。

在黃嬌娥不斷地追問之下，小敏終於透露其他的祕密。一個家鄉的男孩也來到東莞，他在另一家工廠當裝配工人。他和小敏在中學時曾經短暫交往過，不過小敏已經三年沒見過他了。上星期這個男孩來找小敏。

「我們之間還是有感覺，」小敏向我們坦承，然後立刻又說：「可是他好矮，才一百六十五公分。」她繼續透露對方的底細：「他抽菸、喝酒，還會跟人家打架，家裡的狀況也不好，他有一個繼母。」

「他家裡是做什麼的？」我問。

「不知道，」小敏回答：「我也不想知道，反正到最後我們還是得靠自己。」

小敏和那男孩約了一天見面。吃午餐的時候，小敏替她的前男友倒茶，他則是兩眼直盯著小敏頭上的電視機。廉價中國餐廳裡總是在牆上架著一台音量開到最大的電視機，顧客和餐廳工作人員的眼睛通常也緊盯著電視螢幕不放。

「為什麼你不跟我聊天？」小敏問他：「為什麼你的眼睛一直看著電視？」

那天之後，小敏傳了一則簡訊到那男孩的手機，**你覺得我們今天在一起怎麼樣？**

我覺得有一些壓力，男孩回覆：**我的感覺很複雜**。

他們前一個晚上通電話，小敏直接說出心裡話：「你覺得我們會有未來嗎？」

他說需要三天考慮一下。

「所以再等兩天就有答案，」小敏說：「不管他的答案是什麼，我都無所謂。」雖然小敏這麼說，但是她已經圍繞著這個受過一點廚師訓練的男孩，編織未來的夢想：「我們可以回鄉開個小餐館，」小敏說：「在這裡當民工不會有什麼未來。」

「妳想結婚嗎？」我問她，這整個對話讓我感到震驚。

「這和結不結婚沒有關係，」小敏急忙回答：「我已經十八歲了，我不想再浪費時間，如果他對我不是認真的，我希望他現在就告訴我。」

到了最後，一切的問題都有了答案。就在小敏和前男友通電話之後的第三天，她在早上七點收到他傳來的手機簡訊：**我現在就在工廠大門口**。小敏不敢置信地跑下樓，原來男孩昨晚下了夜班之後，就直接搭巴士到小敏的工廠來。因為小敏得上班，所以他從早上八點等到中午。之後，他們兩個人一起吃午餐，然後男孩就走了，小敏也回去繼續上班。

「他提到你們的未來了嗎？」我問。

「沒有，」小敏說：「但是他來了，所以我知道。」

小敏最近曾搭了兩個小時的巴士去找那男孩，兩個人共度了一個下午。「他長得不高，也不帥，不多金，工作也不怎樣。」小敏說了一堆缺點。

我等著小敏接下來怎麼說。

「但是妳喜歡他。」我最後還是先開口。

小敏一句話也沒說，但是臉上掛著微笑。

那男孩現在已經離開東莞，因為他父親希望兒子能在離家近一點的地方工作。小敏才剛找到的未來就這樣從她的身邊遠離，但是她絲毫未受影響。「我們會用手機互相聯絡。」她說。不過小敏自己也離開了原來的工廠。那個月底，小敏的老闆同意讓她離開，也退還了前兩個月的薪水。小敏再次來到人才市場，她在原工廠的人力資源部門剛好工作了二十四天，而這二十四天的資歷已足以讓她展開全新的職業生涯。

＊＊＊

在東莞這座無情的城市中，人才中心是最殘酷的地方。只要花十塊人民幣，約四十七元台幣，任何人都可以到這家公司的小辦公室裡，參加好幾百個他們提供的工作面試。但是走進辦公室需要勇氣——和陌生人交談、推銷自己、面對在大家面前被拒絕的窘境。小敏討厭死人才市場，因為那裡讓她覺得自己能「被取代」。那些招聘啟事將人簡化成只剩下特徵，而且通常不超過二十個字：

櫃檯，聲音甜美，容貌端正，氣質佳，懂文件軟體和廣東話。

車床工人，男性，18至22歲，具外商工廠工作經驗，未近視，非敏感性肌膚。

業務專員，能吃苦耐勞，男女皆可，須農村子弟，非獨生子女。

在忙碌的星期六裡，東莞最大的就業博覽會可吸引七千多人前來。到了早上十點多，所有的人全擠成一團，根本動彈不得；偶爾會有一群人集體衝到某個攤位，不過沒人知道為什麼某個工作突然一下子變得如此搶手。最受青睞的攤位張貼著海報，上頭大多是好幾幢沒有窗戶的現代建築座落在水泥地上；比較簡單的攤位會有一男一女拿著夾板。整個就業博覽會佔據了一長條街，也擠滿了曾經是卡拉OK店和保齡球館的四層樓建築。結果證明，買賣人們的未來比娛樂事業更有利可圖。

祕書，18至25歲，155公分或以上，
容貌端正
保全，20至26歲，172公分或以上。

「歧視」是就業博覽會的執行準則。老闆們挑祕書一定是女性、容貌姣好，而且是單身，男性的話則是擔任特定的技術性工作。有些工廠可能不願意雇用河南人，另外一些可能全面拒絕從安徽來的人；有時候面試者的整個家庭可能都得接受審查，因為一般認為有兄弟姊妹的人比獨生子女還要能夠吃苦耐勞。此外，身高低於160公分的人，在就業博覽會裡肯定不會有太好的結果。

身高是所有中國人的迷思。一個曾經歷糧食缺乏，甚至饑荒的國家，長得高代表一種優勢，也是地位的表徵：放眼建築工地上的民工，每一個都比將要入住他們所蓋房子的城市人還要矮一個頭。西方的勞動工人通常長得比白領階級還要高大，但是在中國正好相反——教育程度愈高的人，真的可以「看低」中下階級。對女性而言，身高和令她們嚮往的工作有很大的關係；一個在髮廊工作的年輕女孩曾經告訴我：「假如我能再長高個十公分，我就能去賣車。」

年齡是另一個標準，以人才市場來說，三十五歲是一個上限，只要一超過這個上限，就很難找到工作。「年紀超過三十五歲的人，不論在思考或是行動力方面都比較差。」一位工廠經理在經營人才市場的促銷廣告單中如此說明。促銷廣告單上也針對這個族群的人提供建議：「不要老是提過去的經驗，你必須有一切從零開始的心理準備。」從另一個角度來看，年齡限制就像是往上提升的通行證。從一家製造床頭櫃的攤位所列出的工作職位和年齡限制上，不難看出生涯發展的時間表：

會計：25歲
市場部經理：30歲
生產部經理：35歲

最普通的職缺大多是職員、櫃檯人員、銷售人員、警衛、廚師，模具設計及機器修理也很熱門，其中一家工廠在找「會修理三菱和富士通機器」的人。工廠列出的工作名稱非常明確，有時候甚至出乎意料之外，像是鑄模分類員、貼花工人、壓力容器銲工。現代中國的工業威力在這裡分解成無數個小環節，每一個小環節都是由「人」組成。

在人才市場接受面試的時間非常短暫，也非常無情。招募人員不會假裝他們有多好的工作機會，來參加面試的人更是可以開誠佈公地坦承自己的無知。雖然面試的時間很少超過五分鐘，但是當場就能知道是否被雇用，也不會有人詢問面試者過去的工作經驗。

一位年輕女性在恆豐模具工廠的攤位坐了下來。

「我們的薪水不高，」招募人員立刻對她說，然後又問：「妳會電腦嗎？」

「會，我在學校學過。」

「那好，我們只付六百塊錢一個月。」

另外一個攤位上，另一個招募人員直接了當地問：「妳會做什麼？」

「我經常接觸電腦，大部分是收發電子郵件，要是有人傳電子郵件到辦公室來，我可以幫忙收。如果這份工作需要更高技術的，那我就一點也不懂了。」

你會做什麼？在絕大多數的中國城市裡，想要找一份工作需要具備三個條件：大學文憑、錢和關係。很少有人會問「你會做什麼？」這個問題。但是在東莞的人才市場裡，你不會聽到有人問：**「你上哪一所學校？你認識誰？」**或者：**「你是這附近的人嗎？」**每一次都是：「你會做什麼？你懂電腦嗎？你會英語嗎？」招聘啟事通常是仿造標準格式，手寫在一張已經印製好的卡片上。雇主大多會在住址那一欄加註想要找的員工性別，而非專長，有時候也會把身高限制加上去。

不是每一個來到人才市場的人都有勇氣參加面試。一面巨大電子板前的人行道上，擠滿了找尋工作機會的人潮，他們彷彿命中註定只能遙望應許之地卻永遠無法踏上那片土地的凡夫。電子板上的工作列就像股市行情跑馬燈般不斷往上跑，而擁擠的人潮恍如被催眠似的緊緊盯著螢幕。

＊　＊　＊

這是小敏第二次來到人才市場，她很清楚該怎麼做。她的目標很高，只找有人力資源部門職缺的公司。「職員的職位太低，所以我不找那種工作。」小敏告訴我。面試時，小敏詢問員工的流動率和公司的規模，她想找個規模小一點、不必阿諛奉承太多上司的公司。她迴避為什麼離開上一個工作的話題，「因為個人因素。」她說，而且她不想談論它。

小敏這一次也沒比其他人誠實多少。在神星橡膠製品廠的攤位上，她告訴招募人員自己之前在人資部待過一年。「如果你說的時間少於一年，」她後來向我解釋：「他們會認為你的經驗不夠。」小敏被雇用了，每個月的薪水比前一任多加了六塊錢人民幣。

兩天之後，小敏正式到神星的人力資源部門上班，這家公司專門製造手機和電腦鍵盤的橡膠零件。小敏一天的工作時間是八個小時，每個星期天休假，和她同樣職等的員工四個人睡一間房，房間裡還有自己的衛浴設備和電話。每個月的薪水是八百塊人民幣，包括食宿在內——這和前一個工作一樣，如果表現良好還有加薪的機會。

小敏的新工作是負責追蹤記錄工廠裡四百個員工的工作表現、行為缺失，還有薪水。比起前一個管理機器的工作，現在這個管理人的工作似乎更適合她。小敏負責的，還有過濾到工廠門口詢問工作機會的人。**你有工作證嗎？你計畫要在這裡多久？**

謝謝你，她告訴那些回答得不合她意的人：**我們現在沒有缺人。**

每個月十號，工廠老闆的台灣太太會來發薪水，順便拜拜祈求佛祖的保佑。小敏會跟著老闆娘在工廠裡到處轉——先到食堂，再到前門，接著是每一台危險的機器前面，然後她們兩個人一起求佛祖保佑員工平安，讓公司賺大錢。小敏會趁機偷偷求佛祖保佑她的家人和朋友，還有已到另一個世界的爺爺、姥姥，這些她沒讓老闆娘知道。

小敏對辦公室裡的人際關係愈來愈得心應手。就在她上班之後沒多久，老闆請小敏到他的辦公室。他告訴小敏之前做這份工作的那個人太多話又犯了一些錯誤，「妳的話不多。」根據老闆的觀察。

「是。」小敏同意。

老闆微笑著說：「應該說話的時候就要說出來，如果沒必要說話，就不要開口。」這是中國職場上的祕密生存守則，但是以前從來沒有人和小敏提過。

小敏這一次比較知道如何通過父母那一關，她沒有告訴他們離職的事，而是先找到新工作，再匯了一百二十塊人民幣回去，最後才打電話回家告訴兩老這個消息；而匯錢的目的就是為了先斬後奏時讓他們無話可說。「他們不知道外面的世界是怎麼一回事，」小敏對我說：「所以我先做了，然後再告訴他們。」

每一個小敏認識的人都在改變，其中有很多人也在不斷的往上爬。她在深圳的姊姊被晉升為執行祕書，她的表哥在廣州當經理，她之前工廠裡的兩個好朋友也走上各自的路；梁容回鄉嫁給父母替她選擇的另一半，後來轉到小敏工廠的黃嬌娥在小敏離開之後也辭職了，她在市區的一家工廠找到行政祕書的工作。還有小敏前一個工廠的上司也從北京回來，目前在一家生產插頭的台灣廠工作，但是小敏不願意和他碰面，因為前一個工廠裡的人都說他對小敏有意思。小敏找出之前他傳來的簡訊──**大哥很想妳**，小敏覺得事實真的是這樣。唯一一個曾經對她好的人，原來一點都不值得信賴。

小敏很快就發現小工廠也有小工廠的問題，工作環境雜亂無章，到現在還沒有人清楚地告訴她該做的事有哪些，所以小敏只能慌亂地盡量將所有丟給她的工作完成。而她的新老闆，就像舊老闆一樣，既沒安全感又非常在意老闆的地位，小敏發現很多中國男人都有這個缺點；他不喜歡小敏沒有每一件事情都經過他的批准，也不喜歡小敏和警衛交情太好，所以他開始暗地裡面試可能取代小敏的人──同事、競爭對手，或是接替人員。這些是小敏從櫃檯那兒得到的消息。

二〇〇四年八月，小敏在這家公司剛好待滿兩個月，她領了薪水之後馬上就辭職離開，沒有告訴任何一個人。一位舊同事請小敏到深圳的一家工廠替他工作，小敏決定過去。她先在工廠附近的一家旅館過夜，然而夜裡有人趁她睡著的時候潛進房間，偷走了小敏身上的九百塊人民幣和手機。小敏在這座城市裡認識的每一個人的號碼全存在那支手機裡──介紹她新工作的唯一聯繫人，離鄉之後認識的朋友，還有已經回鄉的男朋友。

＊　＊　＊

手機是大多數民工花很多錢購買的第一樣東西。沒有手機根本不可能和朋友保持聯絡，也找不到新工作。工廠之間的往來信件經常遺失，打電話到宿舍找人也很困難，因為可能一百多個員工才共用一支電話。工廠辦公室裡的電話通常會有無法接通外來電話的設定，或者通話幾分鐘之後就自動切斷。況且以每個人換工作的頻繁率來看，宿舍和辦公室電話也很快就會失去時效性。在這個不斷運轉的宇宙中，手機就像位置永遠不變的磁北極。

我對這點有強烈地感觸。早期到東莞的時候，我認識的一些女孩才剛到這兒來，她們沒有手機，所以我也就一個一個地和她們失去聯絡。我遇到小敏時決定幫她買一個呼叫器，但是呼叫器產業在過去幾年之間突然瓦解，我說想要買呼叫器的時候還惹得店員直笑。後來我買了一支手機給小敏，這樣我就不會也和她失去聯絡。

在民工的世界裡，手機象徵了城市生活的無情追趕。在鞋廠工作的一位副理替民工和城市生活的脫節下了這麼一個結論，他說：「他們在家鄉根本沒有電話，然後到了這裡突然一下子進化到Nokia6850。」一位賣保險的年輕女孩告訴我：「鄉下村裡是一支手機大家輪流用。」人們也常用手機術語形容自己：**我需要充電。我自我升級了**。民工女孩的父母大多對手機抱持懷疑與不信任的態度，有一些甚至禁止他們的女兒買手機。因為手機讓這些女孩有機會，甚至鼓勵她們和陌生人接觸，手機的世界和鄉村生活完全不同。

某個女孩可能以替年輕男孩代付手機費用帳單，來表示她對那個男孩有好感；男女朋友則以共用一支手機來表示兩個人在一起，雖然有時候造成後來分手的原因是其中一個人偷看另一個人的簡訊。我認識的民工花很多時間在他們的手機上——為了更便宜的話費經常換號碼，到不同城市時也會更換電話卡來節省漫遊的費用。這可以說是東莞民工的暫留心態——省錢至上，即使因此和好朋友失去聯絡也無所謂。

民工是中國成為全世界最大手機市場的原因，然而整個產業對民工又愛又恨。一位電信界的朋友告訴我，民工是電信市場低迷不振的主要肇因，因為他們只願意付最低的使用費率，所以也連帶造成市場價格無法提高。他還告訴我流行文化也感受到民工帶來的負面影響，中國流行音樂在最近幾年每下愈況，也是因為民工都選擇最簡單的歌曲當手機的電話鈴聲。

東莞有好幾百家製造手機零件的工廠，而市區裡幾乎每三家店就有一家是賣手機的。失竊手機的銷贓交易在東莞日漸崛起，某幾個區的手機竊盜案特別多，竊賊的其中一個手法是騎摩托車高速衝過人行道，然後從被害人手上直接把手機搶走。被偷的手機可能換上新的外殼，再當成新手機賣出。製造、賣出、偷回、重新包裝、再賣出，手機彷彿是東莞經濟命脈裡不斷再生又永無止盡的資源。

手機也是小敏和這個城市的連結。累積一年半的友誼跟著被偷的手機消失無蹤，小敏又成了孤孤單單的一個人。

5、工廠女孩

一雙慢跑鞋需要經過兩百雙手才能製造完成，每一雙鞋都從一個叫做打版工的人開始，他先壓製一片片不同弧度的網眼布，看起來就像小孩的拼圖。接下來是負責縫線的人，他們將這些網眼布片縫成立體的鞋面，再一一接上其他部分——塑膠標籤、鞋帶孔等。之後是負責鞋底的人，他們利用紅外線烤爐先將鞋底加熱，再黏合起來。裝配工——通常是男的，因為這項工作需要用到很大的力氣，把鞋面套在楦底上繃緊成型，幫鞋底上膠，讓鞋面和鞋底緊緊密合在一起，接著一台機器會對每隻鞋子施以九十磅的重力。最後是脫模取出楦底，先檢查每隻鞋子的品質，再將一雙雙成品裝進鞋盒裡。每十個鞋盒裝一箱，然後在三天之內運送到世界各地；每一隻鞋的鞋舌上都貼著一張標籤，上面寫著「中國製造」。

如果你穿運動鞋，你的那雙鞋很可能出自東莞的裕元工業所製造的。這家台灣人擁有的工廠是耐吉（Nike）、愛迪達（Adidas）和銳步（Reebok）球鞋的最大代工廠，還有其他像是彪馬（Puma）和亞瑟士（Asics）等比較小的品牌，這些品牌早在幾年前就已經將生產線整個轉移到工資更低廉的國家。裕元的成功之道就在於採用垂直整合的一條龍作業流程，並確實掌控每一個生產步驟，從原創設計到製造黏膠、鞋底、鞋楦，再到打版、縫合，最後組合成完。全世界有三分之一的鞋子都在東莞製造，而裕元是這裡最大的工廠。

七萬個人在裕元的東莞廠製造運動鞋，他們的年齡都在三十歲以下。在廠房的磚造圍牆裡，所有的員工睡在工廠宿舍，在工廠餐廳解決三餐，也在工廠的販賣部買東西。裕元替員工設立了幼兒園、一間有一百五十個醫護人員的醫院，還有電影院、表演劇團、志工活動和英文課程。裕元有自己的發電廠和消防部門，有時候東莞市還得借裕元的消防雲梯來滅火，因為它有附近最長的雲梯。裕元也生產自己品牌的瓶裝水，當地人或許會告訴你裕元還自己生產食物，這倒不是事實，不過它在某個時期的確曾和附近的農夫簽約，以確保食物來源。沒有什麼事故能切斷這條「名牌運動鞋」的生產線。

對年輕民工來說，裕元提供穩定的工作環境。雖然這裡的裝配工人一個月實拿的薪資只有七十二塊人民幣，幾乎是東莞的最低工資，但是它每個月都準時發薪。而且工作時間每天不超過十一個小時、每個月則是六十個小時以內，星期天都休假，這和大多數工廠常常要求員工上夜班的狀況相比，真的是非常罕見。裕元的宿舍十個人一間，睡的是雙層鐵架床，這也比一般工廠好。年輕女孩通常得付中間人一百塊人民幣來確保在裕元工作，如果是男的得多付好幾倍錢。裕元的員工有百分之八十是女性，年齡大多在十八歲到二十五歲之間。

民工一旦在裕元工作之後，很可能就不會再換工作。工作幾年之後或許有人會辭職回鄉——可能是為了探望生病的親人或是履行婚約，也有可能只是想好好休息一陣子或者生個孩子，然後再回到裕元工作。員工可以介紹兄弟姊妹、表親或是同村子的人進工廠，公司方面也鼓勵大家這麼做；有一次還曾經有十位同個家族裡的人一起在廠裡工作。裕元的離職率不低，每個月百分之五，等於一年之內有將近一半的人事變動，不過這個數字還包括了那些離職之後又回來的人。周銀芳在一九九一年加入裕元，那時候的她只有十七歲。她在工廠認識現在的丈夫，後來離職生了兩個孩子，然後又回到工廠來，而且還被升職，現在已經成為掌管一千五百位員工的廠長。「我想在這裡工作直到退休。」她這麼對我說。銀芳不過才三十歲，但是她的聲音已經像上了年紀的老婦般粗啞。員工說，所有裕元的主管經年累月在機器轟隆作響的環境下嘶吼，所以每個人的聲音都是這樣粗嘎嘎。

裕元的升遷機會還算不錯，由於產量需求的急迫，所以裕元必須從廠內找熟悉作業流程的人來接手。工廠內的每一個主管職位，從單一生產線的工頭到管理整個工廠的廠長，幾乎都是由生產線起家的民工。工廠內部是一個複雜的階級制度，主管階層從實習主管到總經理總共分成十三個等級，大家通常以職位相稱。廠內有一間專門給生產線主管使用的餐廳，高一等級的督導則另外有一群廚師為他們準備食物。有沒有小孩也是地位的象徵，只有主管才有資格和另一半還有小孩住在工廠裡，一般員工大都將小孩留在鄉下，讓老父母們代為照顧。

工廠裡的社交情形依省級劃分，同一省份來的民工會聚集在一起，彼此以外人聽不懂的方言互相溝通。如果來自同一省的民工很多，又會區分成來自同一區的小團體。從安徽、河南、陝西和山東等相連省份來的人，能用他們自己的地方話溝通，他們互相稱對方為「半同鄉人」，感覺比較親密。工廠本身對這些省籍之分沒有特別的禁止，三餐也提供湖南菜、四川菜，還有廣東菜等不同口味。省籍的偏見也影響到工人的雇用，某個老闆可能不願意雇用某一省的人，只因為他認為來自同一個地方的人都有某種相同的人格特質。像是**河南人老是打架，安徽人都很勤奮但不值得信任**。

在擁有完善的設施之下，裕元的員工基本上可以整天待在工廠裡，不必踏出警衛防守的大門一步，很多員工正是如此，他們說外面的世界很亂、很危險。但是圍牆裡的世界也暗藏危機。由於小偷猖獗，所以員工們被禁止在工作時間回到宿舍；而原本基於有效管理而讓同一生產線的員工住在同一個宿舍樓層的安排，反而使得發生在工作上的小爭吵延燒到宿舍裡。幫派也開始在廠內集結，有些在發薪日當天搶奪其他員工的血汗錢，其他則是把火力放在偷鞋上。這些幫派也有一套自己的垂直整合計畫，某一群人專偷鞋帶，另外一群人可能偷鞋底，然後想辦法走私到工廠外，組合成一雙鞋之後再分送到城裡的其他地方。在中國的仿冒圈裡，這群人提供了非常特別的商品——非法製造的真品，他們在各省份的邊界成立組織，據說從河南來的特別兇狠。

廠裡的三角戀及婚外情也很普遍，未婚懷孕和墮胎也不勝枚舉。幾年前一個年輕女孩因為失戀而自殺，另一個在宿舍廁所生下小孩之後把嬰兒丟進馬桶裡。小嬰兒沒活下來，女孩被遣送回鄉。「我們有七萬個員工，這裡就是一座城市。」裕元的行政主管路克．李對我說，他負責這些員工的健康與安全，「城裡有的問題，我們工廠裡也有。」

＊　＊　＊

生產線在週末全面停工，這時候的裕元廠房呈現出截然不同的氛圍。平常來去匆忙、面無表情的女孩們，在這天變得步調緩慢、臉露疲態。一群女孩手牽著手，脖子上掛著工廠的證件，有些人把證件用鏈子扣在腰部的皮帶環上，就像水電工常在腰上掛著一串鑰匙。女孩們大聲說著方言，穿著打扮上也比較開放，有些穿黑色背心、牛仔褲，有些穿黑色洋裝和高跟鞋，有時候還會有幾個人做同樣的裝扮，好讓大家知道她們是一夥的。她們吃著冰淇淋，三三兩兩光著腳坐在草地上，有的看雜誌，有的分享心事。有時候可能有個女孩子坐在一旁，眼神空洞地獨自發呆。

宿舍裡沒辦法享有隱私，女孩們站在走廊上，一手拿著鏡子，一手梳著剛洗好的頭髮；有些女孩穿著短褲、雙腳夾著人字拖，提著一桶水拖地板。住在樓上的女孩光著臂膀倚在陽台欄杆上，看著一樓的人都在幹些什麼；有些人還大聲喊叫住在好幾層樓下的朋友。從錄音機傳出一陣流行歌曲的聲音，在悶熱的早晨唱著：**我愛你、愛著你，就像老鼠愛大米**。晾曬在衣架上的衣服，讓裕元廠的空氣充滿漂白水、洗衣粉和溼氣的味道。

二〇〇四年六月的一個星期天早晨，幾個年輕女孩躺在J棟大樓805號宿舍的床上聊天，房間裡凌亂的樣子好像睡衣派對的第二天早上，這些女孩身上也的確還穿著睡衣，時間已經是早上十一點。

「如果是在工廠外面認識的男孩子，」其中一個女孩說：「妳根本沒辦法知道他的個性，也不知道他的家庭狀況。」

「如果妳在外面交了男朋友，妳的父母在家鄉會很沒面子。」

「妳可能和某個人交朋友，但是等妳回鄉之後，妳們就會失去聯絡。」

「妳回到家鄉，然後發現每個人都知道妳每一件大大小小的事情。」

J805號房裡住了十個女孩。整棟宿舍有八層樓，每個房間約四坪大，放了兩排雙層鐵架床，房裡的味道聞起來就像……裕元的其他地方，一股洗衣房的味道。每個女孩有一個靠牆的櫃子，可以放衣服、零食、化妝品和首飾等；她們在櫃子裡貼從雜誌剪下來的明星照片，看起來就像美國高中女孩在學校的置物櫃。床下的空間是鞋子墳場，擺滿了每個人的高跟鞋、運動鞋和Hello Kitty拖鞋。J805號房是一整排相同房型裡的其中一間，每層樓的左右兩邊各有廁所和淋浴間，這棟樓總共住了兩千個員工。

這個季節是鄉下最忙碌的時候，忙完夏季的採收後，緊接著又要播種耕植；但是全球製鞋業的產量反而正趨減緩。J805號房的女孩都在裕元的八號廠房工作，這裡是專門製造愛迪達球鞋和所羅門（Salomon）登山鞋的生產線。現在她們一天只工作十個半小時，有時候星期六只工作半天，以東莞的製造業來說算是淡季。有些女孩計畫回家一趟，但是這得看她們的工作是做鞋子的哪一個部分，做鞋底的員工可以請假，負責打版和縫製的人必須留下來。

二十一歲河南省籍的賈紀梅在鞋底部門工作，她才逛街回來就急忙衝進房間展示當天的戰利品——準備在火車上吃的零食和給家裡買的收錄音機。她才剛得到一個月的假期。「我已經連續兩個晚上睡不著了，」她說：「一旦知道自己可以回家，我的腦子就再也沒辦法想別的事情。」賈紀梅有一個獅子鼻，圓圓的臉上有一對長得比較開的眼睛，讓她笑起來的時候看起來特別柔和。她坐在下層床鋪上，胸前抱著一隻熊貓布偶。

從安徽來的張倩倩住在後面的房間，也跑來看賈紀梅的回鄉準備。張倩倩長得比較結實，肩膀很寬，還有一張嚴肅的臉；她穿著牛仔褲，手上戴著一支黑色的運動錶，整個人看起來很強悍。她是縫製部門的人，所以得留在工廠裡。「我回鄉下會無聊死，」倩倩說：「那裡沒有電視，也沒有收錄音機，而且幾乎每個人都出走了，我也只能和自己作伴。」

「我姥姥天剛亮就起床做早餐，」她繼續說下去：「然後叫我起床吃早餐。要是我繼續睡，我爹接著就會說：『妳怎麼還躺著，竟然不來吃姥姥為妳做的早餐。』只要我在家，他們就不停地批評我。」

「好不容易回到家，妳卻待不住。」同一房從湖南來的李小燕也同意，她是打版部門的。這些女孩對自己的家有著複雜的感情，城市生活既累人又孤單，她們常常嚷著想回家；但是回到鄉下之後很快就覺得無聊，又想著要離開。假如某個女孩決定離開工廠，每個在她身邊的人都會感到震驚和不安。身為離鄉的民工，得承受經常被身邊好朋友拋棄的命運。

倩倩曾經離鄉又回鄉好幾次，她三年前離開家鄉，在裕元工作了一年半，因為和主管起衝突而辭工，所以回鄉好一陣子。當她再度回到東莞後，先在一家小型的電子工廠工作，那裡的環境比裕元糟糕多了，所以她又辭掉工作回家去，這一次是為了她姥姥過八十大壽。她在四個月之前重新加入裕元，「我曾在很多地方工作過，但是最後總是回到這家工廠。」倩倩說。

賈紀梅尚未做任何決定，「我可能會回來，但還不確定。」她這麼說。她在一個星期之後走出工廠大門，踏上回家的旅程，但是沒有告訴任何一個室友她是不是還會再回來。

＊＊＊

中國這二十五年來掀起了人類歷史上最大的民工移民潮，而且民工的本質也不斷地改變。那些在一九八〇年代至一九九〇年早期從鄉下出走的民工，通常是因為家裡需要錢，或是想要幫家裡蓋個像樣的房子而被迫離開家，那時候一個單身女孩獨自離鄉，是一件很危險甚至丟臉的事。

早期離鄉的人通常是到其他農地尋找季節性的農事，她們會在播種和收割季節回到自己的家裡幫忙。等到存了足夠的錢，她們就會回到自己的村莊。

新一代民工將離鄉視為追求更美好生活的選擇，他們比以往的民工更年輕、受過更好的教育，他們的離開並不全然因為鄉村的窮困，而是因為大城市裡有更好的機會。如今離開家鄉不再是一件羞恥的事，留在家鄉反而才會受人恥笑。

新一代的民工對自己的家鄉比較沒有感情，他們的返鄉時間不再根據農作的時令，甚至也不考慮在傳統節慶像是中國過年返鄉，現在年輕民工們回鄉的時間得看他們換工作或是工廠准假回家的時間而定，也就是經常得依整個生產週期的需求。民工們的生活不再繞著農事打轉，而是完全以工廠的生產週期為主。

民工的打扮和行為也和城市裡的人越來越像，一九九〇年代創刊的許多民工雜誌不是已經停刊，就是很難找到讀者。南方的工業城鎮已經聽不到詮釋民工心聲的歌曲，生產線上的工人如今都聽城市青少年聽的流行歌曲。現在的民工可以自由地把錢花在自己身上，買衣服、弄頭髮，或是買手機，常常只有在需要的時候才會寄錢回鄉下。新一代的民工比之前的民工更加滿懷壯志，而且較不安於現狀。一項調查發現，一九九〇年離鄉的民工，有百分之十二的人對生活狀況感到滿意，相較於十年前民工的百分之二十七。這個數據並不表示新移民潮的民工想要回到鄉村，而是顯露出他們的比較基礎已經是以都市生活的標準來衡量；或許這些高度的期望能帶來更多成功的機會，或者這些新一代的民工註定要失望。

認識裕元廠裡的女孩並不容易，她們可能和我約好時間，但是到時候卻不出現；如果我之後找到她們，這些女孩不會說一句抱歉也不給任何的解釋。沒有人願意接受我提供的手機和我保持聯絡，或許是不想負責任。她們可能今天對我很友善，隔天卻變得很冷淡；如果我在宿舍裡和某個女孩聊了起來，房裡的其他女孩會躲得遠遠的。有個女孩還教她的室友說謊，說她要離開工廠了，因為她的朋友告訴她不要相信我。雖然工廠准許我自由進出宿舍，但是贏得這些女孩的信任是最難的部分。在這座製鞋廠的巨大陰影下，這些女孩像飛蛾般不斷揮動她們單薄的翅膀；她們是我在這個城市中遇到的人當中，最難以捉摸的一群。

女孩們對彼此也是小心翼翼，言語之間也很粗魯。雖然她們一起工作也住在一起，但是並不了解對方；當我們比較熟悉之後，這些女孩經常問我其他人的事。每個女孩似乎都有一、兩個住在遠方的好朋友，或許是在另一家工廠，她們寧可相信異地的友人，也不願意信任住在同一間宿舍裡的人。或許這是她們和一堆陌生人一起住在陌生城市中保護自己的方法，因為今晚睡在隔壁床的人可能明天就會消失不見。

對一個民工來說，想要改變自己的處境需要很大的毅力；尤其是身在像裕元這麼大的工廠裡，遵從多數的壓力特別大。這些女孩在彼此面前宣稱自己不贊成在城裡找男朋友，但是其中幾個女孩已經有男朋友；她們也在公開場合否定繼續學習的效用，雖然有些女孩私底下為了讓自己更好，其實也在上課。裕元是一個工作的好地方——每一個在這裡工作的人都這麼說。但是如果你想要追求不一樣的方向，就必須用盡力氣從無形的枷鎖中掙脫。

＊＊＊

七月，農曆中最燠熱的季節，裕元廠的工作步調也緩慢了下來。宿舍裡因越來越多工人請假回鄉而顯得空蕩蕩，留下來的人每天只工作八個小時，而且一個星期工作五天，西方白領階級世界的正常工作時間在這裡反而成了可遇不可求的天堂。

我到宿舍找倩倩的時候她才剛醒來，時間是星期天早上十點多。她打了個呵欠，伸了個懶腰，然後慢慢從上鋪下床。她套上一件綠色背心和一條單邊褲管縫有印花圖案的牛仔褲，然後穿上尖頭高跟鞋。「整年裡只有這幾個月稍微有趣一點。」她說。兩個床位旁的一個女孩坐在床上輕聲練習英文。她每個星期上一次由裕元舉辦的英文課。她常翻閱的那本書裡的句子聽起來很奇怪。

THIS IS LOO. HE'S FROM PERU.

這一句比較有道理：

DON'T LOSE THE OPPORTUNITY.

倩倩走下樓，穿過其他宿舍大樓，走出工廠大門，來到大街上。街道在強烈的陽光照射之下一片亮白，宛如曝光過度的相片。倩倩走進一家百貨商店，在一排閃閃發亮的高跟鞋櫃上翻找。她拿起一雙黃色的平底鞋，鞋帶上裝飾著三顆像情人節糖果的粉紅愛心。「今年非常流行這個。」她告訴我。她在禮品部指著一個裡面嵌著假玫瑰花的相框，她曾經買一個送朋友當生日禮物。

當我們回到幾乎沒什麼人的街上時，她對一個路過的女孩大叫：「徐季梅！妳到哪裡去了？」

一個頭髮染了幾條紅辮子的女孩停下腳步，她手裡提了一個有Nike標誌的尼龍背包。「我要回家。」她說。

「妳要回家？現在嗎？」

「就現在。」

倩倩拉著那女孩的手好一陣子，「好吧，那再見。」她看著那女孩越走越遠。

「我在工廠遇到好多像這樣的朋友，然後她們都回家去了。」

「妳們會保持聯絡嗎？」我問她。

「很難，有時候我們會互相留地址。」她在這個城市裡最親密的朋友是第一次在裕元工作時認識的。她們後來一起辭掉工作，各自回到自己的村子，然後再安排一起回到都市。倩倩經常在放假時去找她，為了維繫友情所需要花費的力氣，正是這些女孩沒什麼朋友的原因。這個世界上最容易的事情，就是和某個人失去聯絡。

我們坐在一間商店外的廣場上吃冰淇淋，一個認識倩倩、身穿工廠藍白條紋襯衫的女孩和我們坐在一起，她懶洋洋地用待會兒要寄出去的明信片猛搧風。「我離開工廠了。」她宣佈，可能是太熱的關係，沒有人有反應。兩個女孩沉默地坐在一起，看我在筆記本上埋頭書寫。

「妳會看英文字嗎？」倩倩問那女孩。

她放聲大笑，「我連國小都沒畢業！」

那女孩離開之後，倩倩向我解釋她們曾經在附近的一間小工廠工作過。「裕元比較好，」倩倩說：「這裡的福利比較好，還有圖書館和活動中心。我們可以下棋，或者參加呼拉圈社。」我問她是否參加過這些活動，她說沒有。

我們走到了街底，遇見其他幾個正要回鄉的朋友，倩倩和她們打招呼，然後道再見，她們可能永遠不會再見面。倩倩在鄉下的父母也一直要她回家，但是他們也希望她繼續寄錢回家，她剛出外工作的前兩年已經寄了將近五千塊人民幣回去。在倩倩的家鄉，傳統上父母親要蓋一棟房子給結了婚的兒子住；倩倩的小弟才十四歲，但是她的父母已經在擔心這筆錢。

「村子裡的其他人已經蓋好房子了，」倩倩的父親對她說：「為什麼我的還沒開始蓋？」

「我正想問你同樣的問題。」倩倩回嘴。

鄉下的家人試著管住他們的女兒，**把錢寄回家，別在外面交男朋友，趕快結婚，回來啊！這些女孩們幾乎所有的事都遵照父母期望的去做**。倩倩的父母連她工廠宿舍裡的電話號碼都不知道——當倩倩想和他們說話的時候，她才會打電話回去，反正他們永遠都在家裡。

＊　＊　＊

裕元附近的街道有很多花錢和自我提升的機會，每個週末下午，希望電腦訓練中心擠滿了坐在電腦前練習Word和Excel的民工（外面的英文招牌寫著MICROSOFT WORD）。有間店銷售男士的白襯衫，只要二十塊人民幣；還有一間照相館，顧客可以自由選擇照片背景——牧場風光、希臘石柱、鄉村別墅；零售商店也為思鄉情重的民工們提供特別的地方風情，像是河南州口芝麻餅、武漢理髮店。一家店裡頭靠牆裝設了一整排電話亭，這是只有在民工居住的城鎮才有的景象。電話亭對面的牆壁上貼了一張開往中國各地的火車時刻表——二十五個小時到寧波、四十個小時到成都。上江城健康局推廣只花一分鐘的懷孕檢測、性病治療和墮胎。裕元廠裡的醫院也有墮胎手術，但是幾乎沒有人到那裡去，街旁的這家小診所提供同樣的手術，但是不必讓別人知道。

我曾在裕元的工廠外面看過一位很像嘉年華會上招攬客人的男人，他對著麥克風速度飛快地說：「如果你胃痛、背痛，還有風溼的症狀，這瓶就是你的解藥。」空氣中有一股酒精的酸臭味，鋪在地上的一張毯子擺了好幾隻風乾的蛇、一隻海星，和一瓶裡面裝著顏色像過濃紅茶的罐子。好幾條看起來已經死掉的蛇交纏在一個塑膠桶裡，那男人拿一根棍子在桶子裡攪了攪，好像裡頭是一鍋湯。

蛇酒養腎

處方：此藥酒泡了眼鏡蛇、雨傘節，還有其他總共七種毒蛇，和許多種藥草。

使用方法：每天早上和晚上各喝半杯或一杯。

另一天，我在同一條街看見一個男人趴在地上，殘廢的雙腿壓在身體下，地上有一排用粉筆寫的字。一群年輕民工彎下腰看他的故事：他的妻子過世了，小孩病了，所以他大老遠從家鄉到這兒來乞討。那男人的杯子裡已經有一些紙鈔，還有兩個人在我觀察的時候也投錢到紙杯裡。在裕元工廠前的主要街道，每一間商店旁都有一條通到後面的小巷子，小巷子裡到處散落著垃圾，建築物的牆壁貼著治療淋病和梅毒的診所廣告；在中國只要哪裡有妓女，這些廣告單就會像疹子般擴散得到處都是。我曾在其中一條巷子裡往一棟兩層樓房的窗子看進去，一群年輕女孩坐在陰暗的房間裡，低著頭縫紉。那也是一間工廠，最差的那一種。

在裕元工作的女孩很少走到巷子裡，這些巷子裡也沒有電腦學校或美容院，巷子的盡頭是一片農地。已過中年的男人和女人在裕元圍牆外不遠的土地上辛勤耕種，多雲的天空沒有替他們遮蔽刺眼的陽光。

傳統中國曆法將一年分為二十四個節氣，並在每一個節氣提供農作上的建議。每個節氣之間有兩個星期的間隔，一年始於「立春」，也就是春天開始的二月四日或五日，這時候要進行的是春耕。曆法裡也指示哪個時間應該種植瓜果、豆類、雜糧、甜菜和葡萄，哪個時間又該收穫稻米、小麥、蘋果、馬鈴薯、蘿蔔和高麗菜。它能預測暑氣和大雨，幫助農人知道什麼時間需要防風害、除蟲、施肥、除草、灌溉、替牲畜設立柵欄，以及迎接新年的到來。這個曆法在前漢時期即已成為農人遵循的標準（不同地域會有些許不一樣），它掌管了兩千年來農民生活的節奏。

在裕元工作的女孩們對農作週期完全沒有概念，當她們回到家裡時，父母通常不會要求她們幫忙農事；假如女孩們真的到農地裡幫忙工作，結果不是晒傷就是滿手繭。工廠裡的一個女孩向我形容她平常在家的情形，她和家裡其他人一樣很早起床，但是整天都在看電視。

我六點半起床，然後看電視，先看晨間新聞，接著看連續劇。看到中午一、兩點之後睡個午覺，起床之後散散步。然後是吃晚餐，十點的時候上床睡覺。

製鞋廠的全球工作行事曆也是由春季開始啟動，三月份時所有的機器加速運作，四、五、六月更是馬不停蹄，趕著在美國和歐洲的夏季購物潮前將鞋子送達各地。當農民曆在七月催促農人加快腳步趕在雨季來臨前收割的同時，鞋廠裡一片風平浪靜。訂單在八月時跌到谷底，生產線有時候只啟動五分之一的機器。九月、十月訂單開始增加，機器也全數運轉，準備面對即將來臨的重要關頭。十一月一直到十二月初是一整年的關鍵時刻，為了趕上聖誕節的大量訂單，廠裡的每個人都要常常加班。過了這一關之後步調又漸漸慢下來，直到春季來臨。

廠裡的女孩非常清楚這一行的淡旺季以及每天的工作步調，在裕元每一層樓的每一間工作廠房裡，製造球鞋就像發明科學一樣得用碼錶來計時。每一個生產線的天花板上都掛著一面塑膠告示牌，上面標示每個員工需要花幾秒鐘完成某一項工作。四年前的裕元生產線製造一雙鞋需要二十五天，現在只需要十個小時，每個員工的產值也增加了百分之十。

廠房裡的員工也有工作階級之分，最上層的工作是發展部門，那裡的人只需要負責製作少量的鞋樣，沒有生產上的壓力。打版和製作鞋底的工人是下一層，身為生產線的第一個部門，他們可以按照自己的工作進度，也享有比較多工作上的自由。壓力最大的是縫製和組裝部門，他們被卡在生產線的中間，得承受上線和下線的雙邊壓力，上線的人把工作積到他們這裡，下線的人等著他們做快一點。這裡的工作容不得一點錯誤，品管部門和顧客的注意力全放在生產線的最後端，因為外觀是最容易發現疏失的地方。廠裡的工人如此形容：

那些縫製的人被罵得要死，
組裝鞋子的人做得要死，
打版的人樂得要死。

裕元於一九八九年在中國設立第一家工廠時，掌控全球運動鞋市場的是南韓。裕元在前十年間經常要求員工加班到半夜，每個月也只允許一天的休假日。「只要你提供這些名牌鞋廠商適當價位的貨品，他們才不管你怎麼管理工廠。」裕元在東莞的愛迪達生產管理負責人Allen李這麼說。「我們不和員工討論加班費怎麼算、廁所放不放衛生紙、員工該不該洗手、或是一間宿舍要睡幾個人，我們採取壓制性的管理政策，告訴員工：那是你的工作，如果你需要三天三夜不睡覺才能做完，你也得想辦法去做。」

中國廉價又積極進取的勞力正適合勞動密集的製鞋業，而中國也在一九九〇年代成為全球鞋業的龍頭。後來美國各大品牌受到工會以及勞工權利團體指控他們的工廠環境惡劣，耐吉和愛迪達開始強迫供貨工廠改善他們的工作環境，裕元才改成每天工作十一個小時，每個星期天休假。當時有許多工人因此而辭工，抱怨這樣的改變讓他們少了加班的薪水。裕元在內部新增一個新部門，專門監督工廠環境，另外還設立了一個諮詢中心，讓員工能夠有一個投訴並尋求協助的地方；除此之外也增加了安全措施、禁用有毒化學原料，並且廢除高壓管理政策。然而就算品牌公司促使工廠對員工更好，它們依然在價格上施壓，使得工廠有些時候也無所適從。裕元的愛迪達廠有一段時間提供員工免費的制服，但是因為愛迪達在降低成本上的控制，迫使裕元開始向員工收取制服的費用，但是愛迪達方面又不贊成這樣的政策，所以裕元只好取消制服這件事，所以員工們現在都穿自己的便服上班。

愛迪達在二〇〇一年實行所謂的「精益製造」計畫，意在提升裕元的生產力並徹底排除浪費，員工們說雖然他們現在的工作時間縮短了，但是生產線的工作壓力卻變大了，工作的分項更精準細微，而且幾乎沒有停機的時間。組裝部門被重新分為幾個小組，讓他們工作幾天之後就輪流做不同的工作，雖然之前他們也是每個月就會輪調。這些調整讓工廠的生產運作更加有彈性，但卻讓員工疲於奔命。宿舍的床位安排也在講求效率的名義之下重新更動，生產線的員工必須和同一工作小組的人住在一起，不能再和朋友同住。

全球流行時尚不停變化的快速腳步，也加重了這些製造廠的壓力。十年前，運動鞋的主流品牌下訂單之後，給工廠九十天的時間將貨品送達；幾年前縮短為六十天，現在則壓縮到三十天。為了跟上隨時可能變換的流行風，訂單的數量變少了，製鞋廠的工人也深陷無法預期的工作變化，老闆們可能直到星期四才告知員工們星期六必須加班。旺季時工作分為日夜兩班制，一組人先上日班，一個月之後再換到夜班；員工們的生理時鐘不但被打亂了，體力上也受到影響。

生產管理負責人認為市場需求只會讓裕元變得更好，「如果少了壓力，我們就不可能進步。」Allen李如此解釋。「就像達爾文說的，唯有強者才能生存。」一項愛迪達所做的研究發現，「精益製造」計畫剛開始的確對員工造成壓力，但是一段時間之後，他們就習慣了。

＊　＊　＊

八月是灌溉玉米田並準備種植冬麥的時節，裕元廠內比預期的時間還早開始為即將到來的聖誕節趕工，女孩們每天都加班，星期六也要整天工作，她們在生產線上工作得更快，說話的時間更少，於是她們的身體開始抗議。

「我頭痛得很厲害，」倩倩在八月初的某個早上發出怨言：「現在應該是淡季，但是我們有那麼多訂單。」前一天是倩倩的二十二歲生日，她原本計畫要和好朋友一起慶祝，但是卻得留在工廠裡，晚上還加班。

住在J805號房的賈紀梅剛返鄉回到工廠，她頹喪地坐在下舖，臉上毫無喜悅的表情。

「家裡都還好吧？」我問她。

她淡淡地笑了一下，「都很好。」

「妳都做些什麼？」

「沒什麼，我原本不想回來，」她說話的速度很慢，彷彿才剛從夢裡醒來。「可是我家附近實在沒什麼工作可做，如果能夠找到工作，離家近一點還是比較好。可是根本沒工作，回到這兒來讓我覺得很不自在，我真的不想回來這裡。」

睡上舖的吳永麗個性比較開朗，十九歲的她有一張五官精緻的瓜子臉，在這個夏天的早晨，她穿著一件高雅的黑色細肩帶洋裝，脖子上戴了一條有心形墜子的項鍊。「別理她，」吳永麗對我說：「她回來之後還沒適應。」更多讓人不適應的事接踵而來，為了確保每一個生產小組的人都住在一起，工廠每一年都會重新分配員工宿舍，因為這一年當中可能有些人回鄉下或是新加入這間工廠，但是這項政策打亂了每個人的生活。「我們已經在這裡交到朋友，」賈紀梅說：「但是現在我們可能又要被分開。」

當月的幾天之後，所有的員工被換到新的宿舍。在裕元這麼大型的工廠裡，原本相識的女孩們，再一次在一天之間突然不知道該怎麼找到以前的朋友，許多人也就這麼從此失去聯絡。

換宿舍之後，倩倩失蹤了。我到九月的時候還找不到她，我到她的新宿舍找了好幾次——比舊宿舍房間還低四層樓，但是她的室友也不知道倩倩到哪裡去了，她們還向我打聽失去聯絡的朋友的消息。我打電話到倩倩在安徽鄉下的老家，她的父親告訴我倩倩還在裕元。根據工廠的紀錄，張倩倩，員工編號28103，屬於八號廠房、B棟大樓的打版部門，在登記上仍然是裕元的員工。書面上清楚指出倩倩住在宿舍裡、在生產部門工作、替愛迪達運動鞋切割鞋面布料；但是實際上她已經消失了，她的失蹤對制訂那麼多規矩、表面上似乎井然有序的工廠來說，一切彷彿形同虛設。

＊　＊　＊

從裕元的工廠大門走到主要街道，再從主要街道走到底後，會接到有如迷宮的幾條小路，路旁有許多小吃攤和小商店，還有幾間紅磚蓋的小公寓，公寓大門是一片薄鐵皮。這一區到處都是廢棄的空地和蓋了一半的房子，看起來好像曾經有很多人住過這裡，然後大家都搬走了。在珠江三角洲的炎熱夏日，住在附近的人穿著內衣或睡衣坐在戶外打麻將，幾隻雞在髒污的地上啄來啄去。

十月中的一個星期天下午，我曾在倩倩舊宿舍中見過的一個年輕女孩帶我到這個地方。她帶我穿過巷子，進到紅磚公寓裡，爬上高高的樓梯，再走進一扇鐵皮門，來到一間有兩張床舖的單房公寓，床頭的天花板貼了一張海報。

成功

感覺上成功離妳很遠很遠，但是失敗卻好像永遠跟著妳。

妳必須勇敢地征服一次又一次的失敗，

然後成功就會離妳越來越近。

海報旁邊貼了一張從月曆撕下來的圖片——手裡捧著希臘古甕的上空女郎，而穿著T恤、短褲，光著腳坐在床邊的女孩，是倩倩。她看見我時露出一個不太情願的微笑，好像她並不高興被我找到。

她在八月領了薪水之後就離開裕元了，沒有正式經過廠方允許，也沒有領回工廠預扣的兩個月工資。那天之後她就借住在一些朋友家，包括這間房子的主人葛莉，葛莉和男朋友一起住在這間房。倩倩正考慮是否回鄉或是跳槽到另一間工廠。

「妳為什麼離開裕元？」我問倩倩。

「因為不好玩了。」她說。即使我用不同的方式又問她好幾次，她也不願意多說什麼。

接下來的幾個星期，生產壓力繼續隨著聖誕節越來越近而攀升。這時的農村正值「立冬」，是冬天的開始，也是替牲畜修理柵欄的時候。十一月的一個星期天下午，我到有著鐵皮大門的紅磚公寓裡找葛莉，想問她是否有倩倩的消息。

她已經有一陣子沒見到倩倩了，「她還沒決定是否要回鄉下，或是重回工廠。」葛莉告訴我。

「她到底想要決定什麼？」我忍不住問。

葛莉搖搖頭，「我不知道她的心裡在想什麼，我們沒聊過這些。」葛莉最近離開了裕元，正準備盡快回家鄉讓父母認識她的新男友。到時候她一離開，我就不可能再找到倩倩了。或許這就是民工生活裡真正需要克服的失敗，不是意外，也不是說得出道理的悲慘下場，只是漸行漸遠的疏離，直到那個人遠離了妳的視線之外。

我最後一次到裕元是二〇〇五年的一月。工廠女孩們穿上了棉製外套，她們的肩膀因為寒冷而瑟縮著。讓自己受凍顯然是一個務實的決定，冬季在東莞的時間不長，所以花錢買一件保暖的外套根本不划算。我到工廠的時候剛好遇見賈紀梅走回宿舍房間，她看見我的時候很開心，她的頭髮染了一道道赭紅的顏色。

工廠的工作量自聖誕節過後即逐漸遞減，現在是傳統節日當道，街上到處都是回家過新年的歡樂人潮。剛到城市來的民工通常獨自在街上閒晃，但是那些準備回鄉的人就不同了。他們的心裡有一個目的地，他們在人群中看起來快樂又歡喜，他們知道自己的方向。他們的口袋裡放著錢，手裡拎著帶回家的禮物——DVD播放機、棉被，還有買給小孩吃的糖果。農家現在正值「大寒」，是歡迎新年到來的季節，但在東莞則是一整年辛勤工作之後應該獲得獎勵的時候，這是現在唯一重要的事。

6、無名碑

民工的父母擁有最差勁的直覺，不管什麼時候給的意見都很不好，他們常常提供過時的知識，而且具有生性恐懼的保守態度。其中有一些父母最初還禁止他們的孩子，尤其是女孩離開家鄉。然而當他們的孩子抵達城市之後，這些父母的訓誡有了一百八十度的轉變，他們要孩子把錢寄回家，愈多愈好；其中有些父母拚命催促女兒趕緊結婚——而且只能嫁給來自同一個家鄉的人，這就像告訴一個在台北上班的年輕女孩只能嫁給高雄在地人一樣沒道理。他們對於工作上的建議同樣很糟糕，他們不要兒女們跳槽，但這通常是民工們在職場上更上一層樓的最佳管道。

民工們很快就學會如何處理父母親的問題，他們違抗父母的意願，和父母爭吵，然後說謊。他們和鄉下的父母保持距離，春明在城裡的前三年從沒回過家，「他們根本不知道外面的世界是怎麼一回事，所以我先斬後奏，先去做了，然後再告訴他們。」春明這麼對我說。年輕女孩的新生活在抵達城市的第一天展開，她們會盡全力保有這樣的生活。過去無關緊要，現在才是她們的一切。如果不小心謹慎，家就會像個時時把人往後拉的枷鎖，讓人動彈不得。

我搬到中國之後，也一直抗拒那條牽繫著我的家庭，或許也是為了同樣的理由。我父母的中國已經過去了五十年之久，中國人一向尊敬學者、蔑視商人，我的父母從小也是如此教育我，但這卻和我目前所見的有所抵觸。我不曾試著尋找還住在中國的親戚，因為我想親自認識這個國家，而我的家族史似乎會是個干擾——那是一段中國的悲劇史，而且那些過去跟現在的一切也毫不相關。

在我開始採訪東莞民工的同時，我也開始對自己的家族史有了更深入的調查。這兩件事情一開始應該是完全不相干的兩個不同研究——一個是中國南方充滿混亂未知的工廠，和一個鋼鐵廠與古老石碑林立的東北灰瑟城市之間，似乎沒有任何的共通點。我很享受往返南北兩端，從未來到過去、再回到未來的不同步調節奏。

然而我知道得愈多，就愈能發現兩者之間的關係。幾乎在一百年以前，我的祖父也曾經是一個移居的民工。他離開出生之地，改了名字，想要讓自己跟上現代的社會。中國在他的年輕時代正擺脫長久以來的自我孤立並重返世界——就如同現在一樣。祖父十六歲時為了更好的未來離開家，雖然他那時候可能不知道，就像現在的民工也不十分確定的情況如出一轍，但是「出去」，是我們家族故事的開始。

＊　＊　＊

我在美國的成長歲月中，我的父母很少提到過去。因為流亡而失去一切的人，通常有一個共同的思考模式——**薄霧下座落在首都大道上的大宅院和僕人，綠蔭花園裡的柿子樹，而當政權瓦解的那一天，我們將會再次奪回理當屬於我們的一切**。然而逃離共產政權的中國人鮮少沉溺在這些空想裡，他們的方式是往前邁開腳步，開創新的生活，因為緊抓住過去不放根本沒有意義。我認識的民工和移居外國的移民都有這樣的想法，這似乎是中國人的天性。因為過去的已經過去，唯有把握現在。

我小時候偶爾從父親那裡聽過家族歷史的片段，它們在我的腦海中反覆出現，直到每一個片段都變成了一個個神祕、完整的故事。這些故事之間沒有關連性，又或許它們之間有著我不知道的祕密連結。

美國最優秀的四所礦業學校分別在密西根州、科羅拉多州、新墨西哥州，以及西維吉尼亞州。

逃難的時候我們把金條全藏在褲腰帶裡。

我們逃離共產黨的時候，把集郵冊都留在老家，我們把所有的東西都拋下。

我每天到台北的美國辦事處，等著警衛叫我的名字。

我對中國的印象同樣模糊，中國是外祖母從臺灣寄來的毛衣，包在放了樟腦丸的紙箱裡，聞起來像閣樓的味道。穿上毛衣到學校的我，強烈感覺到自己的與眾不同，聞起來也和大家不一樣。中國是從臺灣寄到我家信箱的國民黨黨報，用橡皮筋綁緊的報紙彷彿急著敘述遠方的消息般一下子彈開來。對我來說，中國更是奧林匹克運動比賽裡和我父母有著同樣根源的中國乒乓球國手；中國也是父親在一九七五年第一次回到中國人民共和國時帶回家的黑膠唱片，那時候毛澤東還在世。

東方太陽，正在升起，

人民共和國正在成長；
我們領袖毛澤東，
指引著前進的方向，
我們的生活天天向上，
我們的前途萬丈光芒。

這首歌叫做「歌頌祖國」，我六歲的時候第一次聽見這首歌，歌中所歌頌的共產天堂也早已解體。但是現在即使我聽見這首歌，依然不由得顫抖。

唱片裡的許多歌曲我都很熟悉，國語是我的第一語言，在我還很小的時候，中文搖籃曲和民謠伴我度過許多的童年歲月，中國就像是我上一輩子的生命記憶。我父親的家庭來自滿州，那是中國的東北地區，我最早會唱的許多歌就是和那個地方有關。雖然我在成長過程中並不覺得自己和中國有緊密的關連，但是我知道我來自東北。

我的家在東北松花江上，
那裡有森林煤礦，
還有那滿山遍野的大豆高粱。
我的家在東北松花江上，
那裡有我的同胞，

還有那衰老的爹娘……
脫離了我的家鄉，
拋棄那無盡的寶藏，
流浪！流浪！
整日價在關內，流浪！

歌詞裡的「關」，指的是山海關，那是位於中國東岸沿海一座雄偉的石頭堡壘，也是長城臨海的第一個關口，是明朝為了防禦中國北方領土所建造的，它象徵著漢人文明的終點站，另一邊則是滿州的蠻荒之地。

對我來說，最哀傷的一首歌是「萬里長城」，那是遭受日本侵略後的流亡東北人所吟唱的歌曲。歷經數百年的長城關口和城牆，幫助中國防禦北方的敵人，但是當日本人在一九三一年佔領滿州之後，長城具有全然不同的意義——它勾勒出日本人統治的土地範圍。這首歌曲暗喻長城的失守，因為敵人已經開拔到了東北。

萬里長城萬里長，
長城外面是故鄉，
高粱肥、大豆香，
遍地黃金少災殃。

自從大難平地起，
姦淫擄掠苦難當，
苦難當，奔他方，
骨肉離散父母喪。
沒齒難忘仇和恨，
日夜只想回故鄉……
四萬萬同胞心一樣，
新的長城萬里長。

我的父母和我一樣，都是在小時候學唱了這些歌。這些歌敘述他們父母那一代的故事，因為戰爭被迫遠離家鄉和父母相隔兩地，而且可能永遠都無法再見一面。詩詞是中國根深蒂固的傳統，詩人們將自我隱喻於詩詞之中，將他們無法言喻的深厚情懷濃縮成短短的幾行字。

那些斷斷續續的情節、片段的歌詞，和支離破碎的回憶一直在我的腦海裡。幾年之後，我終於有機會和父親坐下來長談，請他告訴我和家族歷史有關的每一件事情。他說我們的家族始於清朝末年，是一個出身卑微的鄉下人家。他描述祖父一直都很想離開家鄉到各地闖一闖；他還記得為了躲避日本軍隊而慌亂撤退，只要空襲警報的聲音一響，那天就不必去學校上課。但是父親的故事有很多遺漏的地方，他對中國的記憶只停留在童年時期，大多只是兒時的回憶。

我們那時在玩捉迷藏，我的父親正在睡午覺。我躲在睡床另一邊的窗戶下面，不敢出來。他發現我躲在那裡後對我說：「出來呀！」然後還跟我們一起玩，這是我唯一記得的事。

我也和父親的兄弟姊妹聊以前的事，他們都在二十多歲時移民到美國。由於個人的看法和想法不同，回想起半個世紀以前的同一件事情，每個人描述的情景也不一樣；就像一顆歷經風吹雨淋而表面逐漸平滑的石頭，他們記憶裡的中國也隨著歲月逐漸模糊，我後來也和家族中留在中國的人見面，包括我的表親和從未離開祖厝的遠房親戚。但是很少有人想了解以前的事，大多數的人並不想提起——不管是離開或是留在中國的，拋下過去才能減少傷痛。

我的親戚們很不喜歡談論自己的故事，他們經常堅持那些事沒什麼好說的，開場白也總是一連串的不知道、拒絕，甚至某個人的死訊，好像巴不得早點結束話題似的，我覺得似乎沒有一個人認為自己的回憶很重要。「其實，我對中國的印象很模糊。」是奈麗阿姨對我說的第一句話，「我對家族歷史知道的不多，」路克伯父這麼說：「因為我們從沒機會談到這件事。」我的父親則是沈思了好一陣子才說：「沒有人知道我爺爺的父親叫什麼名字。」大家輕描淡寫地描述所有的細節，對於比較沉重的事也三言兩語地帶過。當他們說到特別痛苦的回憶時，也經常只是笑笑而已。或許在一個那麼多人同時遭受苦難的年代，個人的遭遇並不重要，因為那些折磨和痛苦是每個人的共同經歷。

但在南方工廠裡的年輕女孩可不這麼想，在這個不受過去牽絆的城市裡，每個人都在編織、訴說、寫下自己的故事，而在數以萬計的掙扎與鬥爭中，個人主義已然紮根。無論是在自我提升的課堂上、人才市場裡、和父母的爭吵，還有那些特別寫在筆記本裡的自我提醒——**不要放棄機會。死於貧窮是一種罪惡**。或許她們的生活充滿了現實與嚴酷，但是這些年輕女孩們卻不以為意地侃侃而談。

＊　＊　＊

大約西元一七〇〇年的康熙年間，一個名叫張化龍的農夫離開地狹人稠的華北平原，隻身前往尚未開發的滿州荒原，那裡的幅員遼闊，任何人都能有一個新的開始。在那個時代，中國北方的每一個農莊幾乎都有人移居他地；而且就像現在一樣，離開的大多是年輕人或是較有進取心的人。張化龍有兩個兒子，他們離鄉至更北邊的滿州吉林省一個叫做「六台」的地方落腳。他們選擇留下來的地方被稱為「窮棒子溝」，因為那裡的環境惡劣，到處都是沼澤地。張家十四代都住在那兒，我是第十一代。

如同一九八〇年代的許多中國移民，我的祖先也是非法移居。盤據中國北部邊疆的滿族人在一六四四年征服中國，建立了清朝。不久之後，朝廷規定漢人不得住在滿州內。因為他們意圖獨佔區內的天然資源，為了維護自己的家園；他們認為只要守住疆土，滿族人就能保有延續不斷的生命力，防止因腐敗和頹廢而導致滅亡。為了封鎖滿州，清朝皇帝下令建造三百公里長的土堤，堤上還種了柳樹。土堤從長城延伸至現在的遼寧和吉林省，沿路並設有巡哨。

這條土堤稱為「柳條邊」，它比長城更為通風。柳條邊在一六八一年竣工，我的祖先可能在二十年之後違法穿過此邊界在六台定居，這是邊界六個巡哨的其中之一，這些巡哨是特別建造來阻止像他這樣的人進入。違法開墾耕地的人被稱為「流民」，接下來的兩百年間，我的祖先定居在六台務農，以種植高粱和黃豆維生，住在周圍都是原始森林的小木屋裡。

十九世紀末，中國北方的乾旱與饑荒使得越來越多農人移居到滿州，也造成這裡的人口激增。接下來的半個世紀，總共有兩千五百萬個移民，這是中國歷史上除了近代之外最大的移民人潮。滿州的經濟開始繁榮起來，新的鐵路系統連結內陸到沿海地區及國外市場，許多外國人甚至說出至今聽起來仍讓人不可思議的預言。一九一〇年，英國駐天津的總領事寫道：

> 在不久的將來，滿州無疑將成為美國輸出農產品至歐洲的競爭對手。
> 哈爾濱麵粉廠的產品在當地市場上的價格，
> 根本不是美國麵粉廠可以打敗的
> ……美國因農產銷售所減少的損失，
> 絕對不只是增加工業製品銷量所能彌補的。

我的家族也在那一次的經濟起飛中跟著飛黃騰達。我的曾祖父張雅南買了一部榨油機和一間麵粉廠，然後靠著這些收入成為遼寧省最大的地主。大約在一八九〇年間，張雅南蓋了一幢有五間正房和八間邊房的複合式大宅，正房放祖先牌位和肖像，在世兒孫則舉凡吃、睡和工作都在邊房。這是當時中國家庭的生活方式——逝者仍在日常生活上佔有一席之地，子孫的孝道也反映在這些房舍的建築上。曾祖父的這座大宅名為「新發源」，意思是新的發源地；大宅外有高聳的圍牆環繞，德國製造的毛瑟槍安裝在房子的四個角落，還有一支武裝部隊防止盜賊入侵。想知道一個家族有多興盛，可以從他們吃的食物得知，新發源連雇工都有豆沙包可吃，份量更是慷慨，雇工們還因此做了一首歌來歌頌它，我的父親在半個世紀以後還記得那首歌是這樣唱的：

新發源是個好地方，
犬帶路，人們帶著食物，
兩斤半的豆沙包子。

清朝末年，曾祖父經由科舉入仕，朝廷賜給他三百兩銀子建造祠堂，這是當時的標準程序，一旦成為朝廷官員，就必須遵從正統儒家的敬祖觀念。曾祖父娶了四個老婆——這也是當時的一般標準，他在大宅裡替他的九個孩子，有男孩也有女孩設立一座私塾。或許是因為曾祖父的事業騰達，朝廷賜予他的父親皇族將軍的封號，並賞賜一筆錢讓他蓋一座牌坊讚揚其孝心。就這樣，一個無中生有的顯赫家族就此誕生；原本的農人成為將軍，磨坊主人搖身成為朝廷大官。在這北方的邊疆地帶，建造新生活並不需要太久的時間。

我的曾祖父也實踐了儒家身為一家之長的責任，他請人記錄了家族移居至滿州之後的家譜，並制訂日後二十代子孫的稱謂排序，組合起來正是一首詩：

鳳力同興殿
鴻連毓寶朝
萬傳家慶延
九錫國恩昭

意思是：
盤據大殿的鳳凰帶來繁榮和興盛，
飛鴻傳遞並孕育皇朝的寶藏，
萬代子孫歡慶家族的延續，
九樣寶物顯示皇室的恩典與青睞。

可惜家族興盛得太遲，極盛時期正值清朝即將滅亡的年代。那些土地、祠堂、牌坊、肖像和寶物，都將於隨即而來的亂世中被摧毀，許多生命也跟著提早結束。但並非所有的一切都是白費，我的中文名字是張彤禾，這個名字中的第一個字早在一個世紀之前，我從未謀面的曾祖父就已經幫我取好了。

＊＊＊

在祖父張春恩於一八九九年誕生的村子裡，幾乎每一戶人家都姓張。祖父從小上家裡的私塾，研讀自孔子時期流傳下來的四書和五經。他是不是完全了解書中的意思並不重要，當時的教育是為了教導孩童正確的行為舉止，同時灌輸他們服從、尊敬以及忍耐的美德。學習的最終目標是通過朝廷的考試，然後成為朝廷官員——經過了一千年之後，這樣的目標似乎沒有改變。

祖父還是個小男孩的時候，整個中國早已分崩離析。十九世紀的中國受到西方嚴重創傷，一八四〇年代鴉片戰爭的挫敗，一八五〇年朝廷被迫簽下一連串的「不平等條約」，包括開放自由貿易港口，以及給予西方各國和日本最惠國待遇。當時提倡改革的人士認為中國的傳統教育是造成國力衰退的原因，於是在一九〇五年一舉廢除科舉制度，並提倡現代教育。一九一一年，祖父正值青少年之時，清朝政府正式告終，國民政府起而代之。

雖然我的祖父當時只是個小孩子，但是他決心離開家鄉，因為就像現在一樣，所有的成功之路都在遠離家鄉的方向。雖然祖父的哥哥——張奉恩是未來接管家族的繼承人，但是身為大房次子的祖父擁有一項特權，那就是他可以離開家。一九一三年春天，祖父進入吉林中學就讀，這是省城第一間教授新式教育的學校，數學、歷史、地理和自然科學等學科取代了四書五經。三年之後，祖父離家到中國現代教育之首的北京大學就讀。

那時北京大學的學生多半是沿海地區富有商人的子弟，祖父就像是個從科羅拉多採礦小鎮出現在哈佛校園的鄉下人般格格不入。不過身為現代教育的學習核心，北京大學也吸引了從其他各省來的有志青年，其中一個曾和祖父一起在學校圖書館打工的，就是毛澤東。祖父的成績還算差強人意，我在北京大學的檔案裡發現一本用繩子綁在一起的本子，裡面字跡潦草地記錄一九一七年法律系準畢業生的考試成績。看起來外國文學並非祖父的強項。

西方歷史：70
英國文學：70
中國語文：80
邏輯：90
品行：100

倘若傳統學習的價值觀依然受到重視，我的祖父應該能以全校優異的成績畢業，然後在政府單位裡謀得一職。不過現代教育將他帶到另一個未曾預期的新方向——祖父贏得由省政府提供前往美國留學的獎學金，所以他在大二的時候就休學。他經由家裡安排，娶了一位名字叫做李秀蘭的年輕女性。然後就在婚禮之後的第三天，搭船隻身前往美國。

我的祖母那時候在中國第一個開放女子就讀的北京女子學院念書，主修體育和音樂。她參與學生抗議活動、抽菸，還換了一個新名字——李薌蘅，因為她覺得自己的舊名字太普通。畢業之後，祖母在吉林市中心的高中教書。

她連續七年寫信到美國，那個讓她孤守二十年活寡，之後又一一帶走她的兒女的國家。那些信沒有讓她如願以償，她的青春只殘留在祖父日記中簡短的幾行字。那些孤獨與寂寞讓她宛如獨居黑暗森林中的動物，也成了日後壞脾氣的導火線。

因為母親身體不適，所以薌蘅計畫回家鄉。

我買了一雙鞋子寄回家給薌蘅。

薌蘅在信裡抱怨，說她犯了大錯。

我收到薌蘅的三封信，每一封都催促我盡快返家。

但是我的學業計畫還未完成，所以不能回去。

我的祖母也很想到美國去，但是祖父認為外國不是女人去的地方，一個女人應該待在家裡。

＊　＊　＊

1月1日，一九二六

中國內部的紛亂讓人擔憂。中國有一天必將興盛，我會在有生之年親眼目睹。每一個人需要更努力地迎接這一天的到來。

我的個人行為必須能榮耀祖國，我的生活也需要更節儉。

我今天和房東海瑞．維特先生一起共進午餐，他鄰居的一對夫婦很喜歡狗和鳥，還會和這些寵物說話。我對那些對話感到十分反感。

我的祖父在一九二〇年抵達美國，那是一個私釀酒精、年輕男女性愛開放，以及艾爾．卡朋（美國惡名昭彰的黑手黨老大）的年代，但是他完全不曾留意。祖父在日記裡記錄尋求知識的研究以及中國的政治局勢；這兩者之間是有關連的，藉由在美國學習正確的技能，他才能獲取幫助祖國成為現代國家的必備知識。他先修習文學及經濟，然後才決定專注於礦業工程。因為他認為工業發展才是中國的改革之道。

然而中國本土的情況在祖父留學美國的七年間日漸惡化，國民政府基本上幾乎形同虛設，坐擁個人軍隊的各地軍閥到處割據勢力。祖父在一九二〇年的日記上寫著——其中以吳佩孚和張作霖最為壯大。

1月26日

張作霖已經釋放伊萬諾夫（Ivanov，蘇俄中東鐵路管理局局長），所以哈爾濱的問題暫時解決了。哈爾濱事件的起因和馮玉祥返回東北有關。一個和蘇聯交好，另一個和日軍同盟，但是兩個都是為了自己的私利。

1月28日

中國目前仍然沒有人投入機械製造，如果未來能由我開始，將會是多好的事情。

今天的風雪很大，幾乎不可能上路。同事貝克蘭的婚禮在今天下午的五點……滿州和蒙古已經成為世界最大的問題之一，假如處理不得當，難保他們不會成為第二個韓國。這是世代祖先的家土，我怎能拱手割讓給別人？我發誓將以保衛這片土地、捍衛人民的福祉為己任。

3月4日

我的眼鏡壞了，所以到醫生那裡重配一副新的，總共花了二十四元美金，好貴！

吉林得天獨厚的森林是發展造紙工業最適合的地方，吉林每年的皮革產品和毛皮也佔外銷產量的最大宗，鐵路交通也很發達。我會考慮在造紙業工作。

6月4日

我今天在富蘭克林山脈進行調查。這裡的樹林繁茂，清新的空氣中蘊含一股香氣。清晨的天氣非常冷，我的喉嚨在夜裡發癢……

如果中國想要變得興盛、強大，就必須發展工業；否則將無法抵禦外來的侵略。現在的工業完全仰賴進口，假如發生戰爭，外來的資源將被切斷，到時候中國必嚐敗果。

11月12日

我今天清理並拆除切割煤礦的機器，真的非常有趣。

不管是管理政府、教導人民，或是統治一個區域，都必須具備良好的宣傳策略，只靠武力統馭終將導致失敗。

二十世紀的前二十年裡，總共有兩千多個中國學生到美國留學，這也是第一波大批海外求學的人潮。這些人認為拯救中國最好的辦法就是到西方學習，他們對實用的科目較為感興趣，像是經濟學、自然科學，特別是機械工程。一九〇五年至一九二四年在美國求學的中國學生中，幾乎三分之一以上的人都主修機械工程。我的祖父在靠近加拿大邊界銅礦開採區的密西根礦業學院（Michigan College of Mines）就讀，並以名列全學年四十四位學生中的第三十三名畢業於一九二五年，他的新學習顯然還是有一些瓶頸。

我意外拿到祖父的日記。父親說家裡的東西全在第二次世界大戰那幾年，加上逃難到臺灣，然後移民美國之間輾轉遺失。我在一年多後開始研究家族歷史時，在電話中詢問父親是否擁有任何屬於祖父的物品。他說他有兩本日記，一本是祖父在美國求學時的，另一本則是大戰期間住在重慶時寫的。兩本加起來將近一千頁。

「看起來不怎麼有趣，」父親說：「只是寫些像是『日本軍隊今天逼近城裡』這類的。」

「事實上，」我回答：「還蠻有趣的。」

透過他的日記，我認識了一生中從未謀面的祖父。他是一個追尋人生目標的青年，而且懷抱著無數的生涯夢想。他找工作和辭掉工作的次數和現在的民工不相上下，一下子就對工作感到煩悶，但卻又擔心自己學得不夠多。他寂寞地在人海中飄零。

7月14日

當我在工廠裡有空閒的時候，我的腦海裡會想著各式各樣的問題。我覺得自己好比一艘浮沉在廣大海洋的孤舟，即使內心祈求平靜，卻無法得到安寧。

11月18日

我已經工作了將近兩年，有時候我覺得自己對這份工作並不感興趣。但是就算我沒興趣，還是得親自處理工作上的事務。中國現在的情勢大壞，此時正是男兒堅定志向、建立事業的時候。我必須用百分之一百二十的努力。

自我提升是日記裡常出現的主題。從學校畢業之後，祖父在美國東北部及中西部的幾間工廠和礦區實習了兩年，他還到芝加哥的夜校學電子機械。日記裡也寫滿他試著了解的外來古怪英文單字——Goodman Standard Shortwall Machine（古德曼短壁截煤機）、Ratio of cementsand and slang（水泥比例的俚語和行話）、Pyramid Pump OpenHearth MixerBlast Furnace Corrugated Underframe Door（金字塔平爐攪拌機高爐波紋底架門）。他也寫下美國工業巨頭們所提出的鼓勵意見。

馬歇爾．菲爾德十件值得自我警惕的事：

1、時間的代價。
2、成功的毅力。
3、工作的樂趣。

4、品格的價值。
5、簡單的內涵。
6、才能的增進。
7、原創的喜悅。
8、等待的美德。
9、節儉的智慧。
10、仁慈的力量。

遠方的家人時時催促祖父回家。讀著他在日記中的回應——我強烈地想要回家，但是學業尚未完成——讓我想起春明，她也曾說出幾乎相同的想法。**沒有人知道我為什麼不回家過年？主要的原因是我真的不想浪費時間，因為我必須學習！**

然而這些旅程在本質上有不同的企圖心，工廠女孩們為了改善生活到了城市，祖父離鄉則是為了有朝一日能夠回國貢獻他的力量。祖父可以說是為了國家而離開家，那些女孩們離家則是為了自己。春明在日記裡從未遺漏她最在意的部分，那就是她自己——城市如何改變她、其他人如何看待她，還有她外表上的小細節，她在日記裡寫：**我的眼睛沒有雙眼皮，不過還好它們不算太小，反正單眼皮也不會影響視力。我沒有薄薄的嘴脣，但是我很有說服力，我說話既大膽又大聲，聲音並不溫柔，這是天生的。**在祖父近一百多頁的日記裡，未曾出現過任何一句談論自己的話語。他的每一句話讀起來就像是一首經典詩詞，簡潔、自制，雖有個人的隱喻，但從不明顯。

祖父在美國時擅自改了名字，新名字的「莘夫」二字，顯然是出自於古詩的「莘莘征夫」一詞，意思是一群勤奮上工的人。那是祖父渴望成為的人，一群致力於服務人群的人，他將自己隱藏在這個名字之下。

＊＊＊

祖父在一九二七年夏天回到中國。第一天抵達家門時，他的父親在村內大肆慶祝自己最鍾愛的兒子歸鄉，這個從美國回來的兒子為家族帶來榮耀。第二天，管家拿出傳統家族教訓兒女和奴僕的家法——一根木棍，重重地打祖父。因為他在美國沒有得到父母的允許就私自從研讀文學轉到礦業工程，即使他的父母相隔一萬多公里遠，而且一點也不清楚美國大學的制度。在中國家庭裡，父親的話就是聖旨。祖父那回被打得很慘，好幾天都沒辦法坐在椅子上。

祖父的父親希望他留在家幫忙管理家族產業，但是這位年輕人拒絕了，他不想和家族產業有任何的牽扯，所以他想盡辦法逃走。他在中國東北位於哈爾濱附近的穆棱礦業找到擔任採礦工頭的工作。

一九三一年，日本軍隊進攻滿州南部，六個月之後整個地區完全被日軍佔領，並成立實質為日本控制的「偽滿州國」。當日軍繼續往西南攻進時，祖父逃到南方邊境隔離滿人及漢人的關內。一九三七年，日軍持續侵略中國其他領土，沿著公路及鐵路沿線進攻北方及東方各大城市。中國將中央政府移至內陸地區，我的整個家族也跟著遷移，離滿州的家鄉越來越遠，子孫們將來只能從故事和歌曲中認識故鄉。

脫離了我的家鄉，
拋棄那無盡的寶藏，
流浪！流浪！
整日價在關內，流浪！

戰爭迫使百萬人民流離失所，在對日抗戰（或稱第二次世界大戰）的八年間，國民政府的首都遷移了兩次——先是從南京到武漢，然後在一九三八年又移到重慶，深居中國西南，遠離現代通訊及交通動脈；日軍必須冒險離開補給線才能繼續跟進。在群山環繞之下，中國政府堅守陣營，等待同盟國的軍隊打敗日本軍。

戰爭在一九三七年爆發，祖父在離四川省八百多公里遠的河南礦區擔任工廠經理，協助戰時物資的運送。身為國家資源委員會的一員，他被派遣到遙遠的礦區監督戰略物資的生產。祖父經常自願前往各地，然後等時局安全時才寫信告訴祖母過來會合。他們的五個子女也都出生在不同的礦區小鎮，長女奈麗在哈爾濱的煤礦區出生，那是祖父從美國回來之後工作的地方；路克伯父和我父親在河南省的採礦區降臨到這個世界；艾琳阿姨是四川礦區；里歐叔叔則是在湖南。這些孤立的地區在在顯露出祖父的理想主義思維。當時從國外回鄉的留學生，大多住在大城市裡，但是我的祖父認為他在這些落後地區的工作更重要。

在混亂不安的戰爭中，個人的關係也隨著更迭，而世界上最容易的事情，就是和某個人失去聯絡。祖父可能舉家遷到一個新的地方，然後帶孩子至學校報到，幾個星期之後又要離開。路克伯父告訴我，他在小學六年級的時候總共搬了七次家。當時想要和家裡的人聯絡也很困難，為了繞過敵人的封鎖線，寄回滿州的信得繞一大圈才能寄到；更令人驚訝的是人們相遇的緣分。戰爭末期的某一天，一位名字叫做趙鴻志的俊俏大學生走進重慶礦業局的食堂裡，他認出了我的祖父，他的家族和我們家族是十年前一同在河南煤礦廠的朋友。祖父邀請趙先生到家裡共進晚餐，之後他開始追求我的奈麗阿姨，他們還是小孩的時候就認識彼此。

家人們也在戰爭中重新凝聚在一起。當祖父的大哥待在老家管理家族產業之際，他的兒子張立教在祖父一家住在北京的時候到這兒來就學。依傳統中國的家族觀念，父執輩的表親等同兄弟一樣親密，所以祖父幫立教找了房子安頓下來，也替他付學費。從小時候開始，父親和路克伯父就非常崇拜「立教大哥」。當祖父一家為了躲避日軍而搬到重慶時，立教也跟著搬去。

戰爭對祖父而言是一段令人沮喪的日子。戰爭造成死亡和破壞，也導致了機會的錯失、停工和破損的房舍。偶爾他也不禁懷疑自己的努力是否值得。

7月17日，一九四〇年

這幾年的日子過得很快，但沒什麼意義。首先，因為在山裡住久了，和外面的世界也脫節了，所以我沒有朋友。再來是我的人生沒有其他志向，我只懂得煤礦和採礦。生命的最終目標到底是什麼？我尚未有定見。我已經這樣度過了四十二年的歲月，實在應該感到懊悔與遺憾。

一九三九年夏天，我的曾祖父張雅南病倒，因此從省政府所在的吉林市回到家鄉。身為一個顯赫家族的大家長，他的葬禮想必盛大隆重。但是曾祖父特別交代幫他穿戴白色的袍子、白色的帽子、腳穿草鞋，猶如僧人的簡樸打扮。帽子上還寫著「抱憾終生」四個大字，表達國土仍被日軍佔領的哀傷。我的祖父一直到第二年才知道自己父親的死訊，讓父母葬得其所是身為孝子的主要責任，但是戰爭讓返鄉葬父變成一件不可能的事。

3月24日，一九四〇年

我對父親已於這個月五號過世的消息感到萬分震驚，他在去年夏天發現胃裡有一個腫瘤。父親在冬季裡的那三個月，每天只能以奶粉代替三餐。他在病榻上盼著我們歸來。他今年七十五歲了，之前的身體一直都很健康，應該可以活到八、九十歲。只因家國的災難讓他憂煩操心，以致加速生命的終止。我們不能再和敵人共處於同一個天空下……

我從一九三一年九月十八日離開家，到現在已經九年了。我的祖父和父親相繼去世，我的生活也有了劇烈的改變。身為一個兒子和孫子，我該如何回報我的國家，該如何報答我的祖父和父親。

清朝滅亡時祖父四十五歲，張雅南已經活得夠久而眼見他知道的世界逐漸消失，並被另一個女兒們期待踏上的新大陸所取代，他的兒子們也離開年邁老父到異地工作。他不曾首肯兒女們的決定，或許兒子離家時他們之間曾有過憤怒與辛酸。但是一個傳統中國人的日記可不是揭露個人隱私之處，身為兒子的也不會寫這些事情。

＊　＊　＊

日軍於一九四五年投降時，我的家族住在重慶。重掌滿州已開發的工業基礎是國民政府的當務之急，祖父和一位名叫孫越崎的同事被指派監督東北礦區歸還中國政府。這個地區的主要資產奠基於一個名為「撫順」的偏遠小鎮，此鎮是中國最大的煤礦產區，也是當時全世界最大的露天礦。

這是一個危險的工作，雖然戰爭已經結束，但是另一場爭奪戰正悄然展開。國民黨和共產黨之間的衝突在戰時勉強相安無事，但如今已到一觸即發的地步，東北儼然成了主要戰場。共產黨先佔上風，由於得到戰後進駐東北的蘇聯軍隊的協助，共產黨的游擊隊迅速搶下滿州，也接收戰敗日軍留下來的武器。在國土的另一端，國民黨軍隊在戰時的重慶基地根本還來不及回防。

孫越崎原本被派遣至撫順礦區監督礦產回歸中國政府的工作，但是他編了個藉口，自稱還有其他工作，所以推薦我的祖父代替他。祖父應該覺得這項工作有如命中註定吧，因為終於有一項工作讓他在經歷了海外留學生、礦業專家、滿州流亡客之後，以愛國者的角色一展所長。祖父接受了這項任務，不過並沒有告訴祖母他要到哪裡去。在離開重慶的路上，祖父先到他的女兒，也就是奈麗阿姨住宿的高中和她道別。奈麗阿姨當時只有十五歲，她對這次的離別並沒有想太多，因為她的父親以前就經常離家到其他地方工作。

祖父於一九四六年的一月七日抵達東北最大城——瀋陽，這是他十五年來第一次再度踏上家園的土地。他的一位老朋友董文琦是當時的市長，他警告祖父要小心一點，「你是從重慶來的，」他說：「你不知道這裡的情形。」祖父對和蘇聯方面的接觸也不敢掉以輕心，俄國人告誡他必須先等撫順的安全狀況好些之後再進駐，所以祖父在瀋陽等了一個星期。

謠言開始傳了開來，人們說祖父躲著不敢出現，他一路到瀋陽來什麼事都沒做。一月十四日清晨，祖父在東北經濟委員會的上司打電話來詢問尚無任何進展的任務；被誤會是個懦夫的祖父，決定當天帶著六位採礦技師和幾個當地鐵路局警衛一起到礦區。在蘇聯軍隊和中國共軍的監控下，他們一到礦區幾乎馬上成為階下囚，兩天之後還是沒有任何進展，然後有人要他們離開。一月十六日傍晚，祖父一行人在衛兵陪同下搭乘蘇聯火車回到瀋陽。晚上九點，武力軍隊將火車停靠在撫順西方的一個偏僻車站，他們命令祖父和他的同事下火車，強行將他們押到鄰近的一處山坡。在滿州荒野的黑暗冬夜裡，祖父一行人被軍隊以刺刀刺死。

根據當時地方的報紙報導，祖父在臨死前說了這幾句話：「我授命於中央政府，」他說：「在執行任務中身亡，我死而無怨。」

＊ ＊ ＊

重慶方面尚未接到任何消息之前，祖母有一天到廟裡詢問失蹤丈夫的生死，她先擲筊，然後抽了一支籤。籤上有從上上籤到下下籤的排序，以及一個和籤詩相對應的數字，籤詩上的字句解釋通常很模糊。

那天，祖母抽到下下籤，籤詩上的字句寫得非常清楚，當年只有十歲的父親經過六十年後的現在還記得籤詩上的一字一句：

往日航行的舵已然消逝，
如今仍在茫茫大海中追尋，
即使能再尋獲原來的一切，
你的心也已歷經滄桑。

祖父一行人被刺殺的消息在瀋陽到處謠傳，祖父的朋友董文琦市長接到駐紮此區的蘇聯軍事指揮官的電話，請他到總部一趟。他在四十年後回想起當時的情況：

我看見一輛卡車載著用黑布包裹起來的棺材停在廣場中央，
我跳上車打開棺材，躺在裡面的人的確是莘夫。
他身上還穿著我和他一起在北平（北京）訂做的深藍色中山裝。
他的身上被人刺了十八刀。

祖父的屍體被刷洗過，並拍了照片；從照片中可以看出身上無數個刀傷，他的雙手還有被捆綁的痕跡。祖父的棺材被送到瀋陽的關帝廟三個月，供民眾瞻仰。他被刺殺十八次的斑斑血衣被掛在廟裡供民眾憑弔，董文琦如此寫道：以激起人們對敵軍的憎恨。祖父的遺體照被四處發送，這也是為了宣傳。祖父被刺殺的消息在一九四六年二月正式宣佈之後，中國各大城市的學生們集體遊行，要求蘇聯軍隊撤離滿州。據估計，重慶當地有兩萬個學生抗議那次的暗殺，並極力反對蘇聯佔據東北地區。三月五日，邱吉爾在半個地球外的美國密蘇里州富爾頓（Fulton）發表著名的「鐵幕演說」，即以蘇聯在滿州的惡行為例。

這樁謀殺案從未破案，國民黨始終認為是共產黨為了警告中央政府遠離滿州所下的毒手，但共產黨說這是國民黨故意製造暗殺來激起民眾對共產黨的反感，蘇聯政府則把罪行怪到地方盜匪身上，沒有一方願意承認是他們殺害一群手無寸鐵的平民，這種懦夫的行為，似乎是中國政治操弄的做法。到底是為了什麼目的不得而知，但是其中的意圖很明顯：舊戰爭已經結束，新的爭戰即將開始，而祖父的死正是未來殺戮不斷的開端。

祖父的兒女們仍記得當初聽到這個消息的情景。在一個冬日下午，他們的母親被一位朋友叫出家門，她回來的時候立刻跑進房裡放聲大哭，孩子們都聽到了。她走出房門把孩子叫到身邊，然後說出他們的父親已經被殺害的消息。「別擔心，」他們的母親告訴大家：「我在這裡。」她也在孩子面前誓言不讓他們再看見她流眼淚。

祖父死後，祖母開始了她的公眾生活。在某些方面來說，這個舞台非常適合她堅忍不拔的人格特質。她被選為國民大會代表，大部分的時間都待在首都南京。她在這期間曾設立一間煤礦經銷廠，以支撐家裡的開銷。她也說到做到，兒女們再也沒見她哭過。然而祖母的一頭黑髮變灰白，也開始經常抽菸；對孩子們來說，他們的母親突然在一夜之間變老。**即使能再尋獲原來的一切，你的心也已歷經滄桑。**

祖母始終認為是共產黨殺害了她的丈夫，她說孫越崎——祖父那個原本應該到撫順去的朋友，才是應該死的人。但是孫越崎活下來了，他在一九四九年投入共產敵軍，並加入中國國民黨革命委員會，但這不過是個無權政黨，它的存在只是為了虛構中國並非單一政黨國家。幾年之後，父親說孫越崎曾和他接觸過。

我到美國之後在IBM工作，孫越崎寄了一張聖誕賀卡給我，他希望在我下一次到北京的時候見一面。我沒見他，我拒絕和他見面。

孫越崎在中華人民共和國政府任職一段很長的時間，並活到一百零二歲。

＊　＊　＊

祖父的葬禮遲至一年多後才舉行。一九四六年，第二次國共戰爭爆發，六台地區的戰爭激烈，第一年間就經歷了三次政變。國民政府終於決定將我的祖父葬在清朝第一任皇帝陵寢之處的瀋陽公園，只有三個兒子參加了葬禮，艾琳阿姨六十年之後提到這件事還很憤慨。參加父親葬禮的這段旅程，是父親、路克伯父，和當時才六歲的里歐叔叔第一次到「關外」，然後再到滿州。男孩們的立教表哥已經是北京大學的講師，他也陪著祖母前往。

葬禮中有武裝衛隊駐守，因為謠傳共產黨想要剷除整個家族，就像君主時代的抄家滅門。超過一萬個民眾列隊瞻仰躺在檀香棺木內的祖父，當年十歲的父親還記得那時人群激動的景象。祖父被安置在北陵園內靠近神道的地方，神道兩旁依序列有巨大的擎天柱、石獅、石麒麟、石馬等供死後的皇帝差遣。「張莘夫先生之墓」這幾個字，被刻在一塊小小的黑色大理石上，這就是祖父的墓碑。墓碑的右邊有一座高大的石碑，傳統上是用來描述逝者生前的事蹟，歌頌他的為人和品德。

國民政府草擬了一份指責共產黨害死祖父的言詞準備刻在石碑上，但是被我的家族否決。就像當時大多數的青年知識份子，立教是共產黨的狂熱支持者，他一點也不相信國民政府的說詞；祖母也拒絕這份官方說法，不過她的理由比較務實，她認為共產黨可能贏得勝利，到時候一座指控新政權涉及政治謀殺的碑文可能會為家族帶來殺身之禍，所以她覺得還是什麼都不說的好。

葬禮過後的一九四七年末，我的家族搬至北京。一年後，瀋陽和東北相繼淪陷，那時候我們一家已經逃到了臺灣。共產黨奪得政權之後，立教轉調至哈爾濱，接下來整個中國陷入政治鬥爭中，個人在未經政府允許之下，也不得自由旅行。所以我們在瀋陽已經沒有家人能夠看顧祖父的墳墓，墳旁的石碑在五十年之後也依然一片空白。多年來，瀋陽知道這個事件的人不是搬走了，就是已經過世，這座石碑也成了城裡人口中的「無名碑」。

＊　＊　＊

中國共產黨的階級改革在一九四六年夏天橫掃六台，他們煽動滿州鄉民掀起「階級鬥爭」，沒收地主的土地和牲畜給最貧苦的小農。第二波土地改革在一九四七年秋天展開，為了徹底剷除地主階級可能隱藏的資產，他們指使鄉民在「鬥爭大會」中公開詛咒、羞辱、毆打被推上台的地主。第三波更極端的批鬥始於一九四八年，無數被冠上「改革敵人」的人在這一次鬥爭中喪命。中國共產黨認為這些兇殘的暴行是打破舊制度的必要手段，毛澤東在一九二七年的一篇關於農民起義的論文中寫道：**為了改正錯誤，激進行為是必要的，否則錯誤就無法被改正。**

六台的共產黨員和村民攻擊家族的新發源宅邸，他們拆除木造屋簷，放火燒光書房裡的書，還將祖父學生時代蒐集的礦石樣本全丟進河裡。新的鄉政府強佔宅院東廂做為辦公室，西廂則改成倉庫和碾米廠。幾戶貧窮鄉民搬進西廂後面的廳堂，那是家族從前祭拜祖先的地方。

祖父的大哥張奉恩在鬥爭爆發時逃到鄉下，後來又逃到北京和祖父的表哥立教及其他的家人住在一起。張奉恩過去身為世族長子又是大宅主人的身分，在北京完全不管用。我的祖母時常責備他的懶惰和跟不上時代，還抱怨他把痰往地上吐的壞習慣。他對這些批評沉默以對。他知道自己在這裡的地位不過是一個從鄉下來的老頭子，他已經失去了長子與生俱來的權力。

不過小孩都很喜歡他，因為他會說很多關於家族大宅的故事。

「你有很多老婆嗎？」男孩們興奮地問東問西，當然只有在他們母親聽不到的時候。「沒有，只有我父親有很多老婆。」老人似乎有些遺憾地回答。

類似六台鄉村的革命鬥爭，揭開了共產主義時代的群眾運動。政治鬥爭一波接著一波，而且一次比一次激烈；暴力行為被視為讚揚革命的極致表現。歷史未曾對一九四〇年代的土地改革以及被摧毀的生命多所著墨，或許是因為類似的事件之後也在城鎮發生，而且奪走更多顯赫人士的生命。歷史學家也不曾注意到像我叔公這樣的人，他們被迫逃離家鄉，在來日不多的餘生裡，只能像個客人般借住在別人的家。叔公的老婆命運更慘，當她丈夫逃到北京的時候，她被留在鄉下，因為那是她該待的地方——一個女人不應該拋頭露面，女人家應該待在家裡。一九四〇年末期，我的姨婆在革命暴力席捲家鄉時被毆打致死，下手的大都是她認識一輩子的人。我甚至不知道姨婆的名字。

＊＊＊

父親的北京和我的不一樣。幾年前，他和母親到北京來看我，我們開車到東北邊的鄉下。父親在車裡攤開一張地圖，大聲唸出幾個城鎮的名字：古北口、喜峰口，這些著名的關口是明朝建立萬里長城時所設立的，我知道這兩個地方都是夏季週末熱門的觀光景點。但是對父親來說，這些地方是人民解放軍圍攻北京時，未戰即降的城鎮，那年他十二歲。

「北京城沒有戰爭，」父親對我說：「妳知道為什麼嗎？因為駐守在此的將軍對蔣介石不忠誠，他們全投靠到共產黨那一邊。」

我的祖母說得沒錯，一九四八年秋天，中國共產黨贏得勝利。當軍事一再失敗，各地叛變四起，人們聚集在邊境準備逃離家園。距離中國海岸一百六十公里遠的臺灣島，成了可能的避難所；上海商人則選擇到屬於英國領地的香港。有些人考慮撤退到西南方，那裡曾在日軍侵略時保護中國政府；這些撤離到重慶山區和廣西省，以及逃到越南邊境的人，想著或許有一天他們能反攻奪回失去的家園。

許多家庭在共產黨進佔之前就已四分五裂，父親可能帶著長子先離開，母親和其他孩子則留在家鄉等待；或者先將最小的孩子留給家鄉的祖父母照顧，然後其他人先行逃難。每個人都以為這些分離只是暫時的，大家都預期國民黨不久之後將再次奪回政權。祖母對該逃到哪兒舉棋不定，所以她又再一次來到廟裡，廟籤告訴她：去臺灣。

一九四八年秋天，蔣介石和她的妻子宋美齡抵達北京，他們到清朝興建的避暑皇宮——頤和園參觀。奈麗阿姨的男朋友趙鴻志剛好也在那一天到頤和園旅遊，他在總統和夫人最後一次行經此處的花圃和涼亭，並在楊柳低垂的湖邊駐足時拍了一張照片。隔年，在全國幾乎相繼淪陷之際，蔣介石將首都遷回戰時的基地重慶，許多家庭也跟著他離開，接著又遷都到成都。最後，在一九四九年的十二月，蔣介石搭機飛往臺灣，並在那裡成立一個新政府，遺棄了跟隨他到最後的人民。

不是每一個人都想離開中國。我的祖母請立教和趙鴻志跟著全家一起到臺灣，但是他們都拒絕了。趙鴻志當時是個大學生，立教是大學教授，他們就像那時的許多知識青年一樣支持共產黨，並期待能夠建設一個嶄新的國家。我的父親和路克伯父年紀還小，沒有什麼政治觀念，但趙鴻志和立教已經是大人，他們決定了自己的命運。

根據家裡的說法，奈麗阿姨也不想離開。當時還是高中生的她，在家族期盼和支持共產黨之間掙扎；她愛她的男朋友趙鴻志，也相信革命的必要性，所以最後計畫留下來，但是趙鴻志說服奈麗阿姨必須幫助她的母親和四個小孩。他們兩個人相約無論未來結果如何，都要在市區銷量最大的報紙上刊登「尋人啟事」，這樣他們就能再一次找到彼此。

「那根本是瞎話！」我最近和奈麗阿姨提到這個故事時，她說：「他要我先帶小孩們到臺灣，然後再回中國。」

身為家中的長女，奈麗阿姨一直是她父親的最愛。她也不負當大姊的責任，把自己的志向放在最後。我問她在一九四八年的夏天是否希望留在中國的時候，她隨口說：「我不在乎離開或是留下來，我只知道自己有責任照顧還小的弟弟妹妹。」

一個北京的夏日午後，我拜訪了奈麗阿姨的前男友趙鴻志，八十歲的他剛搬進離我住處一條街遠的公寓大樓。他的太太也在家，那是我第一次和她見面。她迎接我的時候臉上沒有任何表情，畢竟我是她丈夫以前女朋友的姪女，而且要到她家來懷念往日時光。

趙鴻志在自家客廳謹慎地談論他的童年，還有和我們家族的交情。他的太太在房裡來回走動，最後終於在客廳旁的餐廳飯桌邊坐下來看報紙，然後偶爾抖抖報紙，提醒我們她還沒看完。由於公寓大樓的空調系統還沒裝設好，所以室內非常悶熱。

「奈麗阿姨曾參加共產黨的活動嗎？」我問他。

「沒有，」趙鴻志說：「她只是個高中生。」

「可是我聽說她其實不想離開中國。」

「她的確不想離開。」

我偷看趙鴻志一眼，他腰桿挺直地坐在沙發上——宛如一個軍校生，驕傲之情溢於言表。他沉默地伸出拇指，如匕首正中目標般抵在胸前。另一間房裡安靜無聲。

一九四八年秋天，國民大會仍在召開中，但共產黨的軍隊逐漸逼近，祖母在南京慌亂地想辦法讓自己的兒女離開北京。到上海的船票已經賣完，機場也早已關閉，祖母趕到空軍總部求見周至柔將軍，事到如今，她也只能孤注一擲。「我的丈夫為國身亡，」她說：「我必須把我們的孩子救出來。」她的兒女們搭乘DC-3軍事運輸機從北京抵達南京，運輸機在市區臨時改成跑道的大街上起飛。那是最後幾架飛離北京的飛機之一，時間是一九四八年十月。

趙鴻志也來送行，當載著他心愛的人的那輛運輸機在空中呼嘯而過時，他正騎著腳踏車往回家的路上，那一幕有如「北非諜影」電影中的場景。多年以後，趙鴻志在一篇文章中寫著：

我眼見童年的青梅竹馬遠離，她是天津南開女子中學的學生。

當飛機起飛並從我頭上飛過時，

我正騎著腳踏車從機場經過北京動物園回家。

我告訴她將在一個星期後到「解放區」，那時候，我以為自己這麼做既英勇又帥氣。

趙鴻志收到奈麗阿姨從臺灣寄來一封信，她決定主修外國語言，這也是他認為適合女性的科目。之後，他再也沒聽到她的任何消息——臺灣和中國在此後的四十年完全不相往來。奈麗阿姨離開以後，趙鴻志辭去教職和幾位學生到北京外圍的解放區，然而那裡早已經在共產黨的控制之下。他改名叫做趙立生，意思是「重新建立生活」；在革命期間換姓名是很普遍的事，那代表著和過去一刀兩斷。那年冬天，學生們跟隨共產黨的軍隊進入首都，趙鴻志也在教育單位找到工作。然而在一九五七年當局針對知識份子進行批鬥的反右派運動中，趙鴻志不但失去工作，還被遣送到鄉下勞改。他在那裡待了二十年，當他重新恢復教職以及共產黨員的身分時，已經五十多歲了。雖然他那時候已經不想加入共產黨，但是也不敢拒絕。

我從未聽趙鴻志說他後悔留在中國，後悔不是中國人的作風，要後悔的事很多，但沒意義也於事無補。令人難以了解的，是趙鴻志似乎對自己的決定感到驕傲，即使之後發生的許多憾事也無損那些珍貴的時光。「我想留下來幫助中國，」他告訴我：「我們那時候都是理想主義者，誰能說那錯了？」

＊　＊　＊

載著國共內戰難民到臺灣來的船隻叫做「盛昌號」，奈麗阿姨帶著三個小男孩和一個曾是父親乳母的家僕先離開，孩子們叫她王媽。這段海上旅程歷經兩天兩夜，幾乎每個人都暈船。當船抵達基隆港時，奈麗阿姨看見幾個她父親以前的同事和學生來港口找他們；港口的官員不讓沒有身分證明的人下船——即使在國共交戰的混亂時局裡，中國的官僚政治依然橫行，可是三個小孩都沒證明，奈麗阿姨快急瘋了。忽然她看見船上的工作人員拖著行李從另一邊的出口下船，她馬上牽起三個男孩跟著走。裹小腳的王媽看著窄小的通道，深怕跌倒而裹足不前，「妳一定要走，不然我們會被送回去。」王媽服從了奈麗阿姨的命令。那艘船後來真的把一些人又載回中國大陸去——這些人曾距離臺灣只有幾公尺遠，往後卻只能生活在共產中國的陰影之下。我的祖母和艾琳阿姨兩個星期之後也抵達臺灣。

臺灣島從來就不是他們的家，他們以為直到收復失土的那一天以前，這裡只是暫時棲身的地方。這些從中國來的人被稱為「外省人」，意思是從外來省份來的人。他們和臺灣人隔地而居，也沒學會說臺灣話。這些孩子們在學校學的是中國的河川、山脈，唱的是他們可能從來沒看過的萬里長城，**我們心中的長城已相隔萬里遠**。他們的祖先和孩提時的故鄉已成回憶，只是一個想像中的地方。

我的父親在臺灣住了十一年，幾乎和他在中國的時間差不多。當他向我敘述家族故事的時候，光在中國的部分就說了好幾個小時，而臺灣則濃縮成三句話。

我們在台北住了六個月，然後搬到台中。

我們只有過農曆年的時候才吃雞肉，夏天吃兩、三次西瓜。

我的母親死的時候是個立委。

我們一個接著一個到了美國。

祖父遇刺身亡之後，政府設立了一個捐贈基金資助我們家，祖母將那些錢換成金條和中國基金；中國基金後來成為一文不值的廢紙，但是金條讓家裡的經濟狀況得以維持了好幾年。父親還記得，**逃難的時候我們把金條全藏在褲腰帶裡**。由於他們是國家烈士的遺孤，政府不但負責每個孩子的學費，還替他們支付買制服的費用。

祖父逝世四週年時，已經是大學新生的奈麗寫了一首詩被刊登在《自由時報》上，這是國民黨的報社：

四年了，父親，
您墳上的草長了，
北國的平原也覆上了一層冰霜，
您的孩兒啊，在海上的島嶼流浪，
寄予您無盡的思念。

東西不見了，

可以再找回來，
但是我不見的
是父親的愛，
衣服破了可以再補，
但是啊，這次破的，
是我的心。

一月十六，四年前的今日，
人們高唱勝利之歌當天，
您卻成了第一個犧牲者，
遼寧，撫順煤礦廠——
一個沒有人敢去的地方，

但您……

或許這正是您常說的，
「活著，必須活得勇敢，
死了，也要死得其所。」

「路是人走出來的，
成功要靠自己的努力。」

是啊，
那些流不完的眼淚，
說不盡的心酸血淚，
那些無法抹滅的血債，
和永遠無法平息的痛楚，
都化為活下去的力量。

但是我好恨呀！
父親。

許多人寫信給奈麗阿姨，說那首詩讓他們很感動。其中一個自稱「敗家子」的年輕人，寫了很多首他自己寫的詩給奈麗。他的詩超越了奈麗的哀傷，「妳父親的死，」他寫著：「將激起每一個人肩負國家使命的責任。」那位年輕人不知道奈麗的地址，所以就在信封上簡單寫了：張愛蕾，台北市，臺灣大學。

大喊出來是憤怒，
但是沉默才是力量。
訴說心裡的哀傷是心灰，
但是只有受過淬鍊才能成鋼。

暴風過後，
海面一片平靜，
但是在海的深處，
海水無聲的流動著。

收起妳的哀傷，
即使一支筆也能成為一把槍。

這仇恨，
這血債，
是什麼樣的虧欠啊！

這不只是妳的，

也不只是他的，
更不只是我的。

這是屬於每一個人的，
有骨氣，
有血有肉，
有人的形體和一顆心，
還有靈魂的人啊，
這是屬於我們所有人的！

＊＊＊

奈麗保留了這首詩，她覺得這首詩寫得比她的還要好。第二年，這位年輕人成為臺灣大學的一年級新生，兩個人也見了面。他的名字是趙彥奇，最後成了奈麗阿姨的丈夫。

＊＊＊

留在中國的人過得並不好。一九五〇年，共產黨贏得勝利之後，父親的立教表哥娶了一位名字叫做朱淑蘭的護士，隨後搬到了哈爾濱，立教在當地一家農業大學當教授，他們有兩個兒子和一個女兒。一九五七年，毛澤東在一場演說當中鼓勵知識份子對共產黨的表現提出批評；任職大學院長的立教公開建議黨中央應該重視知識份子的技能和才學，他說：一個人的知識水準不應該被用來做為革命忠誠度的標準。

他的發言很溫和，但在當時的情況下卻足以致命。共產當局對批評的聲浪感到震驚，連原本鼓勵人們勇於發言的毛澤東也翻臉，五十多萬人被冠上「右派份子」的罪名，他們有的被解雇，有的被送到鄉下進行勞改。立教失去院長的職位，薪水也被減少。他直率發言的罪行因為他的出身更罪加一等──他的父親和祖父都是滿州的地主，親戚又逃到臺灣；這些家族背景讓立教在共產黨的眼中永遠有問題。

立教的兒女上小學時，已經知道自己有個壞出身。學校填寫的每一張表格裡，都有一欄「階級」要填，他們會寫上「地主」兩個字，彷彿召喚一個遠在他們出生前早已不存在的家族財產。學校老師會故意找地主小孩的麻煩，其他學生也用言語進行階級鬥爭，他們對著地主的小孩大喊：「你的爸爸是右派份子，你們家是地主！」世族一直是中國人想追求的地位，但是在毛澤東的政權之下，中國的階級制度有了一百八十度的轉變；現在，家族社會地位愈高的人，下場愈慘。

一九六六年展開的文化大革命，更進一步加劇這場階級秩序的戰爭。中國的領導者和思想家一個世紀以來費盡心思地努力思考如何讓傳統融入現代社會，而文化大革命直接提出一個簡單的解決方法：把舊的都丟掉。接下來的十年裡，激進的紅衛兵暴力毆打，甚至殺死自己的老師；

十七萬個學生自願下鄉勞動；從前被視為成就與未來出路的教育，現在則被認為是「反革命」的象徵。文化大革命就像將古董花瓶狠狠摔在牆上般，將中國人珍藏的每一樣東西粉碎殆盡，而從祖父那一代和之前好幾個世代所推崇的道德觀與倫理，也至此淪喪。取而代之的，是激進的情緒。

當文化大革命終於結束，領導人也改由較為務實的鄧小平接替之後，中國人民發現自己的生活空無一物，所有的信仰與信念被剝奪一空，空白得像個新生兒；而眼見被徹底損毀的國家，他們需要想辦法重新開始。

一九六八年，紅衛兵來到祖父在瀋陽的墳前。他們挖出棺木，丟棄屍骨，打破墓碑，然後狠狠撞擊石碑的底部，直到底下裂開為止，但是整個石碑還是很完整。似乎沒有人知道那座石碑是什麼，因為上面一片空白。

＊　＊　＊

家裡的孩子一個接一個到了美國，就像他們的父親一樣。但是祖父出國是為了有朝一日回國幫助建立家園，他的孩子則是離開家鄉發展各自的未來——更何況他們也沒有中國可回了。移民的旅費一部分靠向朋友借貸，一部分靠祖母用祖父死後大家捐的錢所買的金條變賣。祖父的死換來兒女們前往美國的旅費。

那時候如果要到美國（父親告訴我），你的銀行帳戶裡要有兩千四百元美金，一直到你畢業為止。大姊去的時候還沒問題，家裡的存款加上跟人借的一些錢，我們湊齊了兩千四百元美金。大姊花掉一些，但是她後來又把錢補齊，所以路克又拿著這些錢去美國。他們相差四歲，但是路克和我只差兩歲，所以輪到我出國的時候錢還沒湊齊……

家裡有一個黃色的箱子，是放金條用的，可是裡面也漸漸空了。

我們只好向親友借錢，但是沒有人願意幫忙。我們的父親已經不在了，他們又何必幫我們？

我到處去借錢，我記得到一位父親的朋友那裡，我坐在他家，他們全對我視而不見。最後，才對我說他們的父親不在家，但是我知道他正在吃午餐。

湊到錢之後，下一件事就是等簽證。任何要到美國的人，都必須到美國在台協會保證自己完成學業之後就會馬上回臺灣。

我在一九五七年畢業，接著服了一年半的兵役，一九五九年退役之後，我每天帶著一本小說到台北的美國在台協會，

等著裡頭的人喊名字。然後大概五點時會有人叫我的名字，
告訴我時間已經晚了。六個月之後，我終於拿到簽證。

我的祖母催促她的孩子們離開。她覺得臺灣太小了，美國才是繼續接受教育的地方。但是坐船穿越太平洋的旅費實在太貴，他們根本花不起第二趟的錢。祖母每一次和其中一個孩子道別時，心裡明白這也是最後一次。

遠在一洋之隔的孩子們也不負祖母的期望，繼續專注在他們該做的事情上。女孩有比較多的自由選擇她們想要學習的項目，奈麗阿姨主修教育，艾琳阿姨則是英文。父親是家裡最能言善道的一個，他想主修政治和法律。但是祖母希望男孩們能像他們的父親一樣攻讀科學和電機工程，這也是當時成績最好的留學生選擇的科系。路克伯父高中畢業的時候，祖母對他說：「你想讀什麼？我希望你能跟隨你父親的腳步。」路克伯父說他願意。祖母給他一本書名叫做《野外地質學》的書，那是一本三十年前的舊書，是祖父在美國讀書時的教科書。那是路克伯父第一次、也是最後一次和母親討論自己的未來。

祖母知道每一個孩子的優點和缺點，她也如實告訴自己的孩子。奈麗阿姨很聰明，但是缺乏耐心追求她想攻讀的醫科；路克伯父雖然個性頑固，但是適合往學術界發展；而我的父親聰明但是話太多；艾琳阿姨很勤奮，可是愛哭；里歐叔叔功課不好，但很有生意頭腦。後來證明，祖母說的這些都是真的。奈麗阿姨放棄醫學，成為小學和特殊教育的老師；路克伯父長大後成為地質學教授，並擔任馬里蘭大學的院長；我的父親先攻讀電機工程，之後改唸物理，學成後在IBM擔

任科學研究員，後來成為香港科技大學的副校長；而小時候常被哥哥姊姊弄哭的艾琳阿姨變得很強悍，成為製藥界的女強人，後來還掌管一家生技公司。最年輕的里歐叔叔則成為臺灣成功的富商。祖母似乎以她的方式決定了每一個子女的命運。

祖母在一九六五年因肺氣腫過世，那年夏天艾琳阿姨用哥哥姊姊們合資的錢買機票回臺灣看她。祖母在病榻上告訴艾琳阿姨，她把孩子們從美國寄給她的錢全存起來，現在她想要給她最小的兒子。里歐叔叔是唯一沒到美國的小孩，因為他的兄姊全都違背當初保證會回臺灣的誓言，所以美國在台協會拒絕給里歐叔叔簽證。祖母告訴艾琳阿姨她準備好的壽衣放在哪裡，「現在幫我穿上，」她說：「如果等我死了才穿，會很難穿上。」祖母每一件事都打理得好好的，一直到最後都是如此。

＊　＊　＊

父親在一九七五年第一次回到中國，他當時是美國科學院物理代表團的一員，這是美國代表第一次造訪中國。當時的美國與中國並無邦交，科學似乎是一個中立的研究領域，也不需要兩造的政府介入——就這樣，科學引領我父親到了美國，又帶著他回到中國。父親當時三十九歲，而他離開中國時才十二歲，此時的中國已經有了全新的面貌。在一場全國的運動會上，當播報員宣佈「吉林省」的運動員出場時，全場的歡呼聲讓父親從小在臺灣被灌輸的反共意識霎時消失無蹤。「我覺得這才是中國，」他告訴我：「那些年來他們告訴我臺灣是中國，但這裡才是真正的中國。」

父親以為激進的年代已經結束了。父親的代表團後來參觀了一間人民公社——他事後才知道那是假造的，是專們給觀光客看的。到大學校園參觀的時候，父親對學生竟然向老師頂嘴這件事感到很驚訝，這應該是文化大革命的影響，不過父親覺得這也算是一種進步。父親有一天到他以前的中學造訪，那所學校在故宮東邊不到一公里遠的地方。當他在門前張望時，一位穿著拖鞋和T恤的人走出來，他是學校革命委員會的主任，那時相當於校長的職位。那人問父親一個問題：「坐火車到美國要多久時間？」

父親要求見他的表哥立教，他告訴負責接待的人說立教在一九四〇年代在北京大學教書，不過自從分開之後就不知道他現在的情況。根據那個人的回報，立教已經搬到遙遠的西北方，所以父親沒辦法見他。但那是個謊言，父親後來才知道立教和他的妻子就住在哈爾濱市的東北邊，不過在當時的局勢下，和外國人見面會讓他們陷入政治危境。

雖然文化大革命已經到了最後的階段，但還是能導致許多損害。當時的中國總理周恩來因癌症住院，文化大革命中最殘暴的餘黨「四人幫」執掌政權。有一天，父親無意間聽見接待他的人說四人幫中最投入現代化與重整的鄧小平將要被免職，對方因為太擔憂他們的未來，所以不小心在父親面前說溜了嘴。同年四月，鄧小平第三次、也是最後一次被卸下黨領導人的職務。而在紐約郊區的家裡，我們一遍又一遍聽著父親從中國帶回來的錄音帶。

東方太陽，正在升起，
人民共和國正在成長；
我們領袖毛澤東，
指引著前進的方向，
我們的生活天天向上，
我們的前途萬丈光芒。
父親在一九七九年第二次回到中國，這時美國和中國已經建立外交關係，鄧小平穩握政權，在文化大革命中受難的好幾百萬人重新獲得平反，而其展開的經濟改革也將改變整個國家的面貌。父親再一次請求見立教，這一次他們將立教和他的妻子帶到瀋陽和父親相見。當父親搭乘的火車進站後，他看見立教已經等在月台上，臉上流著眼淚。

立教想知道這三十年來發生的事，父親訴說家人在臺灣過的困苦生活，以及他的母親如何獨立撫養五個小孩，還有其他家族友人在父親死後就不相往來的經過。立教則說他在共產黨統治下的生活好多了。他沒告訴父親自己曾在文化大革命時被冠上資本主義的罪名，押上大街受大家辱罵，接著還被下放到蘇俄邊境的田裡工作。他沒說他的兩個兒子才剛結束十年的勞改回到城裡，還有他們連國中都沒畢業。他也沒說他的父親和母親是如何死的。

立教的妻子私下問父親：「你知道在中國發生的事嗎？」

「嗯，」父親回答：「比妳知道的還要多。」

由於美國與中國之間的科學交流逐漸頻繁，父親之後便常常回中國。一九八二年時，他住在立教位於哈爾濱的家；立教的小兒子還記得我父親站著看了好幾分鐘的晚間新聞，然後說：「我沒辦法看這假新聞。」一九八四年，父親站在天安門的大殿，一起慶祝共產革命三十五週年紀念。

我在二〇〇〇年搬到北京以後，我的父母每年至少會來看我一次。有時候我覺得他們似乎已經忘了如何和中國人相處，他們對這邊建立人際關係的那些沒完沒了的閒談和殷勤有禮的小細節感到不耐煩，也遲遲不和親戚們見面；我知道那些親戚一直焦急地等他們的拜訪。他們偶爾會讓我感到尷尬，父親有一次把我朋友的清潔婦叫成傭人，自從共產革命之後就沒人這麼說了。不過父親和母親知道所有中國的歷史、語言、文學和文化，而且他們似乎具有某種神祕的特異功能，總是能找到城裡最好的餐廳。

當我將家族歷史告訴美國友人時，他們問我為什麼父親還能夠回到中國和那些謀殺他父親的黨羽在一起。我住在布拉格時曾認識捷克流亡人士在美國出生的小孩，孩子的父母因堅決反抗共產主義的決心，所以不願意教孩子學捷克語；古巴難民同樣憎恨卡斯楚，因此只要卡斯楚執政的一天，他們就永遠不回國。但是中國的移民不一樣，無論他們的家族在中國遭受多麼可怕的對待，只要中國政府允許，他們還是想要回鄉。那是因為中國對他們來說不是一個政權或是一群領導者，而是他們內心深處更深刻的一部分，是一個已經不存在的記憶。中國呼喚著他們的——是深厚的傳統，是綿延的語言文化，還有五千年來似乎一再重複輪迴的悲劇與磨難。中國的召喚是如此地強烈，這也是我長久以來如此抗拒的原因。

＊＊＊

那間宅院位於粉子胡同六號，明朝時期曾是北京城的紅燈區之一，這名稱也是因為當時有很多妓女住在這裡而來的。這間房子現在成為一個由地方共產政府管理的養老院——繁榮花園老人之家。這間房子是一層樓的紅色建築，屋頂是黃色的陶瓷瓦，位於一條兩旁屋舍岌岌欲倒的巷弄裡。我打開前門走進幽暗的門廊，來到曾經是中國傳統宅院的中庭。

父親六十年前曾住在這裡，這是他和家人在一九四八年秋天逃離中國以前住的最後一間房子；這裡也是我在二〇〇四年一個寒冷但晴朗的下午，開始調查家族在中國的歷史源頭。我的嚮導是曾和奈麗約會、今年八十歲的趙鴻志。房子的屋頂已經翻新，院子裡的樹被砍斷，換上假的長春藤和塑膠花攀在屋簷上。兩個老人坐在底下看報紙，其中一個駝著背，整個人看起來像一個問號。

趙鴻志跟著我走進屋裡，他指著左邊的一排房間，「那裡是廚房，」接著指向右邊，「那裡是臥房。」

「請說話小聲一點，」一位護士提出勸告：「現在是他們的休息時間。」

趙鴻志又在空中指了指，彷彿勾勒只有他看得見的幽靈印記。「那是妳祖母睡覺的地方，有時候我會睡在她臥室旁邊的客廳裡。我是她的義子，妳知道吧？」

我們離開粉子胡同的房子，一股強風吹來，趙鴻志跨著大步走得很快。他長得很高，一頭銀白的頭髮，鼻子高挺，臉頰的顴骨就像精雕細琢般明顯；以他八十歲的年齡和受過的苦難，沒有人會拒絕讓他住在繁榮花園老人之家安養天年。不過他心裡還有其他事。

「妳知道我和妳阿姨的事吧？」趙鴻志問我。

我有點難為情地說我知道。

「她嫁給了趙彥奇，妳的姨丈，他們兩個贏得好多交際舞比賽。我，對跳舞一竅不通。」他對我這麼說，好像他的整個人生就是因為這一點而完全改觀。

我們走了幾條街回到他的公寓，他的妻子有事離開幾天，趙鴻志變得很健談。他拿出一袋相片，第一張是父親和兄弟姊妹離開中國前在照相館拍的黑白照片，趙鴻志站在後排，英俊嚴肅的臉上戴著細框眼鏡，站在他旁邊的奈麗阿姨臉圓圓的，穿著毛衣，看起來就像個孩子。站在前排的父親削瘦黝黑的臉歪向一邊，一臉猶疑的表情，似乎想知道這個世界為什麼突然變得不一樣。另一張照片是奈麗阿姨站在她在渥太華的房子前，已經六十歲的她穿了一件象牙白點綴著紅色花朵的旗袍，看起來很優雅。

「你的太太介意嗎？」我問他。

「她很開放，」另一張照片就是證據——他和奈麗阿姨站在一起。「她甚至讓我們站在一起照相。」

趙鴻志失去了加入我們家族的機會，但是他卻成為我們家族歷史的守護者。我的阿姨或叔伯到北京來的時候，一定會去看他。每當家族裡的遠親過世，他也是第一個知道的人。而當我想要看看粉子胡同裡的宅院時，父親告訴我應該見見趙鴻志，因為他一直住在北京，也是唯一知道該怎麼前往的人。

我的家庭是趙鴻志原本可以擁有的生活，如果一切都不同的話。即使在政治迫害下的數十年歲月，他依然小心謹慎地維護這個連結。他在革命時期選擇了「立生」這個名字，象徵的不僅僅是他的政治意願。「立」這個字也是父親那一代所有男孩子名字裡的第二個字，他的政治聲明隱藏了個人意圖，趙鴻志不僅重生為共產黨員，也重生為我們家族的一份子。

我們家族以一種挺奇怪的方式取得粉子胡同裡的這間房子。它在戰時被日軍佔據，之後被祖父那位沒到撫順的朋友孫越崎取得。祖父過世之後，孫越崎以非常低廉的價格將房子賣給祖母。或許這是他表示懺悔的方式，雖然他從來沒親口說出。

我的家族兩度失去這間房子，第一次是一九四八年離開中國時，第二次則是在中國展開經濟發展時。之前的舊宅院已被拆除重建成一間餐廳，接下來變成一間幼兒園，然後是共產黨政府的地方辦公室，現在則是養老院。老人們一個月付一百塊人民幣，裡面總共有三十個床位，那是我的家人曾經住的地方。不過住在這裡的老人不久之後也得搬走，因為這間房子在地鐵規劃的路線上，所以即將被拆除。

根據一條歸還文革期間被強佔房舍的法律，我的家族得以在一九九〇年時到市政府申請將房子取回，市政府拒絕我們的申請，不過支付了九萬美金做為補償。這筆錢被分為七份，平均分給父親和他四個住在國外的兄弟姊妹，另一份給立教，還有一份給一位住在北京的姨婆。這些錢對我們來說並不多，但是姨婆的女兒正計畫到美國求學，這筆錢剛好幫她達成願望。一百年來，家族裡的人陸陸續續離開中國到美國去，我的祖父回國了，他的死替我們買了這間粉子胡同裡的房舍；半個世紀過去，這間房舍換來另一趟到美國的旅程。這樣的結果再適合不過，因為一個家族的歷史，就從某個人離開家時展開。

7、方圓之間

東莞工廠裡沒有一個人受過正規的工作訓練。教育在過去的中國一直很受注重，這條苦讀之路也很明確。清朝時期的男性繼承人必須熟讀四書五經，以通過科舉考試。我的父親和他的兄弟們也攻讀科學，好讓自己能到美國去。中國的學生在文化大革命時必須牢背毛語錄，才能在毛澤東的政治鬥爭下生存。然而東莞沒有任何的課程表，在工廠的世界裡不要求傳統，也不需要家世，人們必須學習如何重新定義自己。這裡大多數的年輕人都提早離開學校外出工作，我知道的幾個大學畢業生在學校主修的科目和現在的工作根本差十萬八千里。一位以前攻讀政治教育的老師，現在負責訓練工廠的管理員；一家地方報社的記者從前學的是會計，而且曾經擔任過林業管理。從東莞的角度來看，由於中國經濟上的需求實在變化得太快，以致於教育體系早已放棄跟上經濟變化的腳步。

雖然國家制度內的課程無法銜接，職業學校在都市裡倒是有如雨後春筍般蓬勃。身穿工廠襯衫的青少年在平日晚上將昏暗的教室擠得水洩不通，他們全都臨時抱佛腳地學習以前學校裡從沒教的技能。英語和電腦是最受歡迎的科目，不過也有一些只在都市製造業中才有的特別項目。像是有些課程著重在製造塑膠零件，課堂上的話題圍繞在如何灌漿成形。這些課程不需要具備全面性的知識，一般只要教學生們知道得夠多，能讓沒有實際資格的他們順利找到工作就行了。這就是東莞的教育方針——你需要知道的都可以之後再學。

你不需要知道每一件需要知道的事，老師們一次又一次提醒他們的學生，**一邊做就可以一邊學。**

一位年輕的民工女孩告訴我，她在塑人管理諮詢顧問公司開設的學校學習，「塑人」這兩個字一直在我的腦海中打轉，意思是「塑造成人」。這些課程教生產線女工在辦公室裡應當表現的行為舉止，從這裡畢業的女孩們大多會找一些秘書、櫃檯人員和銷售助理的工作。「我們能在四個月之內提升她們的素質。」學校的執行長黃安國先生在我訪問他的時候對我說。「我們是唯一做這種訓練的學校。」六百八十元的學費（相當於一個普通工人一個月的薪資），包括黃安國似乎不太願意給我的四本平裝教科書：

企業管理

商業秘書技巧

禮儀和氣質

社交與口才

這些教材非常具開創性，黃安國告訴我，因為他的講師找不到適合的教科書，所以他們只好自己寫。他邀請我到課堂上觀摩，我告訴他我很感興趣。

你必須抓住機會，否則你將永遠比別人晚一步。

第二天，我造訪了另一間由東莞智通人才智力開發有限公司所開設的學校。在「白領祕書技巧特別訓練班」當中，同樣以想要換到辦公室工作的工廠女孩們為主要客群。「我們開發了自己的教材來教這群人。」訓練部門的劉利軍對我說，然後拿了一整套教材出來：

企業管理

商業秘書技巧

禮儀和氣質

社交與口才

我沒告訴劉利軍自己剛剛才到競爭對手的學校，而且兩家的課程計畫都一樣。我不認為可能是其中一家偷了另一家的課程，我想他們兩家應該都是從某個地方抄來的。我只是禮貌地謝謝劉利軍給我的書，然後接受他的邀請在「白領祕書技巧特別訓練班」上一學期的課。

尊重他人的意見，不要隨意指摘別人的缺點。

＊　＊　＊

我離家時十五歲，一開始先在家附近的城鎮當銷售員。然後我來到東莞，在石碣電視工廠當一個平凡的女工，然後升為助理。在一個有一千或一萬個人的工廠裡，想要引起老闆的注意非常難。

妳必須發現自己，擴展自己，
想要離開工廠，就必須要用功。
妳來到這裡，是因為妳不想當個生活無趣的平凡女工。
如果妳只是等著工廠幫妳升職，
妳可能會等到頭髮都白了。

講師的名字叫做田佩燕，十七歲，穿著一件藍色的襯衫、繫著紅色條紋的領帶，看起來就像從英格蘭住宿學校的傳單走出來的學生。她說話時雙頰泛紅，明顯的呼吸聲好像賽跑選手似地，跟著她說的每一句話起伏。雖然讓一個年輕人來提醒大家歲月不再似乎有點奇怪，但是田佩燕非常具說服力，因為她以前也曾經是智通的學生，現在是這間學校的教育諮詢顧問。

另一位講師的名字是陳英，她曾在「微克特」（VTech）的生產線工作過，那是一家製造無線電話的公司。陳英有一張胖胖的臉和豐潤的嘴唇，已經年過二十的她急著想要改變自己。工廠裡的人有時候會對她說：「妳已經這麼老了，還只是個一般工人。」

我和妳們一樣，中學畢業後就在生產線工作，整個人都麻木了。
我甚至不知道自己到底要什麼。
有一天我問一個朋友：「生命的目的是什麼？
為什麼我們要做得這麼辛苦？」朋友沒給我答案。

所以我到書裡找答案，可是仍然遍尋不著。我想：

「如果一直在生產線工作，生命還會有意義嗎？不會。」

所以我開始上這堂課，我在一個月裡學到很多。

我以前根本不敢在其他人面前開口說話，

我很害羞、也很害怕。

妳們覺得我現在的口才如何？

我知道妳們都想學我學到的，都想離開生產線。

別再讓任何人輕視妳，別讓任何人對妳說：

「妳是個卑下的工人。」我們必須抬起頭大聲說：

「我們也能成功！」

二〇〇五年一個溫暖的春天晚上，民工們剛過完農曆年回到城裡，智通公司正進行白領課程的招生工作。公司的講師在即將開課的地方舉辦免費的諮詢，這些免費課程一連舉行了好幾個晚上，而且場場爆滿，幾個對課程有興趣的人幾乎每一場都參加，因為他們對到底要不要來上課舉棋不定。

近期上完課的學生們和大家分享脫離生產線的過程，她們把自己的轉變說得好似佈道大會上重生的信服者。她們說生產線的日子讓人變得無知、麻木；從一個年紀輕輕的青少女口中聽到「麻木」這兩個字，著實讓人忍不住一陣哆嗦。她們說自己如何發現了白領課程，這個課程讓她們發現自我；她們說自己曾經茫然無所適所，但是現在找到了。她們說：我現在是個職員，每個月賺一千兩百塊人民幣。**妳們覺得我現在的口才如何？**每一段成功的見證都隱藏著一個警告，那就是妳必須：趕快改變，不然就太遲了。

我們有很多學生在三個月的課程還沒結束前，就找到新工作。
有一些人一個月賺一千兩百塊人民幣，投資報酬率是一比五百。
假如這兩三年不努力一點，妳往後就只能在社會的最底層生活。
等妳到了二十四或二十五歲開始建立家庭時，
妳的另一半可能也只是個普通工人，
你們兩個人的薪水加起來一個月大概只有一千元。
但是如果妳往上升，妳嫁的人可能會是個經理，
妳的整個人生也將會不一樣。

鄧順章是這個課程的主辦人，四十歲的他到珠江三角洲來之前，曾經在河南有過一段曲折的職場生涯，包括在高中教書、在地方政府工作、賣報紙廣告、開過一家賣音樂錄音帶的商店。他也曾在東莞管理過幾家工廠——做玩具的、鞋底的、人造聖誕樹，還有塑膠聖誕老人，不過他看起來一點也不像典型的工廠老闆。他修剪整齊的淺棕色臉上有一雙和藹的眼睛，說話時非常謹慎，舉手投足就像京劇演員般精準，而且從不提高音量。不管天氣怎麼樣，他總是穿西裝、打領帶，外加一件毛背心。

鄧老師是許多民工在東莞遇見第一個讓她們感到親切的人，大家在說明會中紛紛提出長久以來隱藏在心裡的問題。**怎麼處理老闆對妳的性騷擾？中國是資本主義國家還是共產主義國家？如果有人對妳大吼大叫，然後妳哭了，這樣表示妳是個弱者嗎？**鄧老師耐心地回答每一個問題，他把強迫推銷的工作留給底下也曾是工廠女孩的講師們。

妳只會越等越老。

離開生產線。

妳必須找到自我。

我和妳一樣。

總共有兩百多位年輕女工登記報名「白領祕書技巧特別訓練班」的春季課程，每個學生必須先繳七百八十元人民幣的學費——那是許多人一個月，或一個月以上的薪水。她們在接下來的三個月裡，每個星期會有三個晚上來上課。用這些時間來改頭換面應該很充裕。

＊　＊　＊

訓練班的上課地點在微克特無線電話工廠對面的一間辦公大樓的六樓，VTech和附近的先鋒牌（Pioneer）DVD播放機製造廠加起來總共有一萬六千多個員工，這一大批有固定工作時間的工人，都可能是智通未來的學生。教育就像東莞其他的每一件事一樣，也是跟著製造業的需求而興起。上課時間從晚上八點三十分到十點三十分，這樣就不會影響到工廠加班的時間。如果其中一間工廠工作到比較晚才結束，老師們會幫這些人補課。

在生產線努力工作十個小時之後，工廠女孩們就到學校去。工廠附近的街道有很多賣油炸小點、果汁、髮飾和罩杯墊成葡萄柚那麼大的內衣攤販；小販們拉起的微弱燈泡，在太陽下山後溼氣氤氳的夜晚閃閃發光，看起來彷彿嘉年華會的場景。女孩們爭先恐後地在佈置華麗而且人潮擁擠的手機店裡擠來擠去，店裡貼著一張大型海報，上面有三個穿比基尼的女生在沙灘上嬉戲，每個人頭上都帶著小皇冠、手裡握著一支手機，用性感、迷人，和最新型的Nokia嘲弄在店裡的女孩們。

教室裡擺著低矮的圓鐵凳和兒童尺寸的書桌，兩個兩個學生坐在一起。後面的整片牆貼了白領課程的廣告海報，海報上有一個穿短裙的女祕書，上面的標語寫著**訓練提升競爭力**。即使在只有一間蹲廁和一個水龍頭的水直接流到地上的廁所裡，也貼著禮儀訓練的小提醒：**為了避免尷尬，請關上身後的門**。

每堂課的一開頭，都由劉解元校長幫大家加油打氣，他說話的語調很像深夜電視購物頻道上賣廚具的人。在開學的第一堂課上，他先打量了課堂裡二十五個年輕女孩，然後說：「我希望妳們不要穿制服來上課。」

「可是我們都從工廠直接來這裡。」其中一個學生提出反對意見。

「我要妳們盡力而為，不要找藉口，好嗎？」

那天上的課是「提升禮儀素養與施展個人魅力」，負責這堂課的傅老師是個看起來很認真的年輕人，他穿著西裝、打領帶、配一條黑褲子，學校規定所有講師上課時都要打領帶。學生們在接下來的三個月裡還有一些規則要遵守，不過傅老師先說了一個故事當作開場白。

「妳的夢想是什麼？最後一排中間的同學。」

一個女孩站起來，「從我離開家以後……」她不知道該怎麼接下去，東看看、西看看，然後緊張得不知如何是好。

「請站好，」傅老師告訴她：「要有自信。」

她挺直身，然後又低下頭，準備發言了，又停了一下，最後終於一口氣地說完：「從我離開家以後，我就想要當一個業務助理。」

大家替她鼓掌，女孩坐回椅子上。

「好，」傅老師說：「讓我告訴妳們我的夢想。」

我小的時候就非常喜歡歷史，我想要被記載在歷史書裡頭。

我想要成為一個對國家有偉大貢獻的人。

長大之後，我發現自己的夢想太不切實際，

所以我決定有一天要站在天安門廣場上向三軍致敬，

但是後來我知道這個夢想可能也不會實現，

因為對一個鄉下人來說，想在天安門向三軍致敬可能是癡人說夢。

所以我把這個夢想留給後代子孫去實現。

之後我決定有朝一日要將家裡的人從鄉下帶到城市來，
在城市裡生養小孩，讓他們發展更美好的未來。
當妳提升自我之後，妳也會讓妳的家庭更上一層樓。
我相信妳們來到東莞的理由都一樣，我們的背上有著同樣的擔子，
我們都想把自己的家人從鄉下帶到都市來，妳們說對不對？
如果妳能走出農村，就能夠提升整個家族，
妳的父母也將因為妳的成就而徹底的改變。
自從我到東莞之後，歷經許許多多的挫折，
我有好幾次都想掉頭回家。但是我一定要堅持下去。
如果走了回頭路，就會又回到起點。

他轉向身後的黑板，寫下：如何塑造良好的形象──服裝。

「衣服的顏色非常重要，現在我要來告訴妳們，當妳穿不同顏色的衣服時，別人會認為妳有哪些特質。請寫下來。」

紅色代表熱情
橘色代表活力
黃色代表樂觀

紫色代表神祕
綠色代表清新
黑色代表冷靜
白色代表純潔
藍色代表穩重

傅老師第一天就傾囊而出，教了很多項目。他提供了如何建立自信的守則，像是**練習用誇張的方式介紹自己。假裝自己是房子主人般理所當然地走進房間裡。**為了激勵大家，傅老師又說了一個故事：**我的偶像是毛澤東，蔣介石為了阻撓日本軍隊下令破壞黃河沿岸的堤防，也展現了果斷的氣魄。**只是傅老師沒提到潰堤的洪水不僅阻止了日本軍，也淹死了成千上百個中國農夫。不過畢竟這是禮儀課，不是歷史課。

九點十五分的時候，傅老師在課堂上哼了幾段流行歌曲，他要學生從中學習的是：**只要樂在其中，就必須表現出來。**九點三十分，有位學生舉手回答問題，這是第一次有人勇敢主動發言。十點十五分，課程提早了幾分鐘結束，劉校長回到教室裡幫大家做最後的激勵。「告訴自己妳屬於白領階級的一份子，」他對學生說：「妳不像大街上的那些其他人。」

我從沒接觸過這麼一大堆怪點子和怪想法，其中不乏結合了個人主義和既像新時代卻又食古不化的教戰守則，像是**紫色代表神祕**。有些資訊非常合乎現代表達自我和培養自信的觀念，但卻帶有傳統的包袱——**可以提升整個家族的地位**。歷史雖然也出現在東莞的學習課堂上，不過卻模糊了歷史意義，也和歷史本身毫無關連。一個十七歲的工廠女孩要怎麼學習蔣介石的精神？更何況他雖然果斷潰堤淹了日軍，也淹死成千上百個支持他的鄉下人。

在接下來的幾個星期裡，「規則」越來越多：**倒茶的時候只倒七分滿；紫色眼影適合所有的亞洲女性；成功要靠百分之三十的能力加上百分之七十的人際關係；用左手持話筒、右手撥號碼；微笑的時候嘴巴微微張開、嘴角上揚、但不露齒；午休時間不要直直躺在椅子或桌子上。**每一件事不管多微不足道，都有一套行為準則；有時不禁讓人覺得這應該是火星人想要成為人類前的考前速成班。課堂上提到的歷史英雄永遠是那幾位——蔣介石和毛澤東最受青睞，第三名是希特勒，這位納粹首領因辯才無礙而受推崇，這是就禮儀而言，非歷史。

我還注意到一件事，上課時沒有一個學生打瞌睡，她們看起來一點也不覺得無聊，兩小時的上課時間裡沒人離開教室去上廁所，她們很怕自己錯過了什麼。這些年輕女孩窮其一生接受老師和教科書的指導，掙扎著想要搞懂現代社會的生存模式；她們打心裡接收這些語焉不詳的規則、自我學習和儒家的訓誡，她們只擷取所需，更遠在我搞懂之前就已經抓住了課程重點：假如妳的外表、動作看起來像上流社會的人，妳就會成為那樣的人。

第一天後，我再也沒看過任何女孩穿工廠的制服來上課。

結束第一天的學校之旅後，我和傅老師一起搭計程車到城裡。我才知道這只是他教過的第二堂課——第一堂課就在那天早上，他的教學資料大多從網路搜尋得來。傅老師可說是東莞教育風潮的化身——**從做的當中學習**。他還是大學四年級的學生，不過他提早把課修完，然後出來工作，幾乎就像每一個住在都市的人一樣，他努力地加快人生的步調。傅老師在學校主修人力資源管理，他的偶像是臺灣一位每堂課收費一千兩百元人民幣的管理大師，我很好奇這位管理大師是如何和他的另一位偶像毛澤東平分秋色。

我問傅老師在東莞住了多久。

「今天是幾號？」

「三月二十九。」我回答。

「我到這裡已經二十二天了。」他說。

隨著計程車在黑夜的高速公路上奔馳，他告訴我一些自從來到這個城市之後所看見的事。一輛車在十字路口闖了紅燈，傅老師看見不遠的馬路上有一位摩托車騎士躺在血泊中，他覺得這兩件事一定有關連，他應該告訴某個人。可是他不知道該告訴誰。「說不定，那個人像我一樣沒有任何家人在這裡，」他想著那位死亡的摩托車騎士：「或許他的家人要過了很久以後才知道發生在他身上的事。」

車子開到了傅老師和其他四位講師合租的公寓門口，從農村來的人很少說你好或是再見，就算後來住在城市裡似乎也沒什麼改變。當我們各自離開時，傅老師向我說了東莞人在分開時常常說的用語：「出外小心。」

＊　＊　＊

東莞的學習場地通常在挺簡陋的地方，教室裡沒有什麼擺設，因為停電的關係，所以室內也陰陰暗暗，電腦積了很多灰塵，機型也老舊到好像考古人士發現的古文物。學生們很窮，只有少數幾個受過教育，即使是講師也因為說話的鄉音太重而向學生致歉。所有的講師幾乎都沒有正規的學歷，許多人就像鄧老師一樣，有一長串失敗的工作經驗；但他們是一群革命家。

在一般的中國學校裡，學生在課堂上不能說話，也常常需要老師的提醒才會抄筆記；他們所讀的學習內容都由政府委員會來制訂。老師會挑起學生之間的互相競爭，藉以讓每個學生都能更用功努力，而整個教學的重心都圍著考試打轉——為了擠進一所好的中學，再來是高中，最後是一所好的大學，或者任何一間大學。如同帝王時代的科舉考試，現在的教育制度也只是獎勵少數人。根據每一年的調查，年紀已屆大一新生年齡的青少年，只有百分之十一的人進入大學就讀。不得大學之門而入被引導至職業學校就讀，學習許多工作上的技巧，例如機械工具操作和汽車修理。但是課程內容通常都已經過時了，所以在學生真正進入職場之前，學校的功用比較像是紙上談兵。

中國一直有進行教育改革的意圖，有些老師已經有「優質教育」的概念，著重學生在學習過程中的創意與主動性，比較進步或是經費充足的學校也增加了藝術和音樂的選修科目。讓高等教育更普及化是另一項目標，雖然中國政府近幾年來積極提高大學生的入學人數，但是墨守成規的老師、行政官員，以及政治上的限制，加上傳統上對考試成績的迷思，使得教育依然是中國社會裡最保守的部分。

不過東莞的職業學校屬於另一個世界。這裡的學校不受歷史的限制與影響，可以自由地教想要傳授的課。這些課毫不掩飾地著重在實用的技巧，講師則利用網路資料或是自己在工廠或公司的實際工作經驗來授課。他們不會故意讓學生互相競爭，也不會打分數，因為每個學生都是為了增進自己的工作前途才來上課，這跟在班上排第幾名根本沒有關係。他們不重視傳統學術視為基石的書寫，而是注重公開講演的能力。知道該怎麼說，才能夠幫助學生贏得更好的工作機會，得到比較低的價格，或者賣出更多他們需要銷售出去的東西。「我們都是銷售界的一份子，」白領課程的講師們一次又一次地提醒學生：「我們銷售的是什麼？就是我們自己。」

這些講師們都來自製造業的中下游，鄧老師曾在東莞的工廠工作了十年，教口才的端木老師曾在電子公司擔任業務，另一個教禮儀及化妝的講師則曾經在法律事務所工作。大部分的講師都只有二十多歲，他們也跟來上課的學生一樣，從其他地方到東莞來開創自己未來的出路。這些講師們不像多數受過教育的中國人那樣輕視這些民工，「這些女孩比我還能幹，」端木老師上完他的第一堂課之後告訴我：「離開農村到工廠工作需要很大的自信。」

東莞的課堂裡幾乎都是女孩子，一項根據深圳附近四千位工人所做的調查顯示，三分之一的人都曾經在職業學校上過課，而且女生比男生的人數高很多。原本年輕女孩受的正規教育就比男孩的少，這也反映出父母對女兒的偏見與差別待遇。女孩們通常比男孩更急於提升自己，因為女孩的父母會向女兒施壓，要她們回鄉、要她們趕快結婚，如果有一個好一點的工作，就能夠堵住父母們的嘴，還能提升未來婚姻的前景。東莞男女不均的問題可能也是一個原因——工廠裡絕大部分都是女性，學習是防止迷失自己的方式之一。**在一個擁有一千或一萬個員工的工廠裡，想要讓老闆發現你很難，你需要發現自己。**

當我在白領課程的課堂上坐了一個學期之後，我才了解到自己正見證一項中國教育的祕密改革。被傳統學校制度拒絕的學生，在這裡擁有第二次機會。工廠除了製作物品之外，同時也是一個塑造人的地方。這些課程沒有成績也沒有考試，這才是理當如此的學習；所有的考試都在教室之外的世界舉行，生活就是他們的考題。

＊　＊　＊

繼衣服的顏色之後，白領課程裡的女孩們接下來要學習如何做手勢，以及如何站、坐、翹腳、走路、拿文件，還有怎麼蹲下來撿掉在地上的東西。**女孩子應該只坐整張椅子的三分之一或是一半。舉手投足要自然，不要過度。**傅老師在五月初的某一堂課教大家飲食和參加宴會方面的禮節，他在黑板上寫下參加自助式晚餐的規矩：

1、排隊取餐。
2、依照順序取用食物。
3、多次取餐，一次不要拿太多。
4、不要一次選太多不同的菜，免得全混在一起。
5、不要把吃不完的菜帶回家。

喝酒，是中國人工作上交際應酬時的主要項目，不過強迫灌酒把本來的享受變成了嚴酷的工作責任。傅老師把喝酒這件事解釋得非常仔細，也非常的公式化；對他來說，喝酒是工作的一部分。

敬酒的順序就像握手的順序一樣，
應該從最重要或是年紀最大的人先開始，
然後再依序往下。
妳絕對不能喝醉。
想在中國的社交圈打轉，一定要學會喝酒，
就像男人一定要會抽菸。
參加宴會之前應該先吃點東西，
如果對酒精過敏，就先吃藥。

接著傅老師解說西餐的用餐禮儀，他在黑板上寫了：

前菜↓麵包↓湯↓主菜↓甜點↓水果↓熱飲

「這些資訊是我從網站上找到的，」他坦白地說：「因為我自己從沒吃過西餐，不過我們今天很幸運，有位在美國長大的張記者在這裡。」他向我示意了一下，我從座位上站起來走到教室前面——**假裝自己是房子主人般理所當然地走進房間裡**。

我告訴大家什麼時候可以點酒，也解釋有時候可以不必同時點前菜和湯，因為這樣可能會吃太多，這也是為什麼很多美國人都過重的原因；講台下的學生把說我的話一字不漏地抄下來。

「有人有任何問題嗎？」

傅老師舉手，「我一直很想知道哪些東西是前菜？」

我解釋前菜有哪些不同種類的沙拉和海鮮。

傅老師又舉起手，請我說明使用刀叉的規則。我在黑板上畫出餐具的擺放位置，解釋湯匙和點心匙的不同，還有吃沙拉的叉子和主餐的叉子有什麼不一樣。我教大家切牛排的方法，怎麼用右手拿刀、左手拿叉子，最後再把叉子換成右手「聽起來很複雜嗎？」我問大家。

「是呀！」

「如果不知道該怎麼做，」我說：「只要看其他人怎麼使用，跟著照做就對了。」

「如果做錯了，也沒關係。」我本來要這麼說，不過即時住嘴，因為這整個課程的宗旨就是——成功的關鍵在於合宜的行為，隨性而行是美國人才會做的事。那天的課後來在和飲酒有關的遊戲演練中結束。「如果妳的經理有一點醉了，妳或許可以接替他。」傅老師神情嚴肅，有如指示某人在緊急時刻迫降一架747客機般說出以上的話。他接著教大家划酒拳的規則和其他喝酒時玩的小遊戲，然後讓學生分組練習。

上了兩個星期的課之後，有個年輕女孩走到教室後面我坐的地方，我不曾聽她在上課時說過話，她自我介紹的時候臉都紅了，我這才發覺自己竟成了別人自我成長計畫裡的一份子。

她的名字是蔣海燕，有一張漂亮的大臉蛋和夢幻般的表情，五官不是很明顯，染成褐色的頭髮綁了一條馬尾。十六歲的她在VTech的生產線工作，她的父母沒辦法同時負擔她和哥哥的學費，「要工作的話，我可能比較適合，因為我哥的視力非常差。」她在我們認識後一起吃晚餐時對我說：「所以我騙父母親說我不想再上學了。」海燕的哥哥目前在大學念設計科。

儒家自我犧牲的精神下，其實有一股奮發向上的強大力量。海燕透過在VTech上班的表親，找到一份裝配無線電話電子零件的工作。上工之後的第三天，工廠老闆徵求自願到製造部門工作的人，海燕根本不知道製造部門是做什麼的，但是她大膽舉手，心裡想著到哪都比在沈悶的生產線好。轉到製造部門後，她對新上司撒謊，說自己曾在東莞的另一家工廠當過職員。

「做多久了？」上司問她。

「一年。」蔣海燕回答。

「既然這樣妳幹嘛來這家工廠當個普通工人？」對方堅持追根究柢。

在半逼迫之下，海燕展現了她的口才，她回答：「我想要發展自己在這方面的才能。」新上司讓她負責檢查瑕疵的工作，一個月之後，她被調派到倉庫負責管理工廠物資的電腦紀錄。她的故事就像我聽過的所有民工的故事——都是透過勇敢發言和謊言讓自己往上爬。

因為只有十六歲，所以蔣海燕是向表親借身分證才加入工廠的。「這裡的每個人都以為我是陳華，」她告訴我：「只有我的表哥和幾個好朋友知道我是蔣海燕。」

「聽別人用另外一個名字叫妳不是很奇怪嗎?」我問她。

「不會啊,現在覺得像我的名字了。」她說:「在工廠裡我是陳華,如果別人叫我蔣海燕,我反而要想一下才發現原來是在叫我。」

海燕非常積極,她曾上過電腦課,平常還在宿舍走廊做運動保持身材,她隨身攜帶一本口袋型英語句型文法,有空的時候就拿出來練習——It's nice to meet you.(很高興認識你)It's been donkey's years.(那是多年以前了)我們吃完晚餐互道再見之後,她回到宿舍還看了一本從工廠圖書館借的和業務推廣有關的書。她的夢想是成為一間辦公室的祕書。

有一件事是我們上課時從沒討論過的,那就是倫理道德。女孩們在課堂上學習辦公室的運作模式,然後利用這些知識騙到她們根本不符合資格的工作。如果她們騙成功了——十之八九都沒失敗過,那麼接下來通常是焦急地打電話給之前的老師,然後就是一連串的問題:我現在該怎麼辦?有個星期天早晨我和鄧老師一起坐計程車準備參觀幾個學校,他的手機響了。

「妳好嗎?」他說:「生產力的協調整合?好,假設一間工廠有三條生產線,每一條生產線一個月可以生產一萬台電視,這就是生產力;假如其中一條生產線已經到達人力飽和的階段,但是工廠臨時需要緊急出貨,那麼就需要和其他的生產線協調整合,滿足出貨的需求。妳的下一個問題是什麼?」

掛斷電話後,鄧老師說那是他以前的學生,她才剛找到工作,不過根本不知道這個工作的負責項目,但是又不想讓她的新同事發現。「我還有已經結業一、兩年的學生,到現在還是常打電話問我問題。」他這麼告訴我。雖然學校的講師們不曾開門見山地要學生去騙、去說謊,但這似乎是普遍的常態。我和鄧老師比較熟悉了之後，我問他這件事。

「在面試的時候，」我說：「通常都會問有沒有相關經驗。她們說有，但事實上並沒有。」我試著謹慎地試探這件事。

不過鄧老師馬上開誠佈公地說：「沒錯，接下來的問題就會是：『妳以前的工作都做些什麼？』我們教她們工廠裡的每項工作細節，就是要幫助她們回答類似的問題。」

「可是她們這樣是說謊。」我說

「是這樣沒錯。」鄧老師回答。

「如果她們不想撒謊呢？」我繼續追問。

「決定權在她們身上，」鄧老師對我說：「不過在這個社會裡，太老實的人不會成功。」我後來從鄧老師的學生那兒發現智通這學校在賣假結業證書，這裡的結業證書看起來像一本小書，表面有一層塑膠膜，感覺很像一些女孩們整天拿在手上的廉價相簿。職業學校的假證書每張得花上六十塊人民幣，大約台幣兩百八十元；如果是高職證書只要一半的價錢。正規教育在東莞並不受到重視，不過在此之前，我還不曾意識到會如此地沒價值。

＊　＊　＊

六月的一個晚上，陳英穿一條黃色的長裙和同樣顏色的上衣來上課，她是第一次上課時舉手發言的女生；在這之前她都和其他女孩一樣穿牛仔褲、運動鞋，今天這身打扮是要告訴大家她已經和從前不一樣了。她辭去工廠的工作，每個星期有三天都到人才市場去碰運氣，希望某家公司能雇用她當職員或是業務助理。「就像鄧老師說的，沒什麼好緊張。」她告訴我：「其實，我還蠻喜歡面試的。」上下一堂課的時候，陳英打扮得更時髦——若隱若現的萊母綠花邊裙、白色絲襪，還穿了高跟鞋。上課之前我看見另一班的年輕女孩來找陳英，並向她介紹自己；之後兩個人互相握手，又交談了一會兒。

我從沒見過民工女孩互相握手或是和陌生人交談，即使是城裡的中國人在做這些簡單的動作時也常顯得不自在，中國人面對陌生人時經常手足無措，如果這個人不是家人、同學或是同事，他們的反應一般都是忽視對方。我在北京的中國朋友們在派對場合上常令我不禁搖頭，因為他們老是和同行的人圍成一圈，像攴戰機中隊準備集體進攻般牢不可破。

這套白領課程的目的在於幫助學生們打破團體的箝制。每一位學生每學期都要做自我介紹，但是每個人的開頭總是同樣的一句：**我跟大家一樣**。編謊話來敘述自己的故事還真是奇怪的方式；或許只有讓自己成為團體中的一份子之後，年輕女孩們才有勇氣做自己。當陳英那天從課堂上站起來回答問題，後來又和陌生人握手，這一切都讓我想起美國人。

來上課的學生已經不怕在大家面前說話，現在每個人都搶著回答問題。她們主動和老師打招呼，也和我打招呼。她們一起聊天、一起吵吵鬧鬧，每個人都變成朋友。不過，離大家各奔前程的日子也一天天接近。最近大家見面時的第一個問題通常是：「妳到人才市場了嗎？」和大家分享自己在人才市場的經驗的女孩們，就像從遠方歸來的旅人，被本地人好奇地問東問西：

有個女孩問我：「如果妳想要賣東西給一個客戶，可是他不想買，這時候該怎麼辦？」

我不知道該怎麼回答，只好說：「遇到這樣的事很正常啊！」

在面試練習的時候她們問我：「如果三支電話同時響，妳會怎麼做？」

我回答：「我會先接每一通電話，搞清楚哪一通最重要，然後再一個一個解決。」

一個瘦瘦的、髮型像男生的年輕女孩描述她到一家「華為技術有限公司」的電信公司面試的情形：

我一直想到華為工作，所以參加了他們的招聘活動。

房間裡坐了一大堆人，負責聘任的主管會用手指一個人，

然後問那個人問題。接著她會說：「好，妳可以離開了。」

最後只剩下三個男的和我。那個主管看著我說：「妳不適合，可以走了。」

我心裡想：「太丟臉了！可是那個主管根本不認識我，她怎麼知道我不適合？」

所以我繼續坐著，沒有離開。

主管接著問其中一個男的：「請說一下你最驕傲的一刻。」

那男的非常緊張，他說自己還在找工作，所以還沒有任何值得驕傲的成就。

我小聲地對他說：「你可以說說在學校裡讓你覺得驕傲的事。」

主管聽到我說的話，轉頭看了看我。

最後，三個男生也被淘汰了，只剩下我。

主管看著我說：「那些人都是妳的競爭對手，

但是妳還幫他們，為什麼？」

我說：「我不認為他們是我的對手，如果我們都被雇用了，

以後就是同事，到時候就必須互相幫忙。」

主管繼續說：「我告訴妳，妳不適合，可是妳還是不離開，為什麼？」

我說：「妳一點都不了解我，也不清楚我到底適不適合。

我對華為一直有很好的印象，但是我必須說，

我對妳今天對待找工作的面談者的態度非常不滿，

不管我會不會成為華為的員工，身為華為的客戶，我非常的不滿意。」

主管笑了，她非常滿意我的回答，所以我被雇用了！

七月二日，教口才表達的端木老師宣佈了一件讓全班振奮的事情，他說：「我有一些好消息，有一位同學已經找到工作囉！」整間教室一陣騷動，一個名字叫做馬小南的女孩找到擔任櫃檯的工作，她是班上第一個找到新工作的人，這也提醒了每個人——離開的時候到了。那天的課，還有後來所有的課程，談的都是找工作。端木老師教大家如何向招聘人員做自我介紹，以及盡可能參加越多的面試越好，還有該怎麼發現和避免碰到老鼠會的伎倆。那堂課的最後，每個人

都站起來說出自己的座右銘：

世界上最可悲的，是沒有目標和夢想的人。
因為年輕，所以充滿自信。
世界上最重要的人是自己。

馬小燕再也沒來上課，她成功的證明就是從我們身邊消失。

蔣海燕也想要離開。她開始到人才市場參加面試，可是她在VTech的老闆不願意放人。他說現在工廠正缺人，而且他需要海燕的幫忙。蔣海燕馬上說了個謊，說她表姊在深圳工作的工廠有一個櫃檯的職缺，不過海燕的老闆求她留下來。

「我想要辭職，」她告訴我：「但是很難說出口。」

「妳的老闆很不好嗎？」我問她：「聽起來他人並不壞。」

「他是一個好人，」海燕說：「只是有一些人已經離職了，所以他真的很缺人。」

「假如妳已經決定好要怎麼做，」我告訴她：「就該說出妳的決定，到時候他也必須讓妳走。」海燕的掙扎顯然是中國人才會面臨的問題，她靠欺騙得到這份工作，然後又靠說謊往上爬，她對事實完全不在乎；但是現在輪到海燕的老闆讓她對拋棄同事感到愧疚，而她似乎也無計可施。在傳統的中國社會裡，和其他人維持和諧是生活在這個世界的宗旨，道德標準沒有絕對的對與錯，一切取決於妳和周遭的人際關係，而那需要極大的勇氣才能掙脫。

一天下課之後，蔣海燕希望教禮儀和化妝的吳成老師給她一些建議，吳老師立刻採取行動，「妳在哪裡工作？」她問海燕。

「在倉庫。」

「妳到過人才市場了嗎？」

「去過了。」

「要不要離開是妳的權利。」吳老師說。

「可是他們扣了我一個月的薪水。」蔣海燕說。

「我知道很多人都有這樣的狀況，」吳老師語氣輕鬆地說：「但是如果妳真的已經下定決心，那就應該離開；如果沒辦法，就別再想那一個月的薪水了。想要追求妳的目標，就必須吃苦。」

吳老師的建議很大膽，卻正是白領課程想要灌輸給學生的觀念；然而蔣海燕還是無法下定決心。轉眼到了七月，這一學期很快就要結束，課堂上的學生人數越來越少，因為很多人都找到新工作。蔣海燕後來買了一張假造的高職文憑，可是她又不敢在面試的時候拿出來；她和老闆之間的去留問題也一直拖著沒解決。她考慮再上另一堂課，這一次是英文課，「想要知道如何經營自己真的很難！」這是她的結論。

妳可以說蔣海燕的膽子太小，一部分的她也的確是如此。但是她的處境可能還要更複雜，基本上她想要知道該如何對待別人，想要了解傳統中國的行為準則如何適用在現代的工作職場上，可惜這些遠超過白領課程的學習內容。

* * *

珠江三角洲地區吸引了許多勵志演講者和各類型的管理大師，這塊市場在最高峰時由從臺灣來的經營大師獨佔鼇頭，有些講座甚至只有接受邀請的人才能參加。此時，自我提升的觀念也在商場上掀起一股熱潮，直銷公司、獵人頭公司，還有婚友社，全都以激勵人心的語句做為銷售和推廣的詞彙。東莞書店裡一整面牆都是這些自我提升的書，有些書店甚至沒有其他類別的書籍。卡內基系列是年度暢銷排行榜的冠軍，雖然有些內容顯然和其他書籍大同小異。**《如何贏得友誼，產生影響力》**、**《如何停止擔憂，開始過生活》**、**《快速又簡單的效能演說》**，在中國創業的書賣得最好——《溫州人賺錢的三十六計》，此外，大家都有和數字相關的迷思，像是**《成為領導人的七個祕訣》**、**《決定銷售成功與失敗的五十九件事》**，少數書籍提供男女關係上的建議，像是**《男人為什麼都愛蕩婦》**之類的，不過商業書籍以十比一的比例遠遠領先。或許自助這一套是美國人發明的，但是中國人經過琢磨修改後重新命名，創造一個更符合他們全神貫注以達目標的「成功學」。

二〇〇五年五月的一個潮溼夜晚，我經過公寓附近的一間書店，書店前搭了一個臨時臺子，一個男人站在臺子上對一群人演講。聽眾有好幾百個人，大多是穿著不成套的外衣和褲子的民工。「如果我想寫一本書，」那個男的說：「我要等學會每一件事之後再開始寫嗎？當然不是，我可以一邊寫一邊學，一邊學一邊寫啊！電腦軟體可以幫我找出所有的錯字，那些就是編輯做的事。」

人群裡響起一陣笑聲。那男的只有一般高，漸禿的髮線下是一張又圓又胖、又白又油亮的臉，像一顆煮熟的水餃。他看起來一點也不像人們眼中的成功人士。

「你想成為一個企業家，」他繼續說：「你在等待適當的時機，但是真的會有適當時機嗎？不可能。只有現在就去做，你才能創造機會。你具備所有知識了嗎？當然沒有。但是透過實際去做，你就能學會，這樣的學習才有價值。」

接下來的演講內容突然換了一個令人錯愕的話題，「現在我要來談談模仿這件事。我認為模仿非常重要，雖然大家經常討論創新的重要性，但是創新需要投入一大筆時間，也有很高的風險，幹嘛不乾脆就用那些已經證明可行或有用的東西呢？這就是模仿。」

在台上高談闊論的人是丁遠峙，不久之前還在高中教物理。他寫的一本叫做《方與圓》的書，據說已經賣了六百萬本。他目前在國內各個地區巡迴，教大家如何像他一樣靠取巧及操弄心機走上成功之路。

每天，都有一種無形的壓力讓我們無法停止奮鬥。同樣都是人，但是有些人可以到高級餐廳吃飯、看昂貴的表演，而你只能到廉價的地方……為什麼其他人可以擁有奢華的享受，而你只能擁有品質低下的東西？當你想到這些時，難道不覺得羞辱丟臉嗎？……

大街上每天有那麼多賓士車來來去去，但是我們一台也沒有，這還不算太悲哀，悲哀的是我們連想都不敢去想。

《方與圓》是美國自助書籍的扭曲版。它不激勵讀者發現自我、不鼓勵讀者超越物質上的成就，或者誠實面對自己的失敗及人際關係。這本書並不想改變讀者本身，而是要教大家做他們已經耳熟能詳的事，像是：卑鄙小器、現實功利、嫉妒巴結、競爭搶奪、逢迎諂媚、還有耍詭計欺騙等等。《方與圓》就像是站在東莞街頭高談盜版好處的文字版，聽眾也早已向它靠攏。

《方與圓》描述的世界冷酷無情，充滿複雜的人際關係、激烈的職場廝殺、虛偽的雙面友誼、腐敗貪婪的交易，以及貪奪名利地位同時掌握一般人生殺大權的老闆。同事之間在上司面前彼此詆毀、扯後腿；老闆們濫用權力貶低其他人、牟利受賄；憤世嫉俗又高傲的人才能擁有最美麗動人的女人；而錢財和地位是衡量快樂的標準，誠實永遠不是最好的策略。假如政府單位仔細地看過這本書，就絕對會禁止它的出版——我還不曾見過如此漠然冷靜地陳述中國社會黑暗面的書籍。表面上《方與圓》是一本關於如何融入社會、如何當一個好人的書，它推崇傳統所謂「外圓內方」的思維——外在圓潤、內在方正，意思是一個人擁有剛正不阿的個性與圓融的人際關係技巧。但是這本書在第七十頁就擺脫了誠信的闡述，剩下的兩百頁幾乎完全著重在社交技巧上，所以任何人應該都能看出它著重的優先順序是什麼。

我一直認為中國人之間的社交往來有很多不必要的繁文縟節，傳統的儒家精神將個人視為小我，受大眾重視與推崇的，是每個人在複雜分層階級中的角色與定位，以及分寸的拿捏與合宜的尊重表現。中國人幾千年來一直居住在人口密集的環境，也培養出一套微妙的應對、生存技巧，更懂得透過間接的方式傳達及察覺細微的壓力施加，並在彬彬有禮的虛偽表面下操控對自己有利的局勢。就連中國人本身都常常抱怨生活在這樣的社會下「很累」；而我一直到讀了這本花八頁文字描述如何微笑，以及四十五頁如何卸下他人戒心的書之後，我才知道有多累。

關於握手：**握手後立刻鬆開，表示你對這個人不感興趣。**

關於賄賂：**盡量不要每一次都回報幫助你的人。**

關於請求：**假如你有一個小請求，先假裝說些比較大的請託讓對方拒絕你；當對方深表歉意時，再找機會提出你的小請求。**

關於奉承：**記得公司主管、長期客戶的生日和重要的週年紀念日，還有他們的太太、父母和小孩的生日。**

關於諂媚：**如果某人穿了一套價值兩百元人民幣的服裝，你要說：「這身行頭一定超過三百元吧？」**

關於討價還價：**假如你想買的那套衣服比較便宜，先詢問價格高的那一套的價錢；如果你想買的是比較昂貴的那一套，就先詢問便宜那套的價錢。**

關於幫助他人：**不要接受謝禮或是謝宴……寧願讓別人記得你給他們的恩惠，還有他們對我們的虧欠。**

更多的奉承：**讓別人覺得自己很重要，是激起對方積極投入的有效途徑。**

別人說話時故意左顧右盼，是瓦解一個人自信心的好方法；讓下屬做事、自己刻意不常出面，以凸顯自己的重要性；開會時假裝有客戶打電話進來，能夠幫助你獲得更多的資源；和下屬分享公司財務機密以贏得他們的忠誠。探訪因病住院的人，是建立關係最好的方式。假如一位男士想要和一位年輕女性有更進一步的關係，應該趁女方生病的時候去討好她，因為這是女方最脆弱，也最需要安慰的時候。

《方與圓》基本上一點一滴地推翻中國兩千年來所推崇的傳統美德。

關於學問：成績最好的人替別人做事，成績差些的則當老闆。

關於謙虛：在不了解你的人面前謙虛不會被視為美德，反而會被認為是能力不足的表現。

關於家庭：（有位朋友）臨時被深圳大學雇用，但是他的太太……催著他趕快回家，她說：「要是你不回來，我們就離婚。」他認為太太比工作重要，所以就放棄工作回家了。但是他的太太還是跟他離婚了。

關於忠誠：假如你和好朋友處得很好，那麼你們現在的確是好朋友。但是如果現在有個價值百萬以上的商機，你或他不互相爭奪攻擊，那你們肯定是頭腦有問題。

關於誠實：有時候的確需要「白色謊言」。舉例來說，面對一個無法被醫治的病人，誠實以對可能會摧毀他的求生意志。謊言能夠幫助他延長生命，讓他在剩下的生命裡活得快樂。

這本書最無情的部分，是和男女關係有關的章節。商場上你來我往的競爭守則顯然也適用於個人的私生活。首先，提出對手可以接受的建議，無論是難纏的談判或是第一次約會時都適用。而和女朋友分手的好方法就是「有禮貌」——他突然對女朋友非常有禮貌，如果她幫了忙，他會說謝謝；如果她離開了，當然也要說再見。過度的有禮會讓人感到冷漠及無法接近。這個戰術也適用於讓有求於你的人知難而退。

倘若所有的方式都不管用，作者還提供他個人親自證實可以用來打破別人心防的方式：

如果想要喚起別人的良知，激起對方的高尚情操，其中一個重要的技巧就是……眼淚攻勢。牙齒輕咬下唇，眼睛看著前方，讓眼淚在眼眶裡打轉。下一次當你做錯事時，試試這個方法，我相信沒有人能不被感動。

這本操控人性、無視道德操守的作者，穿著短袖襯衫、卡其褲，光著腳丫打開他位於深圳公寓的大門。近看他本人比較老，也比較嚴肅，鼻子和嘴巴周圍都有很深的皺紋。他的單身公寓充滿時尚感——深色木頭地板搭配白色粗呢地毯，中間是一張灰綠色的流線型沙發。他幫我倒了一杯百事可樂，小心地放在玻璃製茶几上。

丁遠峙原本是湖北省的高中物理老師，他在一九八七年來到深圳，然後找到一份教書的工作——自然是靠心機與手段得來的。他事先知道這間學校的校長是《紅樓夢》的愛好者，所以有一天晚上他邀請這位校長到家裡來，他對自己的意圖隻字未提，反而聊起了《方與圓》這本書的內容，然後故意聊了很長一段時間。

我們聊得愈久，兩個人也愈談得來，完全不知道已經聊了好幾個小時。直到校長突然抬起頭，才發現時間已經過了十點。

然後他宛如大夢初醒般地問我：「欸，你找我有什麼事呢？」

在前面幾個小時的談話裡，我已經贏得校長的歡心，

所以當我說自己想到深圳工作的心願時，

這位校長自然沒辦法拒絕，一口答應讓我教書……

我戰勝許多對手一路轉到深圳，而且不花一毛錢。

沒多久，丁遠峙和一位朋友決定成立一家公關公司，那也是一個經過算計的行動。「我們認為這間公司介紹起來很簡單，只要說：「我們是中國第一間公關公司。」」丁遠峙告訴我：「我們推斷商業局大概也搞不清楚公關公司是什麼，所以應該很容易通過。」問題是丁遠峙和他朋友對公關方面知道的並不多，他們舉辦了一次公開活動，接下來就沒什麼起色了，所以他們轉而籌劃專門為管理經營者開辦的公共關係訓練課程。他開始閱讀卡內基的書，並在電視媒體上露面。

一九九六年出版的《方與圓》也同樣不是尋正常管道發行。丁遠峙沒有簽訂任何合法的出版合約，他只是向出版社買書號，然後自己出版、銷售。週末的時候，他會到深圳附近的書店，在店門口拉開布條、擺好桌子，就開始他的簽書會。《方與圓》刻意以國中的文字程度書寫而成，這樣就算是工廠的工人也能看懂。「民工們需要心靈的慰藉，」丁遠峙說：「他們需要知道成功是一件可能的事，這些書讓他們得到莫大的安慰。」

我問他對那些在中國銷售得不錯的勵志書籍的看法，他一本也沒看過。「中國所有的書都是擷取國外的點子，」他說：「中國其實沒有所謂真正的原創。」

當我問到他的下一個計畫時，丁遠峙離開了一下，回來時手中拿著一本麥可．波特（Michael Porter）所著的《競爭優勢》（Competitive Advantage）中文版；他溫和地說自己的下一本書會使用《競爭優勢》裡的一些點子，同樣是以國中的文字程度來寫。「我的書基本上將會總結波特的概念，然後轉化成更易讀、易懂的版本。」他說：「深圳有一大票只有小學教育程度的老闆，不過他們都很好學。」**這可是抄襲。**

與丁遠峙的會面讓我很失望，他根本沒有資格當一位成功學的講師。他不是令人印象深刻的演講者，也沒有任何讓人讚賞的想法，他的公關公司也一直毫無進展，而見過他的人也絕不會將他那一套勾引女性的建議當一回事。然而丁遠峙有膽量去做其他人不敢做的事。他設立一家公司，到處演講，還寫了一本如何成功的暢銷書。行動力是成功的人和一般人唯一不同的地方，**成功者和失敗者之間的不同，不在於想法上的差異，也不在於能力上的高低，**丁遠峙的書上這麼寫，**而是在他們是不是相信自己的判斷力，而且能勇敢的付諸行動。**陳英冒險跳槽到一個新的工作，但蔣海燕依然原地打轉；到最後，這是她們之間唯一的重要區別。

＊＊＊

二〇〇五年七月的一個星期天晚上，白領秘書技巧特別訓練班的第二期學生畢業了。為了舉辦畢業典禮，教室的桌椅全移到外圍排成一個口字形，中間的空間留給發表演講和表演的人。每一張桌子都擺了滿滿的花生、軟糖、餅乾和一杯用免洗杯裝的溫開水。講師們穿著正式襯衫、深色西裝褲、打領帶。大約有五十位學生參加，包括現在即將畢業的、之前畢業的，還有參加新課程的學生們。典禮主人劉校長正式介紹每一位講師，嚴老師獻唱了一首歌，歌名叫做「我們二十年後再見」。

讓我們二十年後再見，
到時候我們的故鄉將會多麼美！
全新的天、全新的地，
春天的景色多麼燦爛，
城市和鄉村多麼的輝煌。

「我想如果我們二十年之後再見，」劉校長說：「妳們所有的人都是百萬富翁和大老闆。」他接著唸出所有已經找到新工作、所以今天晚上無法參加畢業典禮的人的名字——幾乎是畢業班人數的一半，陳英也是其中一個，她在一家金屬製品工廠擔任職員。「我們希望她們工作順利。」好幾位畢業生都上台致詞。

這是我十年來最驕傲的時刻，因為我以前從來沒參加過畢業典禮。
現在我在一家公司當業務，工作很累，而且整天都要在外面奔波。

不過，我也學了很多。
我的名字是葉芳芳，我希望你們會記得我。
你們讓我從一個害羞膽小的人，變成有自信的人。
我學會如何經營自己，學會如何融合方與圓。
我會永遠記得你們。

典禮進行到一半，教室突然暗了下來，幾位學生走到教室周圍點上蠟燭。蔣海燕身穿長裙、透明絲襪，腳踏一雙高跟鞋，出乎我意料地表演了一首歌曲，每個人都被她的優雅深深吸引。接著在「掌聲響起」的歌聲中，畢業生繞著燭光熠熠的教室和老師一一握手，表達她們誠摯的謝意。劉校長也宣佈第三期的白領訓練課程，將於一個星期之後開始授課。

找到工作的畢業生之中只有四位回來參加典禮，這是學校真正的成就，這些缺席的女孩們各自分散在珠江三角洲地區，她們今晚不能來參加的原因，是因為她們已經繼續往下一段旅程前進。學校的老師們也將各分東西，從大學畢業的傅老師辭去工作，搬到上海和女友相聚；端木老師升職了，身兼更多管理上的責任。

在接下來的一年裡，我在智通學校認識的每一個人都面臨了人生的重大改變。陳英先跳槽到製造膠帶的工廠擔任銷售工作，然後又到一家生產冷氣機的公司，負責採購並管理生產部門的二十位員工。當我一年之後和她一起共進晚餐時，她完全變了一個人。她說話的語調合宜，手裡拎著時髦的包包，自信地在擺設古董木頭桌子的餐廳裡點晚餐。她一個月賺一千六百元人民幣——約七千五百元台幣，並同時被三位經理級的男士追求，她還和一位朋友打賭誰會先買一部汽車。「如果要我回到從前那個自己，」她對我說：「我不認為我會有勇氣讓自己好好活下去。」

蔣海燕後來回家鄉去了，但是不久之後又出來找工作，然後又再一次回鄉幫忙家裡打理一間賣吃的和文具的小店。蔣海燕的父母不希望她住在東莞，因為他們認為這裡不是一個安全的地方。陷入家庭束縛與包袱的她不願意和父母起正面衝突，「我不想讓家裡的人覺得我非這麼做不可，否則每個人都會很難受。」蔣海燕在我打電話到她家裡時告訴我。

鄧老師也切斷了和智通學校的關係，追求投資報酬率更高的工作——教公司的主管經理們管理學，一期收費五千元人民幣。「我四十二歲了，」他這麼告訴我：「我得替自己的晚年找出路。」某一個下課後的夜晚，鄧老師將裡面放了手機的行李箱留在一輛計程車的後車廂，然後就此和他之前的學生們失去聯絡。

典禮即將到了尾聲，教室裡的燈再度點亮，學生們一起唱最後一首歌：「朋友」。在樂聲飄揚的氣氛下，鄧老師將他的名片遞給每一位畢業生，劉校長也跟著頒發看起來很像一本小書、封面用紅色絲布包起來的結業證書。證書裡頭通常寫上校名的欄位，印著東莞智通人才智力開發有限公司和公司的標誌。

朋友啊朋友，
你想我嗎？

如果你過得幸福快樂，
請你忘了我。

朋友啊朋友，
你還記得我嗎？
如果你受到不幸與挫折，
請你告訴我。

朋友啊朋友，
你還記得我嗎？
如果你找到了停靠的港灣，
請離開我，離我而去。

8、八分鐘的約會

當民工女孩謀得一份穩定的工作之後，找丈夫就是她們接下來的任務。找丈夫有很多方法，有些女孩接受鄉下家人安排的相親，雖然那個人選可能是個從未踏出家鄉又沒出息的年輕人。在東莞住了一陣子的女孩，則從朋友那裡尋找目標，不過在城裡認識的男人可能藏了很多不為人知的祕密，說不定他在家鄉早就有老婆和孩子。還有些女孩報名參加聯誼服務，但是許多人覺得這個方式太「直接」。膽子最大的女孩在網路上找男人，網路隱藏的風險還激起了一首歌名叫做「QQ愛」的創作靈感。QQ是中國網路最受歡迎的聊天室名稱。

有位自稱人很帥
心地善良小乖乖
問今年你幾歲
有過幾次one night
嚇的我發呆
這是什麼E時代
趕快對他說聲拜拜
哦QQ愛

是真是假誰去猜

可以不找嗎？沒有人想過這個問題。城市生活既寂寞又孤單，如果能和某個人分享，壓力也可以減輕一些。而婚姻是一種孝道的表現，當民工到了二十歲的時候，父母親催婚的壓力就從不間斷，不管男的或女的都一樣。沒有人想變成可怕的「大齡青年」，根據字典的解釋，意思是「二十八歲到三十五歲的未婚男女」。傳統農村的人生時間表和城市的功利現實竟不謀而合，它們都認為──年輕女孩應該在她們最有價值的年歲及早結婚。

「東莞交友俱樂部」是這個城市最大的婚友聯誼機構，最早成立時的目的，是為了幫助佔城市人口百分之七十的女性尋找伴侶，目前的會員人數已經超過五千個。這個機構是由一個全國性組織──中華全國婦女聯合會所籌辦的，裡面的職員都是用心良苦的婆婆媽媽們，她們相信自己有責任「引導大眾」，但不管大眾是否需要她們的引導。俱樂部裡的女會員比男會員多，大概是二比一的比例，不過聯合會特別指出這個數字比東莞市女性和男性人口比例的四比一，或者五比一，也有可能是三比二的數值要高（就像東莞的人口數字，性別比例也同樣變化莫測）。

美國的交友社通常會鼓勵彼此陌生的男女雙方互相約會，但對中國人來說，這樣的方式似乎很不正派。俱樂部的會員們在每個星期天下午，會到設於一棟老舊辦公大樓的總公司二樓，進行所謂的「交換訊息」，俱樂部也會替會員們舉辦週末郊遊。約會在中國是一種團體活動。

坐我身旁的男士站了起來：「大家好，我的會員編號是2740。」說完立刻坐下。

負責主持這次聚會的，是一位名字叫做黎鳳萍的中年女性，她雙手插在胸前，不以為然地說：「就這樣嗎？你要自我介紹啊！」

那位男士又站起來：「我來自湖南，原本只有高職畢業，不過我後來自己自學，希望能拿到學士學位。」然後又坐下。

二〇〇四年秋天的星期日下午，總共有三十個會員到俱樂部的大會議室。整間會議室在日光燈和塑膠椅子的襯托下，感覺就像一間教室，或許是因為會員們也像小學生般分成兩邊的緣故；男的沿著牆邊坐成一排，女的則為了安全上的考量，一群一群聚在一起。

「我從廣東來的，做銷售的，是一個普通工人。」

「我來自江西，我是一個很普通的人。」

一位身穿萊姆綠上衣和白色牛仔褲的女生站起來，「大家好，我已經在東莞好一陣子，做銷售。我來自湖南，今天到這裡來的目的，是想給自己更多機會。」

大部分的自我介紹都非常短，每個人也都很害羞，他們說出自己的會員編號和來自於哪個省份，卻沒把名字說出來；大家也都用「普通」這兩個字來形容自己。男性多是電工、律師、廣告經理，還有生產線的工人，女性則是護士、職員、老師、銷售員，以及生產線工人。其中一小部分有離婚紀錄，偶爾有人用自我救贖的語調時，現場的氣氛總是一片沉默和懺悔。

我經歷了很多事，也受過很多次傷。現在，我都走過來了。

我是個大學畢業生，研究電腦的，現在是辦公室主管，我的目標是找一個她愛我、我也能愛

她的人。

「現在，」黎鳳萍在自我介紹結束的時候說：「每個人可以走到你喜歡的人面前。」

沒有人移動。

一段尷尬的沉默後，穿萊姆綠上衣的女生開口說：「我有一個建議，以後我們可不可以多舉辦一些正式的聚會，這樣大家就比較不會不自在，我們也不用浪費太多時間。」

「對啊，應該要更有計畫一點。」坐她附近的一個男的也同意。沒一會兒，原本的配對聚會就快要被一堆指正給瓦解了。每一次我見到中國人在團體中的互動情況，就越能了解文化大革命為什麼會發生的原因。人們被孤立時常感到驚慌失措，但是當他們躲進團體的保護傘下時所做出的猛烈殘暴攻擊，卻又著實讓人不可置信。

一位眼神銳利但臉蛋挺漂亮的小學老師站起來。

「你叫什麼名字？」她理直氣壯地要一個癱坐在牆邊椅子上的男性回答。

他趕緊坐直身子回答她的問題。

「你從哪裡來的？」她又問。

「廣州。」

「我很喜歡你。」

女孩坐下來，現場響起如雷的掌聲。

然後，又是一片沉默。

坐我旁邊的男士，會員編號2740，站起來離開。我轉向黎鳳萍，示意她讓大家站起來走動一下。「可以來點音樂嗎？」有人提議。然而要在三十個人的注視下走到陌生人面前的壓力實在太大，很多人逮到機會就偷偷開溜。那位被小學老師點名的男士沒有任何行動，小學老師也一直坐在椅子上，一臉堅定地凝視前方。

聚會結束之後，我走向一身萊姆綠的女孩面前。她近看時沒那麼高——幾乎不到一百五十公分，不過身材凹凸有致，清麗的鵝蛋臉上有一對靈活的眼睛；她的嘴唇塗了銀粉色的唇膏，頭上夾了一根水鑽髮夾。她二十九歲，從事銷售工作。「我過去太專注在工作上，以致於忽略了自我。」她對我說：「但是現在我想為自己活，所以才來這裡。」

我問她想找什麼樣的男性。

「教育程度、做什麼工作，或是一個月賺多少錢，這些我都不是很在意，」她說：「對我來說，感覺最重要。」

這個女孩是伍春明。那天的久別重逢之後，讓我印象深刻的，是她在聚會時對大家說的話——**今天到這裡來的目的，是想給自己更多機會**；還有她尖銳刺耳的聲音，和她毫不掩飾、不管在城市裡住多少年都改不掉的濃重鄉音。是這個聲音讓她贏得許多爭辯，也是這個聲音讓她在各個工地得以指使男性工人並贏得重視。

一段時間之後，我漸漸知道春明的一些故事，像是她最早如何到一家玩具工廠工作，之後為什麼幾乎被推入火坑，然後靠著自我推薦升任管理工作，接著靠直銷泰北傳統草藥和靈骨塔賺了很多錢。中央政府禁止直銷事業之後，春明在《中國國門時報》應徵到記者的工作。這家報社是由管理進出口審查的政府機構所經營的，所以春明的工作職掌並不在一般新聞業者的範疇之內。春明會先決定要寫關於哪一家公司的文章，而被她選中的公司因為害怕自己的產品過不了審查那一關，所以會付報社一筆錢，請記者美言幾句。文章報導得有多好，就看對方付的錢有多少。兩千人民幣只會被提到短短一小段，想要全篇報導就得花五萬人民幣。這簡直是敲詐，不過春明的薪水全靠佣金，她也做得不錯。之後她又在一家建築材料公司的業務部門工作兩年，然後在二〇〇一年和她的第一任男朋友一起開了一家建築材料批發公司。這家公司的壽命只有六個月，春明賠掉了二十萬人民幣的積蓄——扣掉一筆整修老家的費用之外，那是她從事直銷時全部賺的錢。當我再次遇到她的時候，春明剛找到一家瑞典外商公司的銷售工作，這家公司專門製造建築物的外牆油漆以及保護漆。

春明從一夕致富到一無所有的人生起伏，正反映出中國南方從繁榮到蕭條的景象。不過在春明的人生故事中，有一件比較不尋常的事，那就是在這個凡事講求現實的城市中，她依然對愛情充滿憧憬，就像俱樂部裡有個男士說的：**找一個她愛我、我也能愛她的人。**

* * *

春明的第一任男友在她工作的建築材料公司擔任司機，春明一開始並沒有特別喜歡他，但是兩個人經常在一起，而他知道如何吸引女性。那時已經二十五歲的春明，還不曾和男人有過親密關係。他們開始約會之後不久，春明就發現兩個人並不適合。他常常向自己的父母調頭寸，也從沒送過春明任何禮物。「他做不成大事，又不願意好好腳踏實地。」春明如此描述前男友。他們吵架的時候，他還動手打過春明兩次。

「他用手像這樣用力打我的臉，」春明一邊說，一邊舉起掌心示範給我看。「他第一次打我的時候，我一直哭啊，他還向我保證絕對不會再那樣對我。第二次他再打我時，我非常鎮定，也沒有任何反應。有句老話是這麼說的：會動手打第一次的男人，就絕對會再打第二次。現在我知道是真的。」

* * *

然而春明在男友身邊又待了一年半，他們在東莞市區的沃爾瑪公司對面租了一間三房公寓。

「每一次我說要跟他分手，他總是不回答我，不然就說我是故意玩弄他的感情，我真的不知道該如何擺脫他。」春明接著說：「我已經明白告訴他我們應該分手，但是我下班回到家，他還是在家裡，我不知道該怎麼做。」後來春明採取間接的方式，她把想寫給男友的信寫在自己的日記裡——**這一次我真的決定要跟你分手。我們根本沒有未來。**墨水滲透了整個頁面，因為她寫這些的時候留著眼淚。她把日記本留在廚房的桌子上，不過就算她的男朋友看了日記，他也沒有搬走。

這件事後來靠另一個女人解決了。有一天，一個女的從春明男友的家鄉打電話過來，她說自己和春明的男朋友有染，春明頓時鬆了一口氣。當春明告訴男友她知道另一個女人的事時，他沒說什麼就打包東西離開。從那時候開始，春明就沒認真交過男朋友，不過這中間還是有過幾段短暫的戀情。對春明來說，有時候這樣就夠了，因為她夢想以後賺夠了錢，她會有一間公寓和一輛車，至於男人——她什麼時候想要就可以有一堆。有時候，那些短暫的戀情反而讓春明更覺得寂寞，「如果你只有愛人，」她告訴我：「那就像一艘在茫茫大海裡的船，還找不到上岸的地方。」

＊　＊　＊

25歲會計師，
尋找有專業技能、有公寓房子、
有愛心和責任感的廣東男性。

女性希望男性有一份好工作和穩定的收入，男人則想找年輕、健康的女人。女性希望找身高超過一百七十公分，還要有房子的另一半，男性則不在意身高或房產，但是比較喜歡溫柔的女人。有些女性特別喜歡廣東本地的男性，因為這樣她們在當地馬上就有個落腳處；不過也有些女性認為當地男人比教會耍手段。男性不在乎住家狀況，而女性要求的條件比男性多。

每個交友俱樂部的會員要繳交一張基本資料卡，上面必須填寫職業別、婚姻狀態，以及身高、體重和健康狀況，也詳列要求的理想對象條件。另外，還包括了一些只有在中國聯誼報名表上才有的欄位，像是政治身分、是否擁有房舍，以及家庭成員的健康與財務情形。政治身分顯示是否屬於共產黨員，但是沒幾個人特別寫出來，大多數都是寫著「人民」兩個字。資料卡上也註明需不需要奉養父母或是照顧年輕弟妹，那些沒有家庭負擔的人還特別加註自己的父母很健康，或是弟妹都已經長大了。

每一張資料卡背面都貼了一張照片。女性穿著蕾絲裙和高跟鞋在公園裡擺姿勢，或是站在一座假湖中央的石頭上，像個需要被解救的少女；男性則大多穿著西裝站在山坡上。有些男性和女性的照片背景顯然都不是在他們住的漂亮公寓大樓前拍的，很多照片是在路邊的照相館拍的，照片中的主角站在假造的長城或是人造楓樹下，或是在我來到中國從沒見過的竹籬圍欄旁擺姿勢拍照。有一位將跳舞列在興趣欄上的男士，則貼了一張他在畫有麥當勞標誌的街道佈景前跳迪斯可的舞姿。所有的資料卡都根據性別和年齡用活頁夾分類——女78、女77，有一部分的女71和女72都是離婚有小孩的，上了年紀的女性則被歸類在**女性四十以上**。

大多數會員追求的不是愛情，他們並不渴望浪漫的沙灘散步或是熱氣球之旅，他們重視的是現實面的條件，像是**有上進心、能吃苦、有良好的經濟基礎、有穩定的工作和收入**。不過女性對身高方面特別在意，誠如人才市場對外在條件的要求，身高也代表一個男人的健康、穩定和幸福。雖然許多女性堅持要找身高至少一百七十公分的男生，但有一些還是能接受一百六十五公分的標準，不過沒有人願意和只有一百六十公分的男性約會。

從資料卡上所標註的徵友條件裡，不難看出許多人在過往戀情中所受的傷害。像是：**尋找**28

至34歲男性，個性開朗，不賭博。尋找有修養的男性，不酗酒、不好女色。偶爾有位勇敢的女性把所有的謹慎小心拋在腦後——尋找35到45歲男性，其他的就靠命中註定。有些女性將有沒有房子視為交往的條件，這在中國是非常普遍的現象，有時候聽起來很像是房屋買賣廣告，雜誌裡有一則徵求農村女性的廣告是這麼寫的：

27歲男性……離婚……個性開放，
有五房公寓一間，家具齊全、設備現代化和一部機車。
尋找一位相伴一生的女性。

必須擁有房產的先決條件並不像表面上看起來那麼唯利是圖，就像身高一樣，有房子的男人是可以依靠的象徵。「這些女人不是真的想要找個有錢人，」一為名叫湯翱的男士如此對我說，他是東莞市區另一家交友社的負責人，根據他的解釋：「她們只是需要一點安全感。」

每個我交談過的會員對俱樂部都不是很滿意，有人對我說它的男性會員都沒受過教育而且很沒水準。有些想發展婚外情的已婚男人，有時候也會用假身分加入會員。俱樂部的職員都是「一群老奶奶」，這是春明說的。即使如此，每一次我經過俱樂部時，總是有一群人已經在那裡，翻閱著女78或男71，繼續尋找他們的理想對象。

＊　＊　＊

就在春明努力奮發向上的同時，她也拋下了許多人。過去和她一起在生產線工作的朋友大多回鄉結婚、生小孩。條件比較好的工廠大部分雇用一般工人時，都不考慮年齡超過二十五歲的女性，所以年齡大一點的女性只能到管理不佳的工廠，或是找一些清潔婦的工作。對民工女性來說，一旦青春消逝，流動性和機動性是她們想要繼續留在城市裡的生存之道。

春明現在的朋友——年紀逼近三十歲或三十出頭的女性，都在這場人力淘汰賽中存活下來。她們大都像春明一樣來自農村，不過也有幾個是在城裡長大，還上過大學。她們通常都有自己的工廠，承包東莞和全世界各大廠需要的小零件。其中有個女的和她先生專門製造裝飾皮包的鉚釘，另一對夫婦做的是用來黏合鞋跟和鞋面的膠水。一位二十六歲的女性經營製造鞋底的工廠，另一位的專長是木製地板，還有另一個專門販售建築材料，不過正考慮轉行做內衣批發。對春明而言，這些朋友就像她的家人。每次出差的時候，她經常連聲招呼也沒有就出現在朋友的公寓門口，而且一待就是好幾天；她的換洗衣物和牙刷幾乎遍佈珠江三角洲。有一次我和春明相約在深圳見面，她已經出差五天了，卻只帶了一個只能裝一支口紅和手機的手拿包。

待在春明的朋友圈裡，就像透過一個能同時顯現兩個景物的光學鏡片看世界。在城市，她們看起來就像活躍的中產階級，這些人有房有車，或者正準備買車買房，她們上駕駛課、到處度假，她們修指甲、節食、學跳拉丁舞，永遠知道最新開幕的巴西燒烤餐廳或是城裡最好吃的優格冰淇淋在哪裡。然而在其他時候，她們的鄉下出身似乎永遠潛伏在DNA裡。她們的公寓也許裝潢得很有品味，但是廁所都是蹲式馬桶；她們的醫藥知識還停留在老一輩的民俗療法——生病的時候煮人參雞湯，天氣冷時喝豬肺湯防止呼吸道感染；長途旅行搭的是公車和火車，幾乎沒有一個人搭過飛機。當她們搭了一天的車回鄉過農曆新年時，流逝的卻是多年來的歷程。

春明很少提起她剛進工廠的那些日子，我不認為她是感到羞愧才絕口不說，而是因為那個在玩具工廠工作的女孩，那個每天寫日記、努力學說廣東話、並牢記富蘭克林十三則道德規範的鄉下女孩，已經離她很遠很遠了。她依然勤奮地想讓自己更上一層樓，她公寓書架上幾乎清一色都是自學和自助的書籍，例如：《一百個成功的故事》（One Hundred Success Stories）、《玫琳凱領導奧祕》（Mary Kay's Nine Leadership Keysto Success）和一系列英文書名的禮儀書籍，像是《Toneand Crass》（音調與格調），書名將Class拼成Crass，這真是最糟糕的錯誤。客廳牆上有一幅春明塗了銀粉色口紅、頭髮用寶石髮夾往後夾起的大型藝術照。整間公寓也反映出她的個性——費心佈置，嚴格的自我檢視。

每一件事對春明都是學習的機會。從韓國連續劇裡，春明學到要用右手拿叉子、左手拿湯匙，但是如果拿的是刀叉，就要左手拿叉、右手拿刀。她也在韓國的電視節目裡第一次看到保鮮盒。有一次我給她一片《羅馬假期》的DVD影片——她曾請我帶一些美國電影給她，不過她看完這部好萊塢娛樂片的心得，完全是馬克思主義的道德觀，「那個窮記者可以寫公主的故事來賺一大筆錢，」她說：「當他放棄賺大錢的機會後，更顯得他的人格高貴。」春明不知道奧黛麗·赫本是誰，不過批評她「沒有茱莉亞·羅勃茲漂亮。」

春明具有敏銳的觀察力，就像我觀察她一樣，她同時也在觀察我。我們後來第一次見面時的地點是她挑的，一個叫做歐洲咖啡西餐的餐廳，她點了跟我一模一樣的餐點——義大利肉醬麵。

她注意到我經常點啤酒配晚餐，有一個晚上她說自己偷偷練習過了，所以現在可以跟我喝一杯。她問我牛排的味道如何，哪一個國家的男人最貼心，還有美國媽媽如何教養小孩等等。她也常常做新的嘗試，染頭髮、燙成捲髮、又燙直，她的衣服也都經過細心搭配，我從沒見過她穿相同的服裝。

我來到東莞以前所認識的中國人都是屬於高學歷的一群，他們對於我們之間的差異非常敏感，他們想要知道我認為自己是美國人還是中國人；當他們發現我竟然不太會閱讀中文、而且還和外國人約會這件事，感到震驚，甚至被冒犯；他們也常針對民主、伊拉克戰爭，還有外國媒體對中國的不了解而教訓我一頓。他們的國家已經遭受西方長達一百五十年的打壓，這些不太光彩的過往歷史也常出現在我和他們的對話裡。這是我祖父和我所有親戚的世界，一個許多中國人依然生活的世界。

春明和她的朋友對這些一點都不在乎，她們不介意我的中文很差，也不在意我知不知道某些中國名作家的名字，她們也從沒問我對民主的看法。或許她們生來就缺少許多的優勢，但也因此不必背負這個國家賦予高知識份子的特殊包袱。但是當我遇到春明的一個男性友人時，那些對話又浮上檯面。有一次，春明的一個叫做阿強的外科醫師朋友問我是做哪一行的，我告訴他我正在寫一本關於民工女性的書。

「《南風窗》雜誌寫了很多關於這方面的報導，」他說：「妳可以用他們寫的那些，替自己省點時間。」

春明大大地嘆了一口氣：「不同的人有不同的觀點，」她說：「或許她和別人看事情的角度不一樣，那也是她想寫的原因。」

我差一點忍不住站起來鼓掌。

春明轉過頭來看我，「我說的對不對？」

「對極了！」

阿強還不死心，「妳應該寫一些中國憲法上的問題，」他對我說：「我們的憲法那麼完美，但是最基層的政府官員卻無法實踐，還發出反對聲浪。」

「那和她現在寫的根本是不相干的議題。」春明惱怒地回話。她拿出手機開始看簡訊，意指這場對話已經結束。

春明非常了解我，在某方面來說，她和我都有同樣努力地——用不同的角度看世界，然後寫下自己的故事。她將離鄉之後寫的日記全保留下來，「如果哪一天有辦法了，我也想要寫。」她說：「我要寫一些最簡單、最平凡不過的事。」

＊＊＊

二○○四年十二月的一個星期天晚上，春明邀請我到一家湖南餐廳，同行的除了她的護士朋友阿寧——皮膚白皙，迷人的低沈嗓音，還有兩個在工廠任管理職的年輕男士。春明穿一件黑色的毛衣和格紋長褲，手上戴了寬版手環，看起來很優雅。她拿了一只仿冒的芬迪包。男士們都穿工廠的制服襯衫。

我才一坐下，其中一個男的立刻轉向我：「從妳的觀點來看，凱瑞和布希的不同點在哪裡？」

「他想要知道妳把選票投給誰？」春明說。

「我投給凱瑞。」我勉強回答，因為我不是很想朝那方面的話題發展。

「妳認為中國已經做好民主政治的準備嗎？」他雖然問我，但卻不這麼認為。「如果我們可以投票，」他繼續說：「我會投給蔣介石，我認為他是一個很好的領導者。」接下來是這個問題：「妳覺得自己比較像中國人還是美國人？」

三瓶青島啤酒出現在桌上，一直問我話的那個男的興致更加高昂，政治議題加上啤酒攻勢顯然比單方面的政治問題更能讓我節節逼退。「來，不醉不歸！」他宣佈。

春明馬上替我解圍，「我覺得互相灌酒真的很愚蠢。」她說。

阿寧也立刻改變話題，她說自己最近剛在一間健康俱樂部報名參加現代舞的課。

「我也很想學跳舞！」春明說：「我想要學恰恰。」

「我還想學瑜珈。」阿寧接著說。

然後她轉過頭來問我：「妳會調酒嗎？」

「哪一類的調酒？」我問。

「像雞尾酒之類的。」她說。

我說我會幾種基本的調酒。

「我真的很想學怎麼調酒，」阿寧興奮地說：「我甚至可以為了學調酒，免費到酒吧工作。」

「我最近和客戶一起參加在一間飯店裡舉辦的聚會，」春明告訴我們：「會場上有很多外國人，我們喝的是一種裝在高腳杯裡的冰酒，我用手握住杯底拿酒杯，不過有人跟我說應該拿著杯柄才對。」春明的雙眼睜得好大，這些女孩們遇到令他們驚訝或是興奮的事情時都會這樣。「規矩真的好多喔，不過能學這些也不錯，因為以後可能還有機會參加類似的聚會。」

男士們試著想把話題移回正軌，其中一個問春明在哪裡工作。「我在一家外商投資公司。」她很酷地回答，我記得在下半段的晚餐裡，兩位男士好像都沒說話。晚餐過後，春明和阿寧把他們送上計程車，他們住在離市區比較遠的地方，大概需要一個小時的車程。

我們三個搭另一部計程車到一家提供瑜珈課的健康俱樂部參觀。春明整個人靠在椅背上，然後嘆了一口氣。她告訴我那男的是湖南人，是一位想把他們湊成一對的同事介紹的。對方那天下午打電話來說他只在城裡待一天，「要不是他和我都是從湖南同一個地方來的，不然我才不想邀他一起吃晚餐。」春明這麼說。

「他真的很幼稚。」阿寧也來搭腔。

「我沒辦法接受他，」春明同意阿寧的說法：「他沒有什麼想法，而且還比我年輕三歲。」

我什麼話也沒說，因為那時候我倒有點同情他，我也才發現自己剛經歷了第一次的中國式相親。

我們到了健康俱樂部，舞蹈課已經截止報名，瑜珈課一個星期上兩次，不過兩堂課的教練都不在。阿寧突然想到我們正好在交友俱樂部附近，「不知道今天晚上有沒有活動？我們去看看吧！」我們三個人跑到街尾，再爬上樓梯到了那裡。大廳裡空蕩蕩，今晚沒有交友活動。春明和阿寧坐下來，開始翻閱男會員的資料卡。「這裡有那麼多漂亮女生，但是看看這些男的！」春明忍不抱怨。

她快速地翻閱，「我會先看這些照片，」春明說：「但是光看照片沒辦法知道這男人是好還是壞，不過看照片還是可以先淘汰那些真的很爛的。」春明指著一張照片，裡頭那個男的矮胖矮胖，一臉倒楣樣地站在一排人造圍籬後面。「只有最不稱頭的人才會到照相館拍照，那是我十年前才會做的事哪！在公園或是自然環境下拍的照片比較好看。」

阿寧似乎已經跟俱樂部的許多男會員約會過，她給我看一張一個男的倚在樹下的照片，「他看起來很高，其實本人一點都不高，只是站在樹下的關係。」

她翻到另一張照片，「這男的看起來很善良，但是他其實對人不怎麼和善。」

下一張，「這個男的已經四十八歲，我對他說就算我覺得沒關係，我的父母也永遠沒辦法接受。」

再下一張，「這個人腦筋有問題。」

阿寧最近才剛離婚，所以積極物色男朋友。她和超過二十個以上的俱樂部男會員約會過，還曾一天趕四場的相親。「我還遇過一個男的，說他住在不到三坪大的租房裡很快樂。」阿寧告訴我：「我說：『真的嗎？你住在三坪大的房間裡真的那麼快樂？』」她和一個老師的相親約會也沒結果，「他咬完口香糖以後，又開始玩指頭，我實在沒辦法忍受。這個人是老師欸，他怎麼教小孩！」

「每一次和這種男人見面以後，」阿寧說：「我都很想哭。」

「我要是和這種男人見面，」春明也附和：「我會想吐。」她拿起另一本資料本——女74，翻開她的相片給我看。那是一張黑白照，照片中的春明留短髮，看起來像個小女孩，由於經過柔焦的關係，整張照片很有藝術感；不過或許是照片拍得太藝術了，後來也只有兩個男會員打電話給她。春明在資料卡上註明的對象條件是：**善良、誠實、幽默、有一間公寓**。她是我見過唯一提到幽默感的人。

「公寓不是一定要具備的條件，」春明告訴我：「我們可以一起買一間房子，我只是希望對方有房子的話更好。」但是她絕對不和身高低於一百七十公分的人約會，因為一個男人太矮會讓人很沒安全感。

我們離開交友俱樂部之後，阿寧說了更多那個腦筋有問題的男人的事，「我和他只出去過一次，他就說他曾因為試圖自殺在醫院住了兩個星期。」阿寧告訴我：「剛開始我覺得應該幫他一把，因為我自己是個護士。但是後來決定不應該讓自己困在裡頭。」

那個男的後來常在奇怪的時間傳簡訊到阿寧的手機，「真不知道一個腦袋有問題的人，怎麼能當上五星級飯店的財務長。」阿寧這麼說。

「因為他說謊，就是這麼簡單。」春明回答。

我們一起到TCBY吃優格冰淇淋，春明在一陣舉棋不定之後，終於點了一個藍莓起士優格冰淇淋聖代；她告訴經期剛來的阿寧絕對不要吃任何冰的東西，所以阿寧點了一杯熱草莓牛奶，上面淋的化學粉紅果醬，看起來就像工業廢料。

到交友俱樂部的那趟路不算白走，因為我們發現這個週末有一個叫做「八分鐘的約會」活動，阿寧告訴我們她聽過類似這種快速約會，春明很想參加，她非常愛嘗試新鮮事，而且天性就很樂觀。這些特質讓她得以在東莞生存了下來，只是這些特質用在約會上不一定能得到最好的結果。

「問題是，」阿寧說：「有時候八分鐘太長了。」

＊　＊　＊

住在城市的生活，改變了農村女孩對婚姻的期待。根據多項調查顯示，移居到城市生活的農村女性比較可能自己選擇結婚的對象，比較晚婚，生的孩子比較少，而且大多選擇在醫院生產，追求婚姻的品質，也視離婚為可接受的選項。百分之六十的民工女性在一項調查中圈選「建立一個幸福的家庭」和「在工作不順心時能有一位陪伴的對象」為婚姻目的，只有百分之十的女性選擇「人生的依靠」這個答案。

在傳統社會裡，女性結婚之後必須與丈夫的家人住在一起，而且必須遵照婆婆定的規矩，生下來的小孩也屬於男方。但是移居到城市的年輕一代完全擺脫了這些包袱，住在城裡的情侶通常自己支付結婚費用，女方生了小孩之後則大多暫時回到娘家而不是婆家。

長久以來，許多學者認為絕大部分的民工女性最後會回到家鄉結婚、生子，然後以務農維生。許多一九八〇和一九九〇年代的民工的確遵循這樣的過程，但是新一代的移民已經有所改變。愈來愈多年輕女性嫁給同樣是民工的另一半之後，就在他們後來住的城市裡定居下來；即使他們回到本來的城鎮，也會選擇市區而不是出生的鄉村來居住。而且就算已經結婚，也不代表他們一定不會再移居到城市去；年輕夫妻常常先回到家鄉結婚，然後再一起出外工作。

和春明及她的朋友相處一段時間之後，更讓我相信一般人認為大多數的民工女性最後會回歸農村的認知是錯誤的。在春明朋友圈裡的每一個人都離家好幾年了，她們顯然不會再回到家鄉定居，不過因為更改居住地址的費用昂貴且手續繁雜，這些人也不是合法的東莞居民。研究回歸民工的學者們都是在農村進行考查，因此他們只能將類似春明這樣的人視為暫時離家，也沒辦法得知她其實已經在另外一個城市定居了。

＊　＊　＊

春明透過交友俱樂部約會過兩次，第一次，男方坐計程車從東莞的另一頭來赴約。春明到公寓樓下的人行道旁和他見面，兩個人互相仔細打量了一番。

「妳好。」他先開口。

「你好。」春明接著開口。

「我覺得妳很漂亮。」他說。

「我想，我們還是做朋友吧！」她回答。那時候計程車還沒開走，所以那男的又坐上車，然後揚長而去。

第二次約會是在春明公寓附近的一間豆漿店，男的因為迷路，所以遲了一個半小時，於是春明自己先開始吃早餐，那時是早上的九點鐘。當男方終於出現時，他對春明沒等他來就自己開始吃東西感到不高興，他想掌控情勢似地擅自替春明點了一碗湯，但是被春明拒絕。

「他點了一碗熱湯，又點一碗冰豆漿，」春明告訴我：「妳能想像嗎？一碗熱的、一碗冰的，那是他的早餐！」

喝過營養的豆漿和湯之後，男方建議他們一起散個步。「那時是早上九點鐘欸，他竟然想去散步！」

春明告訴那男的她還有別的事要忙，不過他似乎不明白春明話裡的意思。「我們當朋友就好。」春明只好直說，那男的才終於搞清楚。自從那次之後，春明就放棄交友俱樂部了。她對網路交友比較有信心，她覺得從網路上至少可以認識比較高水準的男人。

我有一天到春明的公寓去找她，她教我怎麼在QQ聊天室認識別人。只要一連上網，就能從一個框框裡看見其他也正在上網的人，然後你可以從出生地區、居住地區、年齡和性別來選擇你想要聊天的對象。春明警告我網路聊天室有很多關於性方面的話語，「這些是我們在現實世界閉口不談的，」她向我解釋：「所以我們在網路上聊。」

春明上網沒幾分鐘，就出現了一個男的。他是春明一個朋友的朋友，當初是介紹給春明當男朋友的。

你在工作嗎？

是啊，妳呢？

我在家裡。

你在哪裡？

這位男的在東莞當城市設計師，原本是在山東工作，目前二十七歲，比春明還年輕三歲，不過春明告訴他的年齡是二十五歲。兩個人的對話很快進展到打開電腦的視訊攝影鏡頭，好讓彼此看見對方。電腦另一端的年輕人看起來很嚴肅，體重也不輕，戴著眼鏡。

對不起，我長得很醜。嚇到妳了嗎？

春明轉過頭看我，「他看起來是個老實人。」

一點也不會，她回寫道，**我覺得你長得還可以。**

妳結婚了嗎？有男朋友嗎？

沒有。

哦，所以妳比較保守囉？

不，我不保守，不過我比較傳統。

哪方面？

她靠在椅子上看著我，思考著「哪一方面？」

這個年輕人也太猴急了，**性嗎？**他們之間的對話常讓她趕不急回答，因為對方打字的速度比她快太多了。受過教育的人懂得怎麼打字，而春明只接受過一小部分的正式學校教育。

不是，不是性方面。春明這麼寫：**說實話，我上網就是為了找男朋友。**

為什麼一定要以結婚為目的？

不一定是這樣，可以交朋友也很好。

妳可以接受的程度是什麼？他是在問我願不願意和只是朋友的人上床，春明解釋給我聽。

我們什麼時候可以見面？我下班之後都有空。

「喔，不！」她突然驚叫，「他想要跟我見面。」

春明那天晚上和那個人見面，他似乎是個好人，也有一份不錯的工作。她之後對我說；但是他長得非常醜，有個大肚腩，鼻頭還有顆青春痘。接下來的幾個月，春明一直在這件事情上面舉棋不定，**他非常醜，但是在名校讀書；他就年紀上來說很成熟，但是他長得非常醜**。春明陪那男的一起到店裡選購他公寓需要的沙發，她和他發生過一次關係，但是卻沒辦法和他進行一段真正的愛情。「大部分中國人的婚姻都不是建立在愛情上，」她說：「或許我也會有這樣的婚姻，但是我還不打算妥協。」

＊　＊　＊

東莞不只是一個讓年輕女孩改變命運的地方，成熟女性同樣將這個城市當作是她們重新振作的出發點。我有一天到一家叫做「東莞市大都會命運規劃公司」的聯誼俱樂部參觀，這家俱樂部比東莞交友俱樂部小，但聲稱比其他類似機構更高級。它的會員必須至少高職畢業，或是一個月的薪水至少要有兩千元人民幣以上。我和這家公司的其中一位經理以及他的兩位女性助理會面，那真是一段痛苦的經驗，他們三個人的手機響個不停，講話的聲音也一個比一個大聲。其中一位助理很年輕，聲音也比較輕柔，另一位中年女性的名字叫做向陽，她的身材壯碩，臉色紅潤，戴了一頂誇張的豬鬃帽。兩位女性都未婚，但是她們卻在一家理應充滿婚姻前景的公司上班。

雖然這位經理計畫在東莞市各個地區成立加盟形式的分公司，但是我從他的名片上發現，他也隨時在找備胎。

綜合規劃
觀光事業
房地產規劃
家教和管家
證照申請代理機構
創意設計
藝術訓練
市場營銷仲介
物產經紀
年度資產審查
資訊系統輸入
儀式和典禮代辦

獵人頭公司
財務帳戶管理
經營顧問
婚禮規劃
工作協尋中心
民事調查
稅務審查

我們正在談話的時候，一位中年女子從街上走進來，詢問俱樂部的相關服務。她有一張標緻的長臉蛋，身穿一件醒目的黑色西裝外套。於是向陽帶著我們兩個一起參觀俱樂部在街尾的活動中心，離開辦公室時，我注意到前面的窗戶貼滿了房地產的列表。

這位中年女子的名字是孫翠平，從安徽省來的。她先是被任職的百貨公司開除，後來又發現先生有外遇所以離婚了。她在東莞的朋友鼓勵她來市區走走，她已經到這兒二十天了。

「妳真的很勇敢，」我對她說，同時也十分訝異一個生活被破壞家庭的狐狸精給毀了的女人，竟然選擇到東莞這個情婦和伴唱女郎數量最多的城市來。

「妳應該寫一些中年婦女的生活，」向陽告訴我：「我們的生活很不容易，我才剛認識孫大姊，也只聽說她的一小部分故事，但是我知道她所受的傷害。」

向陽繼續說，但是我留意到孫大姊的眼淚掉了下來。她突然站定在人行道旁，然後別過臉去，不讓我們看到她的臉。中國人表達情緒的方式常常讓我感到意外，一個看起來冷靜、自制的人，卻在光天化日的大街上哭哭啼啼。孫大姊在她的皮包裡翻翻找找，我給她一張面紙。「給妳自己一點時間，」我試著想說些讓她恢復信心的話：「慢慢來。」

我們繼續往前走，向陽不太尋常地保持沉默，但是現在她又開口了，而且還無視於孫大姊的存在。「孫大姊是六十年次的，」向陽說：「她長得不錯，人又高、又有能力。然而我們的社會還是遺棄了她。她也曾經是個漂亮女孩，但是現在年紀大了，白頭髮長出來了，臉上皺紋也沒辦法藏。」

向陽滔滔不絕地繼續高談闊論，在我面前拿孫大姐當犧牲品。我被她的無情嚇呆了，但是當我偷看孫大姐一眼時，發現她沉默地一直點頭，好像覺得向陽說的話很對。「我有很多這個年紀的朋友都在談離婚。」孫大姊這麼說。

「很多年輕夫婦還更早哩！」向陽語帶誇張地附和。

「這個年紀的男人在經濟上比較寬裕，外面也有很多活動。」孫大姊繼續說：「他到旅館去，那裡有年輕女人；他去三溫暖，也有年輕女人；到了美容院裡，更多年輕女人。」

「現在社會裡的男人經濟狀況愈好的，道德觀念愈低落。」向陽也認同地說：「我們必須喚起社會支持像孫大姊這樣的中年婦女。」

我們終於抵達活動中心，裡面有健身器材、麻將桌和一間閱覽室。向陽大聲疾呼：「這是一個非常關鍵的時刻，」她說：「如果現在沒有人救孫大姊，她可能就會像海帶一樣，永遠被沖刷到大海裡。」

我沒回答她，我開始有點明白為什麼她到現在依然單身的原因。我倒是想多花一些時間認識孫大姊，除了那些多餘的評論外，我實在沒辦法眼看一個女人掉淚，另一個女人還將她比喻成海帶。孫大姊給我她在東莞的手機號碼，這樣我們下一次就可以相約見面。回到家以後，我覺得自己彷彿剛經歷一場傷痛的情緒起伏——好像自己就是那個在路邊哭泣的女人。

一個月之後，我撥了好幾次孫大姊的電話號碼，但是那個號碼已經停話了。我不知道她後來是否找到她來東莞所要尋找的，無論那是什麼。

＊＊＊

東莞是中國的淫窟，生意和性交易是兩個密不可分的行業，如果晚上和商業夥伴或是客戶外出，最後一定會到城裡的其中一家卡啦OK酒吧、按摩院、理容院，或是三溫暖，那些地方是嫖妓的最前線。這個行業的固定常客是那些太太不在身邊，又有錢可以花的台灣和香港來的工廠大老闆。我在北京的所有男性朋友都知道東莞的大名，到過這裡的人都曾在旅館大廳被妓女攔下來，或是接過晚上打到他們房間的電話——**先生，你需要一個伴嗎？**我很好奇那是個什麼樣的世界，但是我需要一個男的來當臥底。

我認識一個住在東莞的美國人，他的名字是班·區沃，有一頭金髮和一身橄欖球員般的壯碩體格，他之前在台灣的鑽石交易市場工作，現在則是好幾家企業的負責人，販售保全系統、燈光設備和想當然爾的手機。我打電話給班，問他能不能介紹幾個賣淫的伴唱女郎給我認識。班在中國做生意已有一段時間，他立刻安排我和一位地方生意人朋友在某個晚上見面。「這些人比較粗魯。」他事先警告我。

班的朋友開一部嶄新的八人座本田休旅車來接我們，上車的時候那位朋友說這部車要價二十八萬元人民幣，而且他還有另一部一模一樣的和一輛BMW。

「她是你太太嗎？」他問班。

「不是，我們只是朋友。」

「那我就有機會嘍。」他笑了笑。他的名字是龔耀培，不過大家都叫他「老龔」，叫起來和「老公」的音調一樣。他看起來差不多五十幾歲，有一張英俊但憔悴的臉和一對疲憊的雙眼，就像我認識的大多數中國企業家。當他笑的時候，看起來更顯倦容。

我問老龔他從事的是哪一行，他的回答讓我摸不著頭緒，好像是衛生檢驗員用來檢測食物中的微生物所用的科學儀器之類的。

「你是怎麼進入這麼奇特的行業？」我又問，但是他沒有直接回答我，只說自己之前還賣過長距離測量員使用的紅外線儀器。中國的企業家大多是機會主義者，他們經常投資經營一連串完全不相干的企業體系；我的一位中國同學不但經營一家餐館，還開了連鎖藥局和一間英文學校。

老龔帶我們到一家佔地兩百多坪的日本餐廳，整間餐廳裝潢得富麗堂皇，紅色的長地毯、一排排人造竹籬，還有一個養殖龍蝦和鮑魚的超大水族箱。餐廳的公關人員趕緊出來迎接老龔，他面對著老龔一邊說話一邊往後退，就像古時候的朝臣不敢背對皇上一樣。原來老龔還有另一個毫不相關的事業——室內裝潢，因為這家餐廳還欠他錢，「我來這裡都免費！」老龔說：「所以來的人愈多愈好。」他帶我們穿過有如迷宮的走道，隨意打開一扇扇門。我偷瞄到一間像整間餐廳那麼大的包廂，裡頭有一張超大的桌子，足以讓一整個中隊的人坐下來吃壽司。「他是東莞之王。」班佩服地說。

我們用餐的時候，另一位生意人也過來一起坐，他的臉上滿佈皺紋，一雙溫柔的眼睛看起來比老龔更疲累。他和老龔從小一起長大（「他的家人在文化大革命時，曾批鬥過我家。」老龔這麼說。），其他同桌的客人還有一位當地的銀行經理和一位老師，根據老龔的介紹，這位老師還是一所中學音樂系的主任，而且很會唱卡啦OK。班向我解釋這幾個人和老龔之間的朋友關係——那位銀行家批准了老龔的企業貸款，而那位老師保證讓他的兒子在學校拿到好成績。

一位名字叫做蓉蓉的年輕女孩坐在老龔的身旁，她是廣州大學英文系的學生。蓉蓉穿了一套特別訂製的棕色羊毛套裝，腳踏一雙很高的高跟鞋，手裡拿了一只昂貴的手提包，看起來很像一個接受面試的大學生，不過中國的大學生不會有那樣的穿著打扮。蓉蓉是老龔的情婦，但是我不太願意相信，因為一個條件這麼好的女孩可以輕易在國際性的公司找到工作，或者出國拿碩士學位。「為什麼像她這樣的女孩會跟那種男人在一起？」我不解地問班。

班在三年前就看過蓉蓉和老龔在一起，那時候她還是個大學新生。班聳聳肩說：「她大概喜歡收禮物吧！」

這一餐是我在東莞吃過最精緻豐盛的晚餐——新鮮生魚片、神戶牛肉、咖哩螃蟹，還有清酒。用餐時男士們互相傳遞一疊用釘書機釘起來的紙張，我請他們讓我看一下，原來是英格蘭超級足球聯賽未來幾場對打球隊的積分表。席上的幾位男士全都是大賭客，一年會到澳門賭場好幾次。

這樣的男性在中國被稱為「大款」，意指白手起家的生意人，但是他們的財富大多來自於貪腐或不法所得。大多數人鄙視他們毫不掩飾的炫富和出手闊綽，如果其中一個人被逮捕了，通常都是過於炫耀所致，而接受賄賂的警察或政府官員也會連帶被捕。在許多中國知識份子的眼裡，大款的貪婪和敗德，正是目前中國社會敗壞的主要原因。或許他們真的是敗壞道德、邪惡墮落的一群，但是我喜歡他們。當老龔和他的朋友問到我的書是關於哪方面的時候，他們仔細聆聽我的說明，也不會立刻告訴我應該怎麼寫才對；我可不是到這兒來證明我對中國政府的忠誠度。雖然他們只看事情的表面價值，但是每個人也都花了一段很長的時間才到達現在的成功境界，所以他們也沒什麼好證明自己的。

那位中學老師倒是比較不一樣，他堅持分析、解釋、控制每一件事情，而且決定拿我開刀。「所以妳是用正面的角度來寫這本書囉？」他問我。

我向他解釋沒有所謂的正面或負面，我希望這本書能反映真實的情況。之後我無意中聽見他對別人說：「她是以正面的角度來寫這本書。」

接著，他轉而向班進攻：「你回到美國後會吃不慣西方的食物嗎？」

班說他喜歡中國食物，也喜歡西方的食物。

「那你比較偏好中國菜還是西餐呢？」這位老師堅持追根究柢。

「中國菜。」班識趣地回答。他用英文對我說：「我知道接下來會怎麼樣。」

「中國菜是世界上最好吃的菜，」老師激動地說：「而且所有的中國人都是好人。」

「不對，」一直沒參與這些對話的老龔突然提出異議：「百分之七十的中國人都很壞！」他說話的口氣非常有威嚴，所以老師也不敢跟他作對。這件事就這樣有了定論：**百分之七十的中國人都很壞**。由此也可以看出為什麼一個人是東莞之王，另一個只是很會唱卡啦OK的中學老師。

銀色世界飯店的俱樂部有獨立的入口，我們進去的時候，十六位女服務生一字排開，向我們行一百八十度的鞠躬禮。大廳看起來有如夜總會般華麗，黑色的牆面，閃閃發亮的紫色螢光燈，還有佔了一整面牆的酒櫃，上面擺滿一瓶瓶起瓦士和約翰走、路威士忌，還有長城葡萄酒。一盞盞燈光從酒櫃後面投射出來，彷彿一幅大型藝術作品。我們被簇擁進一間私人包廂，裡頭有好幾張沙發，面對著三面大螢幕。中間最大的一面是播放卡啦OK伴唱影帶的，右邊那面專門用來選歌和點飲料。老龔的商場朋友打開左邊那面螢幕，轉到利物浦對曼聯的英超足球大賽，然後整晚忽視在場其他人的存在。由此可看出，唯有錢比女色還重要。

蓉蓉和老龔坐在沙發上，她從桌上的水果盤裡挑了一顆葡萄往老龔的嘴裡送，他則熟練地張開嘴巴，像隻受過訓練的海豹。服務生陸續送來水果盤、杯子、冰塊、檸檬片、汽水、威士忌、伏特加，整個晚上就這麼不斷地送東西進來；賣東西的小販也進進出出，兜售香菸、玫瑰花、大布偶，還有民俗舞蹈表演。一個叫做「媽咪」的女人走進來確認哪一位顧客想做性交易，哪一位只想唱歌。

接著進來的是一批女孩，總共有七個，她們身穿閃亮的金色細肩帶禮服，看起來像要參加畢業舞會的高中女生。她們在門口排成一排，光潔的肩膀因強大的空調冷氣而瑟縮。兩個女孩擠在一起吃吃地笑，但是沒有人抬頭看她們的顧客。每個女孩的腰上都別了一張上面有四個號碼的塑膠名牌，讓我覺得震撼的是，銀色世界的編號位數竟高達一萬個女孩，蒙古某些地區的郵遞區號都沒那麼多數字。

如果客人喜歡某個女孩，他可以告訴媽咪那女孩的號碼，那個女孩就會走過來坐在客人身邊，然後把手放在他的腰上。有些客人非常挑剔，所以媽咪會送進一排又一排女孩，讓客人像蘇丹國王般集結妻妾，一個接一個挑選。不過就算是最難取悅的客人還是能找到滿意的某個女孩。以東莞的標準來看，銀色世界並不算大，但它旗下有三百個女孩。

一個叫阿琳的年輕女孩，號碼1802，坐在我旁邊。「這些男人有誰想要出場的嗎？」她喃喃地說。阿琳只有十七歲，一身奶白色的皮膚和一張像孩子似的圓圓小臉。她出來工作前曾在重慶唸過兩年高中，她的父親也是位民工，母親務農。阿琳原本計畫到工廠去，但是朋友說在卡啦OK酒吧工作比較有利可圖。她剛進這行時還是個處女，那時候如果客人在性交的時候太用力，她還會忍不住哭泣。現在她平均一個星期有四個晚上和客人進行性交易。

銀色世界的工作時間從晚上七點半到十一點半，一個女孩一個晚上可以賺兩百塊人民幣，大約九百二十五元台幣——幫客人倒酒、把水果送進客人嘴裡、客人唱歌的時候幫忙拍手，然後忍受客人在自己身上親吻、摟摟抱抱或是性交。

「如果妳很受歡迎的話，還可以賺更多。」阿琳告訴我。

我問她「很受歡迎」是什麼意思。

「如果妳的胸部比較大，」她很肯定地說：「或是比較時髦。」

女孩和客人進行性交易，俱樂部會收取一次八百塊人民幣的費用，這種叫做「快餐」。如果是整個晚上就要收一千塊，不過要是客人很滿意的話，可能會給兩三倍的錢當小費。有些女孩不喜歡常常和客人出場，願意出場的一個月可以賺兩萬塊人民幣，這在民工圈裡可算是天文數字。

上班的時候原則上不能抽菸，也不可以和客人在包廂裡發生性關係；除此之外，這些女孩的生活很隨性、也很凌亂。當城市裡的大多數人都受限於工廠的緊迫時間，這些女孩想睡多晚就睡多晚，工作時間也比我認識的任何人還要短。

阿琳見過的世面已足以讓她下一些結論，她說四川男人技巧最差，而且最吝嗇；然後外國男人比中國男人溫柔和善。有些客人希望這裡的女孩當他們的女朋友，但是阿琳才沒那麼傻。不過她也說自己很想有個男朋友，也希望有一天能夠結婚。家鄉的人不知道阿琳靠什麼維生，她告訴父母她在工廠工作，賺來的錢每次也只寄一小部分回家，這樣他們就不會起疑心。有些女孩剛離鄉時的確在工廠工作，但是她們現在絕對不會想再過那樣的生活，她們對那些日子完全不抱任何幻想。

媽咪是卡啦OK酒吧的最高主管，她幫想進行性交易的客人找晚上願意出場的女孩，女孩們如果正逢月事或是身體不舒服，也可以請媽咪讓她們留在俱樂部裡。媽咪從每個女孩賺的錢裡分取大概百分之十五的費用，一個厲害的媽咪能贏得旗下女孩的信任，當她轉到其他俱樂部工作的時候，這些女孩也會跟著她一起過去。

兩種女人在卡啦OK酒吧工作，「DJ」管包廂，負責食物和飲料服務、幫客人選歌；和客人喝酒的是「坐檯小姐」。小姐和客人進行性交易，有一些DJ也會。DJ不必把賺的錢分給媽咪，但是她們每個月必須帶進一定數量的客人，或是付俱樂部費用。有些俱樂部雇用多於包廂數量的DJ，故意讓她們競相想辦法取悅客人，替俱樂部賺更多的錢。服務生是俱樂部階級制度裡的最下等，他們在一間間包廂來來去去，猶如不顯眼的太監。他們不能從性交易裡分到任何好處，賺的錢也最少。

卡啦OK酒吧的世界既虛幻又不真實，年輕女性身穿晚禮服，男人的每一個笑話都讓她樂不可支，她的恭維和讚美就像呼吸一樣自然。「妳的皮膚保養得真好！」一個小姐對我說，然後又轉向班大喊：「你的中文真好！」她們和客人打情罵俏，叫客人「老公」，男人們似乎都吃這一套，或許即使是在虛幻的世界裡，他們還是無法想像一個沒有老婆的世界。每一段時間都有人起身唱歌，其他人就負責拍手。包廂裡很暗，也沒有牆壁，但是每個人的酒杯永遠都是滿的。

這些年輕女孩知道自己做的是什麼行業，我連續兩個晚上在不同的俱樂部遇見她們。當我坦言自己正在寫一本關於東莞的書，所以需要詢問她們的工作時，沒有一個人故做害羞或是謊稱自己和客人沒有發生關係。除了我偶爾覺得有人可能撒謊，她們或許誇大自己的收入，或者宣稱自己是被騙進入這行，還有幾位告訴我，她們計畫隔天就辭掉這份工作——但我不怎麼相信。然而她們並不像我預期地那麼憤世嫉俗或難以相處，反而像個小女孩，笑起來更像青少年，有些人在我們交談的時候還開始哭了起來。

我對該如何看待她們感到困惑。和那些經常到卡啦OK酒吧的中國男人發生性關係的確很糟糕，這部分我寄予同情；然而她們絕大多數的工作都花在奢華的享受——啜飲雞尾酒、吃花生、看音樂帶，如此而已，但是一個月賺的錢卻比小敏一年賺的錢還多。她們最初踏進這一行的決定也令我驚訝地隨興，我交談過的女孩大部分開始在卡啦OK酒吧工作的原因，只是因為某個朋友或表親也在這行工作；這就像民工一開始也是到認識的人所在的城市或工廠工作一樣。一旦做了這份工作，她們就會用各種理由讓自己繼續留下來，像是工作輕鬆、薪水優厚，或是可以趁機認識這個世界之類的藉口。

這些卡啦OK女孩的出身背景比工廠女孩好——這點也出乎我的意料。她們通常在小城鎮而非農村裡長大，相當數量的女孩是家中唯一或是最小的孩子，也就是說，她們的金錢負擔相對較少；少部分女孩上過高中，這讓她們成為鄉下的菁英份子。受過兩年高中教育的阿琳，是她村裡學歷最高的年輕人。「家鄉的人期待我到大城市來，希望我成功。」她說：「如果他們知道我在這種地方工作，一定不會原諒我。」

和工廠女孩相比，她們也擁有較多自由去做自己想做的事。或許也是因為太自由的關係，缺乏明確的目標讓她們失去了當初離鄉時的毅力和決心。她們當中沒有人是被逼迫的，事實上，這是她們自己的選擇，因為她們想要擁有更多。大多數的卡啦OK女孩希望最後能回鄉開間服飾店或美容院，她們幾乎每個人都認識同行的人這麼做。積極一點的，大概一年或兩年就可以賺到足夠的錢，但是這一行也很容易讓人失去方向。

第二天晚上在另一間五星級飯店裡，我遇見二十三歲的丁霞，她長得很高，線條分明的臉頰和高挺的鼻子，真的很漂亮，不像大多數的女孩只是很瘦、很年輕。她離鄉六年了，她說自己已經存了四十萬人民幣，只要再存一萬，她就要搬到一個沒有人認識她的地方，開一間店，然後過簡單的生活。她的故事有點不太合理，因為開一間店根本不需要那麼多錢。她的謊言似乎只是替自己找個正當的理由，解釋她為什麼還在這裡。

卡啦OK酒吧的小姐之後也可能成為媽咪。丁霞飯店裡的媽咪個頭嬌小，像個商場人士般穿著深藍色的褲裝，手裡拿著對講機，她名片上印的頭銜是「推廣經理」。她說自己底下有六十位小姐，之前也曾在服飾業待過。

「很多女孩從小姐變成媽咪嗎？」我問她。

「非常少，」她告訴我：「一百個當中大概只有一個。」

「為什麼？」

「做這行需要技巧，」說完禮貌性地舉杯和我喝了一杯啤酒，然後離開。她前腳才剛走，丁霞立刻轉過頭來對我說：「她以前就是這裡的小姐。」還舉起食指放在嘴唇中間。丁霞在這間俱樂部很久了，所以知道這類的事情；但是其他人來來去去的，所以在這裡如果想要捏造過去，甚至未來，都還算容易。

當夜晚漸漸消逝，幻想世界也逐漸消散——食物空了，酒喝完了，每個人也不想再唱了。有些小姐離開包廂去換衣服，再回來時身上穿著牛仔褲和夾克，每一個看起來都令人驚慌地年輕。她們打著呵欠，把頭靠在客人的肩膀上；這個舉動通常讓客人產生這些小姐就是女朋友的錯覺，只不過她們更像是一群早過了睡覺時間，所以一臉倦容的乖女兒。

最後，這個晚上的帳單送來了，有包廂的錢、食物和飲料的錢，還有每個小姐兩百元人民幣的費用，現金付帳。賣動物布偶的小販回到包廂來收錢，雖然班的同事整晚纏著一位繃著臉的小姐，但是現在長夜已盡，他也不願意替那位小姐付這筆錢。那位小姐不情願地把玩具熊還回去——另一個有點被寵壞的女兒。DJ在另一位客人的手機裡輸入電話號碼，這樣下一次就可以直接打電話預約包廂，最後大家一起離開。媽咪將客人送到電梯口，小姐則從另一個出口走掉。

＊　＊　＊

偶爾也有些女孩幸運中獎。阿寧，春明那位才離婚不久的朋友，開始和東莞本地的一位有錢人約會。有天晚上，她邀請春明和我到她家去吃晚餐。她住的那條巷子看起來頹廢不堪，冷氣機流出來的廢水滴在大樓外牆上，留下一道有如眼淚般的橘色鏽斑。但是阿寧的公寓裡卻很寬敞，裝潢得也很漂亮，明亮的顏色、木頭地板。

阿寧穿一條米白色的蕾絲邊長裙和一件相襯的羊毛衣，她看起來既美麗，也很快樂。阿寧煮了清蒸魚、辣豬肋排和一鍋雞腳燉番茄木瓜湯。吃晚餐時，阿寧告訴我們有關她男朋友的事，他比阿寧大八歲，常常因公出差。阿寧和她男友才剛從北京度假回來，他在那裡大多把時間花在足球賽的賭局上。

「他從事什麼樣的行業？」春明問。

「他什麼都做。」阿寧說。

春明瞪大眼睛，「什麼都做？」

「他在這附近長大，這裡的每一個人都靠賭博和走私過活，」阿寧坦承說：「這裡就是這樣。」在男友的慫恿下，阿寧開始玩賭面大的麻將，前一陣子才在一局牌桌上輸掉七百五十塊人民幣。

她告訴我們的事一件比一件糟，「他對妳好嗎？」我問她。

「喔，她對我很好。」她回答。

春明提出更尖銳的問題：「他以前結過婚嗎？」

阿寧輕聲說：「嗯，他有一個女兒，大概七歲。」

春明那天發現一個認識男人的新方法。有人把一張漂亮女人的相片放上交友俱樂部的網站，但是卻把春明的電話列在旁邊。她不確定這只是個小錯誤或是有人惡作劇，但是她的手機整天響個不停。

妳是照片中那個女的嗎？

妳留長頭髮嗎？

妳有一百六十六公分高嗎？

吃完晚餐後，春明到客廳看一部關於韓國古代有位醫生幫助痲瘋病患的連續劇，她對劇中人物的仁慈與善心非常感動，只是她常常被陌生男人打來的電話給打斷。

「你好，」她對著手機說：「請問是哪位？」

她聽了一會兒，然後說：「是啊，有人放了那張照片和電話，可是那張照片不是我，只有電話是我的。」

停頓，「沒關係，我們還是可以當朋友。」她會用甜美的聲音問電話那頭的人：「你打哪來的？做什麼的？」

這些男士大多從事工業自動化方面的工作，或是工廠的主管，他們來自江蘇和甘肅。又聊了一會之後，春明會說她現在有點忙，不過他們可以保持聯絡。掛了電話，春明繼續看手機簡訊，**你好，我是塘夏一間工廠的經理**，春明的眼睛為之一亮。「沒關係，我還是可以交到新朋友，說不定他們以後會購買我們公司的零件。」我必須佩服她的機智，能把一件認錯人的烏龍事件變成個人的專屬約會服務，甚至還能將這些男人列為將來可能買公司零件的潛在客戶。

「照片上的女生一定很漂亮。」春明一邊說，一邊查看手機上的留言和簡訊。

「不過當妳說照片上的人不是妳的時候，」我對她說：「他們還是繼續跟妳聊。」

「這個城市裡有太多寂寞的人。」阿寧若有所思地說。

那天晚上，我們決定感受一下當地的夜生活，市中心有一家新開幕的購物中心，裡頭有很多俱樂部和酒吧。我們到的時候裡面的人並不多，一片黑暗中閃爍著紫色的霓虹燈光，在震撼的音樂節奏裡，有一群看起來窮極無聊但濃妝豔抹的臉龐，一看就是賣淫的小姐。春明的手機又響了。

我是政府職員，住在這裡六年了。

妳今晚有什麼事嗎？

妳好，我們可以做個朋友嗎？

我們後來到阿寧家附近的一間酒吧。酒吧裡擠滿年輕的辦公室職員，我們待在那裡蠻久的，所以觀察到一些古怪的情況。玩了幾回拼酒遊戲後，一位年輕女子整個人往一個男的懷裡倒下去，兩個人看起來應該是同事，她把兩隻手臂纏在男子的脖子上，身體靠在他胸前。那男的與其說是抱著她，還不如說是忍著她，因為他就直直站著，兩隻手垂在身體兩側，像個在暴風雨中守衛的士兵。當我再望過去的時候，那位年輕女子已經回復正常，神情自若地和她的女性朋友聊天；而那男的顯然已經趁機逃出酒吧。附近則有個穿露腰上衣和豹紋迷你裙的女子在一個比地板還高出一、兩公尺的籠子裡跳舞，幾首歌過後，她從籠子下方一個正方形、很像狗門的洞口爬出來。她輕輕踩在地板上，拍掉膝蓋上的灰塵，然後——在只有我欣賞的一瞬間——回復直立的姿勢。她走到吧台，然後點了一杯飲料。

阿寧的一位女性朋友過來加入我們，五瓶青島啤酒也跟著上桌，她們開始划起酒拳。阿寧和她的朋友喝得又急又快，幾個另一桌的男人走去玩擲骰子。接近凌晨時，春明提議我們兩個先回到今晚借住的阿寧家，這個時間還是有很多男人傳簡訊給她。

妳在哪裡？

妳正在做什麼？

我滿身慾火。

半夜一點，電話響了，是阿寧的朋友，她說阿寧醉得沒辦法走路，我們可以幫忙嗎？春明趕緊出門，阿寧的朋友就住在同一個公寓社區的隔壁棟，春明過一會兒回來告訴我，說她們讓阿寧睡在朋友的客廳沙發上。

半夜兩點，電話又響了，阿寧不願意好好睡，她跑到樓梯間裡四處亂走，我們可以過去嗎？春明只好再出門，我則昏昏沈沈地難以入睡。

半夜兩點半，春明回來，她走到我睡的客房裡打開燈，兩腳跨上床，盤坐在床邊。「我有件事想告訴妳。」她說。原來當她到阿寧的朋友那裡後，阿寧語無倫次地說著要到樓上去跟一個男的把話說清楚，春明和阿寧的朋友都不知道她在說些什麼，但最後還是帶她上樓。前來應門的男人又瘦又黑，穿了件短褲和內衣，他和另外三個也穿著相同服裝的人正在打麻將。那男人讓阿寧她們進門，把她們帶到一間空房裡，指著一張床要她們把阿寧放在那兒，然後又回去打麻將。

春明直覺那男人就是阿寧口中的男朋友，他根本沒有出差，也不像阿寧說得那麼關心她。「她說謊，還說他出差去了，他根本就在家裡和朋友一起打麻將。」春明告訴我：「她老是說他對她多好，那男的還很老，而且真的很醜！」

第二天早上，我們到那男的家裡把阿寧的皮包還給她。阿寧的男友來開門，他的臉窄窄的，皮膚又皺又紅，看起來像烤過頭的牛肉乾，他應該有四十多歲。他一句話也沒對我們說，春明說得對，他一點也不怎麼樣。阿寧還在房裡睡，她幾乎睜不開眼睛，連拿皮包時也沒說半句話。

「妳醒來再打電話給我。」春明對她說。

我後來再見到春明時問起了阿寧，阿寧後來怎麼說？她還和原來那個男的在一起嗎？春明說阿寧從來沒對她說實話，而她們之後也不曾再聯絡。阿寧終究不是幸運的得主，她只是假裝自己很幸福。她的男女關係到了最後，只是一場錯誤的選擇。

9、生產線英文

我在東莞經常一個人用餐。我通常一邊吃，一邊在筆記本上寫些東西，或是閱讀美國雜誌。屢試不爽地是每次總有一兩位服務生或餐廳裡的其他客人站在我身後，帶著佩服的表情。「妳的英文能力一定很棒！」最後他們都會這麼說。

我會對他們說我是在美國出生的。

「妳的英文應該有八級吧？」

這時候我會回答美國人不會替自己的英文能力分級，就像中國人也不會為自己的中文分級一樣；而且英文對我來說就像他們會中文是一樣的道理。不過這樣的解釋好像只會讓他們更佩服我。

「妳的英文肯定有八級！」

但是當大家發現我是個記者時，顯然都很失望。他們告訴我，依我的能力絕對能在貿易公司當個高薪的翻譯人員。英文是通往財富和滿足的捷徑，對他們來說，我就像贏到樂透彩卻不去領獎金一樣。

幾乎每一個中國人都曾在學校裡學過英文，但卻很少有人能夠講英文。英文相關課程也大多著重在文法及單字的背誦，老師們的語文能力也常和學生一樣，說起英文來結結巴巴。這大多源自於一個偏差的觀念——閉嘴不說比開口之後可能當眾出糗要好得多。坊間到處林立的英文學習班似乎更助長了這股風氣，所以即使下盡苦心、費盡工夫，許多人的英文還是處於開不了口的地步。

英文同樣也是東莞職場的升遷管道，這裡有好幾千家工廠都有外國客戶。但這並不代表有人真的懂英文，大多數人的英文只到足以應付特定工作要求的程度而已。而且他們常用的英文縮寫或短句，可能連美國人也摸不著頭緒。採購單上的HOBHK是Freeon Board Hong Kong的縮寫，指的是購買貨品的人何時取貨；L、W和H則是指這項貨品的長、寬、高；塑膠包裝的縮寫是PP或PE，但是很少人能解釋這些字母是哪兩個字的縮寫。生產線的機器也靠破英文指導工人ROUTE FINDER（找出線路）、KEYBOARD TEST（鍵盤測試）、PRESS ANY KEY TO SEN DLOOP BACK Q TO QUIT（壓任何按鍵讓迴線Q停止）。

我在東莞認識的每一個人，幾乎都曾在某個時候鼓起勇氣，決心對抗英文。小敏有一段時間每天晚上都會讀一本書名叫做《瘋狂英語速成班》的教科書，那本書都已經摺了好幾個角，前三分之一的摺角頁數是小敏的大姊挑戰失敗的記號。蔣海燕經常隨身攜帶一本口袋型的英文句型書；上一回我遇見白領訓練課程裡的陳英，轉戰管理職的她也正計畫自學英文，然後準備考高職院校。即使是卡啦OK女孩也認為英文是她們另謀他職的捷徑，說不定哪位外國客人驚為天人，雇用「小姐」當職員或是秘書。

有時候某些自信滿滿的人和我的英文對話感覺像是一段戲劇獨白。

How old are you?（你幾歲？）

Very good! How old are you?（很好！妳幾歲？）

Yes.（是的。）

春明決定學英文的時候，我一點也不驚訝。她報名了一家保證讓學生一年後就能達到美國五年級生的程度。「我想那應該不錯，」小敏說：「五年級什麼事情都能表達得很好了。」學校的主要招生廣告是創辦人的九歲兒子，據說他的英文說的非常流利。春明有她想學英文的理由，「如果我會英文，」她告訴我：「我就能有新的交友圈。」那時候我已經認識她很久了，所以我知道她的意思是或許英文是找另一半的其他方法。

＊　＊　＊

這間語言學校在東莞科學博物館裡，博物館在一九九四年剛建造的時候，看起來可能很有現代感，現在卻像一堆水泥廢墟。春明帶著我在一個吃過晚餐後的黃昏來到博物館，因為整修而關閉的博物館一片漆黑，施工鷹架的影子映照在牆面上，彷彿某種侵蝕整棟建築物的皮膚病。我們摸索著爬上五樓，春明壓低聲音對我說這間學校的神奇教學——創辦人花了二十年的時間打造這個完美的學習系統，最近還申請專利。班上目前有三百個學生，一個月的學費平均是六百塊人民幣，約兩千八百元台幣。

博物館的最高一層樓只有一間辦公室還亮著燈，門口有一個牌子寫著：

生產線學習機

在天花板低矮的大教室裡，五、六個學生離得遠遠地各自坐在長桌前。每一張桌子上都有一個橢圓形的鐵製機器，機器上面有一個垂直的旋轉夾板，每個夾板裡都有一張印了一長串單字的卡片，機器每隔一段時間會自動轉動，整間教室也因此充滿了低沈的洗牌聲。

一排字從我眼前閃過。

FUCK
CLEAN
RUDE
PIZZA
CREEP

有個老男人坐在教室最後面，面對著一部電腦。他就這樣坐在椅子上遞給我一張名片，上面寫著：

吳老師動態教育科技公司
吳倌熹董事長

吳老師動態語文工廠總設計師
吳老師動態教育輔助教學器材發明者
吳老師動態教育科學創辦人
吳老師動態世界語文發明人
吳老師動態英語進階班兼翻譯訓練課程總教練

吳老師四十歲，方臉、下顎鬆垮，有一頭好像剛睡醒沒多久的亂髮，還有一點過胖，看起來不像個老師，也不像個都市人，反而比較像某個中國小城鎮的政府職員。說得精準一點，應該是政府職員的司機才對。他看起來也不怎麼有活力。

吳老師的教學主軸就是把學生當成機器，學生先學會英文字母和發音之後，就會坐在機器前面，看著一排排字卡在眼前翻轉；然後在不了解字義的情況下，一邊將字卡上的字一個一個唸出來，一邊寫下這些字，直到速度快到某個程度為止。下一個階段是換到另一台卡片只寫出中文解釋的機器前面，再下一個階段才是英文短句。每一個階段都要大聲唸出卡片上的英文單字或句子，然後寫下來，但並不去理解其中的意思。當速度達到一個小時能寫六百個英文短句時，就能從基礎文法班畢業。只不過學生們這時候對花了好幾個月熟讀的單字、片語，或是句子完全不解其意。

吳老師稱這個學習方法為「引導式教學」。在我看起來教室裡根本沒有所謂的老師，學生需要知道的都由機器來傳授。吳老師心目中的好學生每天花十一個小時努力用功——在電腦前面坐四個小時、吃午餐、睡午覺，再坐四個小時、吃晚餐、繼續奮鬥三個小時。這跟東莞工廠的作息時間完全一模一樣，連晚上學習的時間都遵照勞工法不得超過三小時的規定。「人們在生產線工作，可以一天坐上八到十個小時不休息，」吳老師說：「如果學習也是這樣，那麼效果一定好！」

他的方法和其他研究語言學習的論點完全衝突，學說上強調學生必須敢說、理解語意，以及過程中老師的重要性，在吳老師的教學模式上通通不存在。吳老師說，中國式的教學方式太著重於記憶，一般的教學把學生當成被動的接收者，但是生產線英語強迫學生採取行動。

「你的手、腦、眼睛和嘴巴，必須即時做出反射性的反應，」吳老師解釋：「你沒有時間將英文字翻譯成中文或是強記下來，你必須訓練自己馬上做出反射動作。」透過這麼多身體部位的連結，他說生產線英語能夠刺激腦部努力運作，而且根據科學研究顯示，一般人只運用到大腦百分之五的功能。吳老師滿嘴的數據，像是一般人一個小時可以寫兩百個句子；女性一分鐘可以背九十個短句，男性只能背七十五個；如果一個人每天練習英文十個小時，他在三年內就可以成為一位兼職翻譯家。在英語學習這部分，吳老師就像將宇宙的一切簡化成單一化學公式的科學家，他所說的每一個數據都是事實，但是加在一起就是缺少了什麼。不過有一點他倒是說對了，那就是中國在課堂上的英語教學的確有一個問題，就是學生只能被動的學習。這樣的教學方式或許能在測試英語能力的托福考試中考到高分，但是如果只是光靠記憶和背誦，不管再怎麼努力都沒辦法讓人說一口流利的英語。

聽了吳老師的教學解說之後，春明和我在教室裡走動，她認出之前到這裡參觀時遇到的一位學生。二十六歲的劉以霞臉圓圓的，有一雙明亮的眼睛，配上剪成妹妹頭的髮型，看起來很像洋娃娃。她已經在這裡學了一年的英文，她靠幫吳老師處理文書之類的雜務，換取免費住宿和學習。在春明的掩護之下，劉以霞和我用英文交談了一陣子，她的英文聽起來根本不像美國的五年級生，但是她不怕開口，也不會因為自己說錯就用手遮住嘴巴，或是不斷地道歉。

現在劉以霞自己也是個老師，在工廠裡教主管們英文，這讓我很驚訝，不過我或許不該大驚小怪，因為在東莞這地方只要有一知半解的程度，就具備了教別人的資格。我問她接下來有什麼計畫。

「『國際貿易』的英文怎麼說？」她用中文問我這四個字。她的抱負似乎有如整個世界般遠大，也像說英文般容易。

春明和我走出博物館大樓、穿過建築物前的大草坪。黑夜籠罩著大地，燈光照射下的巨大黑影映照在路上。「我要下定決心，」春明說：「今年我要學好英文，或者自己創業。」

＊＊＊

劉以霞離鄉後第一年的生活完全沈浸在生產線英語中，住的、呼吸的，甚至連睡的地方，都和生產線英語有關。她白天在辦公室幫忙，晚上就和吳老師的機器奮戰。她和另外兩個女生一同睡在教室後面的小房間裡，三個人全都一起學英文，但是劉以霞最認真。「我比她們兩個大一歲，」她告訴我：「所以我覺得自己應該要學得比她們好。」劉以霞來自內陸貧窮的江西省，因為家鄉父母說不同地方的方言，所以她也習慣同時使用兩種語言。她國中開始學英文時成績還不錯，但是後來沒有參加大學入學考試，反正她家也付不起讓她讀大學的學費，所以劉以霞就到東莞來工作。

她來吳老師這裡是想加強自己的發音——我不知道在沒有人幫她矯正發音的情況下，她要如何做到這一點。劉以霞是吳老師的得意門生，但是他們之間的關係不太好，「他有時候對我很壞，」劉以霞對我說：「而且還不准我背英文單字。」

「不讓妳背英文單字？」我狐疑地問。

「他堅持我用他的方式學英文，所以我都偷偷背單字。」

劉以霞離開吳老師那裡的時候，還跟他吵了一架。「他想要我拍一張照片，但是我不願意。」原來吳老師想拿學生的照片當作宣傳，但是劉以霞對自己的學習成果非常自豪，她不想讓任何人搶走這份功勞。「我做的每一件事情，」她對吳老師說：「都是我自己努力的，不是因為你。」

即使以東莞的標準來看，劉以霞拼命的程度已經到了可怕的地步。離開吳老師之後，她接連換了六個不同的工作，而這段旋風似的工作經驗與遭遇，也讓她發現自己的不足。然而當她主動到其他學校觀察不同的教學模式時，她的老闆竟然指控她兼差，然後把她給解雇了。她的下一個工作是一家沒有固定課程時間的語言學校，不知道是哪個人出的主意，只要學生到學校來，劉以霞就必須當場教一堂課。「我每天教五到六個小時，課程的內容和程度完全不一樣。」她說：「前一分鐘我還在教小學的課程，下一分鐘教的卻是進階的程度。」她實在疲於應付也忙得焦頭爛額，一個月之後就自己辭職了，薪水也沒拿到。

劉以霞現在這份工作只要每個晚上教兩個小時的課，其他時間就用來備課和自我學習。她一個月賺一千五百元人民幣，將近七千塊台幣，算是不錯的了。不過她和學校的主任有些衝突，因為他希望劉以霞教快一點，但是她認為應該先讓學生在會話上面增加自信；他也不贊同劉以霞用遊戲及學生參與而非教課的方式來上課，最令人結舌的是，學校主任連一句外國話也不會說。

每一個雇用劉以霞的雇主都以為她是個主修英文的大學畢業生，因為她在面試的時候是這麼說的。而她最令人刮目相看的一件事——在未經正式學習之下自學英文，卻是劉以霞不能讓身邊的人知道的祕密。

我們初次見面的六個月之後，我和劉以霞約在她目前受聘學校所在的石碣鎮見面，這是另一個我沒到過的東莞工業區。她的頭髮留長了，臉上戴一副銀邊眼鏡，穿一件看起來很專業的條紋洋裝和一雙黑色的高跟鞋。看起來變成熟了，雖然走路時還是有點不太穩。我們在一家賣豬排飯的快餐店邊吃邊聊，說的是中文，聊的則是和英文有關的話題。劉以霞想在工廠找一份翻譯的工作，這樣她就可以增進自己的英文能力，但是沒有人願意雇用沒在工廠工作過的她。她對語文有一股莫名的狂熱，我們兩個人用餐時的談話內容，也沒離開過這個話題。

晚餐之後，劉以霞看著我說：「妳覺得我該如何讓自己的英文更進步？」

「妳應該盡量和以英文為母語的人說話。」但是話才剛說出口，我就發現這個建議很糟糕，因為除了希爾頓飯店的大廳外，東莞街頭幾乎看不到一個西方人。事實上想要學英文最好的辦法，就是和外國人約會──好幾個「小姐」就是這樣說得一口流利的英文，但是我不可能對劉以霞這麼說。

「旅遊業呢？」我問她。

她把手平舉到頭頂，然後說：「妳看我，我根本不夠高，當導遊的身高至少要一百六十公分。」

是啊，我又給了另一個愚蠢的建議。我忘了身高在東莞也會影響英語的使用機會。劉以霞擔心自己的英文愈來愈差，但是如果繼續在東莞的職業學校教英文，那可能是無法避免的結果。在一個工廠林立的都市中，私立學校的品質顯然也不太好，唯有在正規學校體系下的老師才享有聲望和福利，然而那是劉以霞永遠進不去的世界。「他們有自己的制度，」她告訴我：「他們沒辦法接受我只有社會經驗。」

用過午餐後，劉以霞帶我到她的學校，四層樓高的辦公大樓在這時間顯得冷冷清清。幾個老師在一間教室裡打撞球，兩個年輕一點的在另一間教室唱卡啦OK，尖銳的聲音響遍整個走廊，這些教室只有晚上大家下班之後才會坐滿學生。一般學校到了晚上一片寂靜，但是東莞的上學時間正好相反，彷彿這裡的時間是以半個地球以外的時間為準。

劉以霞拿出教室裡的英語教科書給我看，她指出喜歡的那一本，因為這本書鼓勵學生主動參與學習；然後她批評另一本教科書的內容太少。從ABC到英文會話都只有一段跟東莞生活毫不相干的例句：

Are those factories?（那些是工廠嗎？）

No, the yaren't. They are parks.（不，不是，那是公園。）

劉以霞拿起一枝粉筆在黑板上寫字，她問我s在television的發音和ge在change的發音有什麼不一樣？在發consultant這個字時重音該放在哪一個音節上？s在sea的發音和ts在cats的發音又有何不同？Tevelision.Change.Sea，這些問題聽起來有點奇怪，也毫無關連，我想這就是拿機器人當老師才會有的問題吧！

劉以霞和兩位女老師住在教室樓上的房間，房間裡有兩個上下鋪的床，一間小盥洗室。劉以霞的書桌、床底下，還有擺在地上的背包裡，還有更多教科書，她簡直是個英文教科書狂。「我大概有三十本英文學習的書，」她說：「因為沒有一本書裡頭有我需要的所有知識。」其中少數不是教科書的，是一本相簿，裡頭有劉以霞站在市政大樓前擺著民工標準姿勢拍的照片，還有和一群女孩到公園玩的相片。她指著其中一張相片說：「這兩個女孩現在決定讓自己『浸泡』在英文裡，她們想花一、兩年的時間好好學英文。」兩個女孩都參加了吳老師的訓練班，而且還學佛教出家時的剃度，把頭髮剃光以示決心，似乎想學好英文就要放棄世俗的一切。

＊＊＊

生產線英語不是東莞唯一令人疑心的語言中心。近似瘋狂的一窩蜂現象，加上完全忽略學習進程的英語學習熱潮，也成為詐欺的管道。階梯英語就抓住許多父母望子成龍的心態，只要繳交五千五百元人民幣——超過兩萬五千元台幣，這對一般中國家庭來說是很大的一筆錢——階梯就提供學生一套學習教材，而且每隔一段時間還會有「教育顧問」到家裡記錄孩子的學習成果。為了開發市場，階梯會邀請家長和孩子們參加免費的示範課程，也就是直銷會議。兒童發展專家在現場大肆吹噓、稱讚階梯的教學方法，家長們也爭相報名參加。幾位老師會把孩子帶到另一間教室，然後教他們一些英文句子，等這些小孩回到會議現場之後，聽到自己的孩子馬上就能開口說英文，通常就能驅使父母們馬上報名。

事實上，階梯英語使用的是詐欺手法，參加示範課程的兒童發展專家和許多熱情踴躍的家長都是階梯公司的員工；而根據地方媒體的報導，階梯的「教育顧問」從頭到尾頂多拜訪客戶一次或兩次，而且這些所謂的教育顧問根本不是老師，而是業務人員。階梯的業務從每個客戶身上賺取一千元的佣金，不過每個業務在加入階梯時都得先花一筆錢購買教育雜誌、支付交通費，還要租教室辦說明會。階梯英語基本上是個老鼠會，它透過人們拼命想學英文的心理來賺錢。

沒有一位階梯英語的員工願意和我交談，劉以霞在那段不斷換工作的日子裡，也曾短暫地在階梯英語工作過，她向我描述了整個銷售戰術——公司指派這些業務站在即將放學的小學校門口外，並進一步接近那些自己開車來接孩子的父母，然後假裝很喜歡他們的孩子。「當小孩從校門口走出來之後，我們要和那個小孩玩，」劉以霞告訴我：「然後再邀請父母和小孩一起參加階梯英語的說明會。」劉以霞只做了十天就離開了，「我覺得這份工作有點像在騙人。」她如此說。

另一個騙術則和外國老師有關，有些年輕的黑人男性出現在東莞的學校附近，他們說自己是從加拿大或英國來的，希望能找一個教英文的工作。這或許是中國邁向種族融合的關鍵時刻，然而事實並非如此。一位家長說她讀幼兒園的女兒看到新老師的時候哭了起來，因為她以前從來沒看過黑人。學校後來把那位老師解雇了。

我有一天到劉以霞的學校找她，剛好一位看起來從加拿大來的老師Joseph走進教室。他是個黑人，年紀大約三十歲，有一張英俊的臉龐，個性也很隨和。他用帶有嚴重口音的英文和我打招呼。

「妳結婚了嗎？」是他問我的第一個問題。

「妳的手機號碼幾號？」是第二個問題。

當Joseph踏著輕快的步伐走出教室後，我問劉以霞：「他從哪個國家來的？」

「他說是加拿大。」

「他不是加拿大的在地人，」我說：「我從他說話的音調就分辨得出來。」

劉以霞想了一會兒，說：「他好像還提過別的國家的名字，好像是乾達什麼的……」

「烏干達嗎？」

「沒錯，就是烏干達。」

我終於解開這些黑人老師的祕密，他們從非洲到較為封閉的城鎮，聲稱英文是自己的母語，然後騙過那些根本聽不出來的學校主任雇用他們當英文老師。這幾年總共有超過三萬個非洲學生到中國的大學就讀，這是北京當局為了協助開發中國家的友邦所提供的政治籌碼。這些非洲學生學成之後當然想繼續留下來當英文老師，和劉以霞在同一所學校教英文的Joseph，賺的錢比劉以霞多，授課時間卻比較少。

劉以霞警告我給Joseph手機號碼的後果，「妳要小心一點，他會一天到晚打電話給妳。」她說Joseph經常對他的女學生產生好感，每一次他向女學生要電話號碼之後，她們的回應通常就是再也不來上課了。有時候Joseph的學生會問劉以霞「我只能當你的朋友，不能當女朋友」這一句話的英文怎麼說。

＊　＊　＊

每個星期四晚上，劉以霞在一間日本電子工廠教英文，我有一天晚上也跟她一起到了那裡。她的班上總共有四位男性、兩位女性，他們都在銷售或是管理部門工作，每個人的年紀都比劉以霞大。

她將大家的考卷發還回去，「別太擔心今天的考試成績，」這句話破除了千年來重視成績的傳統觀念，劉以霞接著說：「你真正的英文測試不在這張紙上，而是在你能運用到什麼程度。」

接著開始複習上個星期教過的內容，劉以霞轉過頭用英文問第一排的一位學生：「你學到了什麼？」

「妳要我用英文回答嗎？」這位學生用中文問她，這可不是個好現象。那位學生支支吾吾地，然後終於用英文說：「我學了一些故事，我覺得非常有趣。」

「你可以說一些英文故事給我聽嗎？」劉以霞還不想放過他。

一陣沉默之後，中文又出現了：「我忘記怎麼說了。」

下一位學生說：「我學了一些新的字和句型。」

「還有呢？」

又是一陣沉默，然後是中文：「我不知道該怎麼說。」

「Okay，現在輪到妳了。」劉以霞對坐在第二排的一位女學生說。

她用中文回答：「要說出來很難欸。」

劉以霞改用中文說：「學英文就是要說，如果不說，就沒辦法學。絕對不要怕說錯，我也常常犯很多錯誤，不過都沒讓我害怕過。」

這倒是真的，劉以霞沒辦法分辨l和r的音，她甚至不會唸pronunciation這個字，她都唸成pronuntion；她偶爾也搞不懂學生說的英文，有時候甚至把對的糾正成錯的；她回答學生的問題時，也常常不是很正確。但是她對教書有一份天生的直覺，而且在這過程當中也摸索出學習外國語言的祕訣，那就是從不害怕開始。

中間休息時，所有學生在我身邊圍成一圈。我在上課前先用英文做了一段簡短的演講，也做了自我介紹，我盡量說得比較慢，好讓他們都能聽懂，畢竟這些學生都是大學畢業生，也在這裡上過好幾個月的課。但是當我看到他們在課堂上的表現之後，我猜我之前說的他們大概一個字也不懂。

男性們首先提出問題：「哪一個比較好，美國還是中國？」

「美國的城市比較安全，對吧？人民的水準也高很多。」

「妳會很想念中國嗎？」

「她在中國住了六年，」班上英文程度最好的那位女生不耐煩地替我回答：「你沒聽她說嗎？」這些學生問我許多關於美國的問題，但是卻沒有一個人敢用英文和我說話。

休息時間結束，接下來進行的是關於露營旅行的教學單元。劉以霞請每個人大聲唸一段課文，或是自己說一段相關的故事。每一個學生都選擇唸課文，他們也都唸得很好，比他們的會話好很多。接著劉以霞請學生重新說一遍課文描述的故事，班上英文最好的那位女同學幾乎把整段課文一字不漏地背下來，下一位同學也試著跟進，只不過當他忘記其中一個字時，就再也接不下去，一個小小的錯誤就讓他無法破紀錄，直到劉以霞鼓勵之後，他才又接著背下去。

坐在東莞工廠裡看著一群年輕人因為無法克服自我恐懼而受困的模樣，讓我的心裡有一股奇特的感覺。這整座城市就是建立在創造與克服的信念之下，而幾乎每個人的成功祕訣就在於學習剛好能讓自己得到職員或教書的工作，或者想要的工作就夠了。但是在劉以霞的課堂上，我發現這種想法所遇到的瓶頸，因為學習語言需要時間，而且沒有捷徑。沒有人能用假裝的方式學英文。

＊　＊　＊

不幸好像如影隨形地跟著吳老師，因為和房東吵了一架，所以吳老師的學校被逐出科學博物館，大部分的學生也離開了，最慘的是吳老師的太太也拋棄他和九歲的兒子。吳老師將整個生產線英語搬進自己家，教室就設在四層樓住宅最頂樓的房間裡，他的工作室在三樓，住家就在二樓。我到他家拜訪的那一天，樓梯上堆了好大一堆垃圾，大多是紙箱和舊報紙。吳老師高興地迎接我，然後帶我到他的工作室，我們在炎炎夏日裡坐在鐵圓凳上聊天，四周散落了一堆大型的廢棄木頭。

他的現實世界已經被壓縮成卑微的空間，但是吳老師的雄心壯志卻比之前更加銳不可擋。他的最新發明就在書桌上——一臺橘色和綠松石色的鍛造英語教學機器，整部機器完全由吳老師自己設計的模子塑造而成。生產線英語正式進入工業時代，這臺機器已經可以被大量製造，吳老師自己就生產了五千臺，現在就用報紙包好放置在整棟房子裡。吳老師計畫將這些機器租給學生，讓他們可以在自家學習英文。吳老師的發明讓老師成為學習的過時配件，現在竟連教室也不需要了。

我請他多說一些關於他本身的英文教學理論。

「這已經不再是學習英文而已，」他打斷我的話：「這是腦部開發。你可以利用這部機器學英文、歷史，甚至任何東西。」他一邊說，一邊充滿關愛地輕拍他的發明。

吳老師說，假設一位歷史系學生想要了解日本在一九三七年侵略中國的事件，剛開始他會先看印在卡片並放進機器轉盤上的文字敘述，接著是另一組測試學生是否熟讀的卡片，上面會印一些問題，像是：侵略事件發生在哪一年？背後的意義是什麼？類似的問題會不斷出現，引導學生不斷地思考，然後再統整成一個概念。

我問吳老師這樣的方式，為什麼會比讓學生閱讀印在課本上的文章還要好。

「當你的右手忙著寫的同時，你的左腦會跟著運作。」他回答：「當你的左腦運作的同時，你的右眼球會跟著做出反應。如果只是看書，你的眼球只會盯著書本；但是當你從機器上閱讀，你的眼球會快速移動。」他說自己已經發明了一套這部機器專用的全方位學習課程，現在正計畫找人投資。

「有人有興趣嗎？」我問他。

有啊，他說有位美國人看起來很感興趣。

「是誰呢？」

「他從西雅圖來的，名字叫做Michael，」吳老師突然語帶含糊了起來，「我把他的名片放在某個地方。」

他帶我到樓上參觀教室，十部生產線英語的機器擠在狹窄的房間裡，每部機器只間隔幾十公分。六、七位學生坐在機器前唸單字和句子，整間教室就像電話接線生發出喃喃的說話聲，需要仔細聆聽才聽得出他們唸的可能是英文。這幾位都是吳老師的推崇者，清一色都是年輕女性，她們跟著吳老師從科學博物館搬到這間侷促的房子裡。她們的身體因為缺少學習耐心而往前傾，每位學生的桌子上都放了今天晚上的營養補給品——一瓶水、三顆李子。整個空間擁擠得令人窒息。

我跟在吳老師後面走，我以為他要向學生介紹我，但是他卻走到一臺機器面前，「這些機器比我現在開發出來的笨重很多，需要兩個人才抬得動。」他如此下結論。

這時候已近黃昏，我對吳老師說沒開燈好像有點暗。

「這樣對眼睛不會不好，」他對我說：「強烈的陽光才會傷害眼睛。」

「我的意思不是說強烈的陽光對眼睛很好，」我試著解釋：「我只是覺得在燈光太暗的環境下讀書不太好。」

「那不是事實，」他有點惱怒地對我說：「只有在眼球靜止不動的時候才這樣，如果你的眼球一直移動，不管多暗都沒關係。」

我那天發現了和吳老師有關的一些事情。他沒有任何的教育背景，在設立這間學校之前，他在一家製造暖氣的工廠工作。他的英文很差，也許連說都不會說，我好幾次在談話中使用英文術語時，他只是頻點頭，然後急著改變話題。我唯一聽他說過的英文是「okay」，他是這麼用在句子裡的：「什麼事連上大腦，那就okay！」

吳老師也不擅長處理人際關係，他惹惱科學博物館的房東，氣走他的明星學生劉以霞，我猜他太太大概也是被他逼走的，只是不確定是在他大量生產了五千臺機器把家裡堆得亂糟糟之前還是之後。在我認識他的短短時間裡，他也把我惹毛了，和一個固執武斷的人互動實在很容易被激怒。我大致明白他應該是對人類感到失望，所以寧願只談論具功能性的眼球、雙手和腦袋。但是一個完整的人卻讓他無法理解，這些人一點效率也沒有，他們只用了大腦百分之五的功能，他們令人厭煩地必須每天坐在機器前發狂似地學十一個小時的英文。基本上人類根本不管用——就像是人類製造者用了最頂尖的零件，但卻在組合的時候出了錯。

機器又是另一回事，吳老師相信總有一天自己會製造出完美的生產線學習機，它能讓所有的人不必出門就可以學到人類的全部知識。他對科技的信念是絕對的，他認為機器就是所有一切的答案。然而這樣的人卻被科學博物館踢出門，這樣的下場還真讓人備感淒涼。

＊＊＊

自我突破這四個字給了劉以霞一個新的方向，她在東莞的公共圖書館——我甚至不知道這個地方的存在——借了幾本書，像是《全腦學習》（譯自Whole Brain Learning）和《猶太人自家學習聖經》（譯自The Bibleof Jewish Home-Schooling），她想要增強自己的記憶力，並且學習如何開展一個以傳授「塔木德」為宗旨的事業（Talmud，意思是偉大的研究，是一部猶太人視為生活規範的重要書籍）。她開始服用增強腦力的藥丸，因為過度工作會增加頭皮屑，也會讓人掉頭髮；她也考慮要學日文。

「我聽說中國人學英文至少需要一年的時間，但是學日文只需要三個月。」她告訴我：「我還聽說北京學院的畢業生每會一種語言，一個月就可以多賺一千塊人民幣。這是真的嗎？」

我告訴她最好先專注在加強英語的能力。

「我為了增加字彙能力都快把自己逼瘋了，」她說：「我每天都背五十個單字。」

「一天五十個？」我不敢置信地問她。

「太多還是太少？」

我最後一次見到劉以霞的時候，她又再度換了新造型。她燙了頭髮，也染了頭髮，所以現在的頭髮又長又捲，而且是太妃焦糖的顏色。她認為當一個英文老師卻留普通的黑髮太「土」，她說：「我這樣看起來比較有西方人的感覺。」她把整本《六級英文單字》都背了下來，總共是五千個字。在吳老師學校的那兩個女生又把頭髮剃光，表達她們繼續學英文的決心。吳老師提出讓劉以霞擔任最新合資企業的合夥人，並且承諾給她三分之一的營收利潤，但是劉以霞不信任他。吳老師的溝通技巧想必沒有什麼進步。

「以妳現在的英文程度，」吳老師最近對劉以霞說：「當老師只能勉強矇混個一年，之後妳就沒得混飯吃了，因為我的機器會遍佈整個市場。不過妳還是能到別的地方教書。」

「他為什麼會說那樣的話？」我問。

「我想他是要威脅我回去替他工作吧！」

「真是可怕！」

「是啊，」劉以霞說：「不過我還挺同情他的，他只能靠自己了。」

劉以霞拒絕了吳老師的提議，改跳槽到一家網路公司，經營針對外國人開設的英文學習網站。她到職後一個月，這家公司就倒了，老闆也消失了，還積欠員工將近十幾萬人民幣的薪資。劉以霞和其他員工一起提出控告，希望能把薪水拿回來，只不過沒有人抱太大的希望。

幾個月之後，也就是二〇〇七年的春天，劉以霞在一間製造麥克風零件的工廠找到國際貿易部門的工作機會，負責處理外國客戶，陪他們參觀工廠，也要參加貿易展。這份工作需要具備六級的英文程度，還要有大學的畢業證書。「這些我沒帶在身上。」她在面試的時候這麼說。如今劉以霞晚上在家裡擔任同事或是學生的私人家教，三份工作加起來一個月可以賺五千塊人民幣，超過兩萬三千元台幣，這在東莞是非常優渥的薪資。她計畫存錢開一家英語幼兒園，這是她計畫五年之後要做的事。

劉以霞得到國際貿易部門的工作之後，她開始用e-mail告訴我最新的聯絡訊息，包括她的新手機號碼，這是我們認識之後她給我的第六個號碼。Sometime I feel very tired,but sometime I feel very enrich.（有時候我覺得好累，有時候覺得很充實）她在郵件裡這麼寫，她的英文還是有很多錯誤，她太急於修正自己。但是我又有什麼資格批評她？在我認識她的這兩年來，她每一次都做到了她想要達到的目標。

第二章

農村生活

10、窮鄉僻壤

小敏的手機在二〇〇四年夏天被偷了之後，她只能一切從頭來過。她打電話給她的表哥——這是小敏唯一記得的電話號碼，然後他再幫小敏聯絡上她的大姊和我。小敏重新回到人才市場，找到一家香港皮包工廠的人力資源部門的工作。這份工作的薪水是八百塊錢一個月，不必加班，而且每個星期天都休假。小敏只有十八歲，但這已經是她一年內工作的第四家工廠。

我到小敏的新宿舍找她，房間裡看起來很乾淨，也重新粉刷過，牆上還貼了很多中國電影明星的相片。我們在附近一家攤子上吃麵時，我問起她的朋友。

「妳是說我的男朋友嗎？」她直接問我，拒絕用中國人慣常提問的委婉措詞。「他離開家鄉之後，我就沒有他的消息了。」

「妳沒傳簡訊給他嗎？」我問小敏。

「我忘了他的號碼。」

「所以妳找不到他，他也找不到妳？」

小敏點點頭。「也許我過年的時候會在家裡見到他。」我問小敏她在舊工廠的那兩個朋友，就是我們還一起去找過她們的那兩個。「其中一個在昌平的工廠工作，但是我不知道是哪家工廠；」她告訴我：「另一個回家訂婚去了，可是我不知道她家在哪兒。」在鄉下，每個人都認識其他人，人和人之間也有很多的交流和聯繫；但是小敏在城裡的朋友只能透過她來聯繫，一個意外事件，就讓她斷了和每一個人的連結。「我現在沒有朋友了。」她說。

所以她重新開始交朋友。她在新工廠裡遇到阿傑，他比小敏小三歲，整個人瘦瘦的，好像畫家在匆忙之間畫出來的卡通人物；他有一雙長手、長腳，削瘦的臉很帥，笑起來很害羞，和陌生人說話的時候，耳根子還會變紅。阿傑在工廠裡擔任助手，他很符合小敏選擇另一半的大部分條件——有一顆善良的心，不抽菸、不喝酒，也不賭博，而且身高超過一百七十公分。阿傑一開始就想要小敏嫁給他，但是小敏告訴他應該先存點錢再說。事實上，小敏其實還不想結婚，「我想先存錢，再做點小生意。如果我太早結婚的話，就只能待在家裡。」小敏這麼對我說：「在外工作比整天待家裡好。」

小敏跟她的父母提起這位新男友，「他從哪來的？」他們問小敏。

「就在工廠認識的呀！」小敏想打馬虎眼。

「我們是問他是哪一省的人？」小敏的父母又問了一次。

他是湖北省的人，這是小敏父母最關心的問題。依據中國的傳統，出嫁的女兒會隨著丈夫回到他的村莊定居，通常男方住的地方離女孩的娘家不遠，這樣她就能夠常常回家探望自己的家人。不過由於各地民工離鄉到城裡工作的關係，讓兩個家鄉可能距離幾千公里的人相遇，甚至論及婚嫁。這對年輕女孩的父母而言可是個大災難，一想到女兒要嫁到那麼遠的地方，人生地不熟的，他們害怕女兒這麼一去，就可能永遠從他們的生命中消失。

每次小敏遇到她喜歡的男生，都刻意不去過問對方的家世背景。「你家很窮嗎？」她有一次問阿傑，「非常窮。」阿傑誠實回答。她就只知道這樣，但是小敏完全不受影響。「我不想知道他家裡的狀況，我也不想讓他知道我家裡的情形。」她對我說：「反正到了最後都要靠自己。」

那年秋天，小敏似乎比我從前認識的她更穩重，她大部分的時間都和阿傑在一起。小敏的大姊貴敏也搬到東莞，而且在小敏工廠的運送部門找到工作，這對姊妹住在同一間宿舍裡，每天也一起吃午餐。冬天來臨時，兩個人都計畫回鄉。阿傑遊說小敏帶他回去見她的父母，但是她決定不這麼做，因為小敏的父母親根本反對他們交往，如果帶阿傑回去會很奇怪。貴敏就比較任性了，她為了來自湖南省的男朋友和父母起爭執，她有很長一段時間都不願意回鄉，但這一次她突然改變想法，決定帶男朋友一起回去。貴敏的父母也不贊成他們兩個在一起，但是貴敏比小敏大三歲，她決定反抗父母的命令。

一月的一個星期天下午，小敏和我一起在工廠附近的公園裡散步，我們坐在籃球場旁邊的矮牆下，她身上穿著為了回鄉才剛買的新衣服，這也是她第一次買的牛仔褲、牛仔夾克，和一雙厚跟的靴子。我們在若隱若現的陽光下一邊吃橘子，一邊擬計畫；她邀請我到她家過年。小敏那天說的都是家鄉的事，她說鄉下的青菜比城裡的好吃，還說如果一朵野菇在手裡一碰就裂開，那就是有毒，完整的就是可以吃的。她說如果豬餓了，會把前腳抬起來發出豬叫聲；她說人們在過年前的那段時間會偷雞，所以我們必須小心看好自己家的雞。她說最好的面膜是用磨碎的珍珠粉加上新鮮的蛋白調製；她說農村生活非常愜意，但是你可能一整年都賺不到錢。

「妳想過要住在鄉下嗎？」小敏問我。

「中國的鄉下嗎？沒想過。」我回答。

「我猜這裡太寂寞了。」她說。

＊　＊　＊

在那段到陌生城市打拼的旅程中，每一位民工心中都有一顆指引方向的北極星，那就是他們在鄉下的家。雖然現在務農賺不了什麼錢，也沒有經濟效益，而且每個農家的平均耕地還不到半甲地，根本沒辦法產生利潤。但是整個中國的農人依然整地、犁田，只因為他們一直都靠耕種維生。然而這些農地早已不再是農家的主要經濟來源，土地代表的只要一個保障罷了，保障有一個地方住，而且餓不死。

中國人和家庭的關係使得中國的移民潮得以處於穩定的狀態，而城市中之所以不像其他開發中國家衍生出許多貧民窟的原因，也是因為沒辦法在都市生活的民工們，總是能回到家鄉找到可以依靠的人。鄉下的青少年可能離鄉出外工作，留下守著田地的父母；到城市工作的丈夫可能留下妻子在鄉下耕種，或是兩個人的角色互換；結婚的夫妻可能一起離鄉，留下年幼的子女讓鄉下的老人家幫忙照料。或許城市裡的民工看起來無助、絕望，但是幾乎每一個民工都有一方田地可以依靠。

冬末回鄉慶祝農曆新年是每一個民工的大事，在新年假期的這六個星期裡，中國鐵路的運輸量幾乎高達兩百萬人次。隨著新年的逼近，即將到來的返鄉日也成為工廠裡的主要焦點。這個時候幾乎沒有人跳槽，因為大家全都想好好存一筆錢，讓自己氣派地返回家鄉。戀人們也開始進行協調——該回誰家去？兩個人的關係到底進展到了什麼地步？每一個細節的考慮都可能令人感到痛苦，因為到了最後他們可能決定不回去了。這段時間也是未來的關鍵，有人決定辭職，有人想休息一下，有人回鄉訂婚，也有人決定再出來闖蕩一次。

回鄉的旅程常常讓人陷入第一次離鄉到城市時的驚慌，鐵路是中國整個交通系統最落後的部分，有辦法的人大多搭乘飛機或是自己開車，這兩項交通系統的發展也逐漸步上軌道，即時反映民眾的需求。飛航部分除了服務品質的改善之外，票價也降低了；高速公路不斷擴充，以符合愈來愈多民眾擁有自用汽車的現況。只有鐵路系統依然保持原狀，成為貧窮人的唯一選擇，有時候似乎只是加快了苦難的到來。

在年節期間裡，一般人根本不可能買到價格合理的火車票。鐵路辦事處將票保留給那些有關係的人，或者把票賣給黃牛，那些黃牛再向想購買的人獅子大開口，趁機賺一筆。因為售票系統沒有電腦化，賣票的人也不知道哪些座位在車程中可能會空出來，除非從第一站就上車，否則也不可能買到一張指定座位的票。車票只有在幾天前才開始販售，害怕買不到票的群眾在車站外徹夜排隊。好不容易擠上了火車，一連好幾個小時，或是好幾天的路程下來，馬桶阻塞，水龍頭也停水，一群人蹲在走道上雙手摀著頭。在這麼可怕的情況下，乘客們不但少有抱怨，而且還能保有幽默感。他們把大部分的精神放在看顧隨身攜帶的每一樣東西上，這也是為什麼新年假期的火車總是那麼擠，因為每個返鄉的民工都少不了大包小包的禮物。

回到家鄉後，民工們享受步調緩慢的農村生活。而農村生活也依然遵循長幼有序的倫理，家裡大大小小的事情或是整個村莊的決策，都由年紀最大的長者來決定。農村家庭不管吃飯還是耕種，都是全家一起出動，所有的小孩晚上會和父母一起睡在一張大床上，年紀大的孩子管年紀小的，年紀小的則必須聽哥哥姊姊的話。訪客不必事先知會就到家裡來拜訪，而且一待可能就是好幾天；規律的三餐吃飯時間、睡眠時間，以及日漸普遍的電視時間，很快就消磨掉一天的時間。農村生活也沒有祕密可言。

這樣的生活方式在城市裡早已絕跡。住在城市裡的年輕民工自在地在這當中生活，小家庭住在高聳的公寓大樓，兩旁的鄰居都是陌生人，人們和不認識的人維持表面關係，他們為了工作互相競爭，和自己喜歡的人約會；無論他們對童年時期的農村生活有多麼的懷念，農村其實再也無法吸引他們回來。

旅人返鄉的悲痛心情一直是中國文學的經典議題，許多學童們在學校學的第一首詩，是出於十八世紀唐朝賀知章的《回鄉偶書》，詩中描述一位男子多年之後回到故鄉，卻發現景物已非，而自己也不再屬於那裡了。

少小離家老大回，
鄉音無改鬢毛催，
兒童相見不相識，
笑問客從何處來。

＊　＊　＊

為了這趟返鄉旅程，小敏帶了一件羽絨夾克，一箱主要成分是由驢皮煎煮的傳統中藥「阿膠」，一只她工廠製造的粉紅色名牌包，一罐雀巢奶粉、一盒餅乾、兩件男生的西裝襯衫，一個裝滿糖果的心型塑膠盒，還有摺成正方形的月薪——一千塊人民幣，約合台幣四千六百五十元。她自己只帶了手機、MP3和一面化妝鏡，其他都是給大家的禮物。那時是二〇〇五年二月，離農曆新年只剩一個星期。

到廣州的公車一下子就擠滿人，車窗上貼了一張警告標語：**歡迎搭乘豪華巴士，由於近來旅客的失竊案件頻傳，請勿在旅途中睡著，並提高警覺**。不過大多數乘客還是決定試試運氣，很多人火車一開立刻睡著。高速公路兩旁的工廠飛快往後移動，小敏的思緒也跟著回到從前。「我還是個小孩時，我們要走半個小時的路去上學。」她告訴我：「有些小孩甚至從好幾個山頭外的村莊走來學校，那時山裡有野豬，也有狼，你看不到那些狼，但是可以聽到牠們嚎叫的聲音，現在再也聽不到了。」

每年這個時候，廣州火車站就像被民工佔領了似的，四百五十萬人在這裡踏上回鄉的路，然後再回來。車站前的大廣場設立了許多交通管制區，到處都是拿著擴音器管理秩序的公安，只不過震耳欲聾的聲音讓人更聽不清楚他們到底在說些什麼。人們進入車站大廳之後，常常忍不住快跑，中國人似乎已經被制約到認為每一樣東西都不夠的狀況。小敏和我買的是指定座位的票，這都得感謝她的表哥，這位表哥會和我們搭到中途才下車，不過我們也跟著人群狂奔。在一群爭先恐後的人潮中，我們擠上開往武昌的硬舖夜車。

火車基本上是屬於一個開放空間，然而當火車開出車站後，乘客們開始有如坐在自家客廳似的，他們脫掉鞋子，上半身脫得只剩下內衣；他們剝橘子、嗑瓜子，手機到處響個不停，鈴聲從生日快樂到流行歌都有。走道對面有位男士還把報紙鋪在座位底下，然後整個人躺進去，只剩下一截腳露出來。沒有座位的乘客們擠在走道上，有人把廁所旁邊的洗手槽當椅子坐，有些人擠在車廂和車廂之間的連結走道上，穿著深色衣服的乘客蹲坐成一排，看起來好像棲息在電線桿上的烏鴉。

賣零食的鐵櫃車推過來了，逼得蹲坐在走道上的人每隔幾分鐘就得起來一次。鐵櫃車賣雞腳、溫啤酒，和插在竹籤上的熱狗。負責販賣的人大喊：**熱牛奶、熱牛奶，對你好**。不過只有家境好的人才買得起火車上的食物，大多數人會自己準備水煮蛋、餅乾和一瓶子顏色渾濁得好像裡頭長出藻類的綠茶。十點四十五分，打掃車廂的人來了，這班火車不過才開三個小時，但是掃出來的花生殼、橘子皮和空塑膠罐已經堆得像座小山。沒有人比旅行途中的中國人還要會製造垃圾。

對小敏來說，這是一趟漫漫長路，也是她生命中的第二段長途旅行。她一下子抬頭看著窗外，一下子低頭看手錶上的時間，一下子又隨手玩起她的手機。她不斷地告訴我還有多久的時間才到——還有九個小時，直到我請她停止。她打開要帶回家當禮物的餅乾吃了幾塊，「沒關係，」她向我保證：「還有很多。」然後就消失去找她的表哥去。她回來的時候手上拿了一包保鮮膜包的醃雞翅，還有一些小道消息——現在的小偷會假裝「發現」某個人的皮夾，再趁大家轉移注意力的時候把錢包偷走。

午夜剛過，我的手機傳來一則歡迎我到湖北的簡訊，這是小敏的家鄉。我們斷斷續續睡了一會兒。凌晨三點，坐在走道另一邊的一家人突然全醒過來，感覺好像彈簧突然鬆開一樣，他們大聲談笑的聲音充斥整個車廂，讓人以為現在是下午的時間。六點五十七分，火車終於到站。我們和小敏的表哥道別之後，就坐上回家的巴士。

十點十二分，巴士橫越過長江，小敏突然醒過來，大聲說出巴士在高速公路上沿途經過的城鎮名稱——黃石市、梅川鎮、黃梅縣，「我們快到了！」小敏的聲音因為興奮而顯得特別高亢。

小敏的母親陳美容在一個稱為「大金」的小鎮路邊等我們，四十五歲的她有一雙深陷的棕色眼睛和高聳的顴骨，是鄉下少見的大骨架美女。她笑起來咧開的嘴巴露出好多牙齒，而且小敏回家的那一整天，她的嘴一直就沒合攏過。小敏和母親見面的時候沒有互相擁抱，那不是中國人的習慣，但是兩個人說話的時候，小敏會輕輕摸母親的臂膀、摩娑她的耳朵。

大金是只有一條大街的農業小鎮，街上賣飼料和農藥的商家比賣摩托車和手機的店還多。路邊的商店也顯現出鄉下人不任意丟棄東西的特質，你在大金可以付錢修理時鐘、手錶、爐子、電話，或是電視機；這些修理店在都市已經很少見了，因為城市人對新的東西比較有信心。這些商店展示在外的物品中，最顯眼的就是硬殼行李箱，似乎是在提醒大家，離開這裡就是這個鎮上最好的選擇。

小敏有一大堆住家改造計畫，她想要替家裡買一部DVD放映機，「我們也買一台開飲機吧！」她說：「那樣比較方便。」

小敏的母親偶爾會抬頭看我一眼，然後笑著說：「這地方真是糟糕，我們太窮了！」在回小敏村子的岔路上，小敏的母親攔了一部鄉下計程車——一台摩托車後面拖著裝了兩個輪子的鐵箱，裡頭釘了兩排長木板當椅子。箱子裡已經坐了五個年輕女孩，她們穿著緊身牛仔褲和舖棉夾克，和小敏一樣都是返鄉過年的民工。當計程車搖搖晃晃著前進時，小敏往後看著回鄉的人。一個身穿黑色皮褲、腳踩一雙短根長靴的年輕女孩走過稻田；一個穿著條紋西裝的男人兩手各牽著一個滿身髒兮兮的小娃兒；還有一個男的騎著腳踏車向我們揮手。「那個是我小學同學的父親，」小敏告訴我：「他變老了。」

我們在一間兩層樓高的磚造房子前下車，小敏的父親走上前來看我們。他長得瘦瘦的，臉長長的，臉上帶著疲倦的笑容；小敏覺得他也變老了。屋子裡很安靜，小敏的弟弟和妹妹到親戚家去了，只有一個小妹在家，正在看電視。小敏進屋裡時她只抬頭看了一下，又轉頭盯著電視去了。

小敏的母親煮一大碗加了豬肝和蛋的湯麵，為了歡迎小敏回家，還特別在她碗裡加了三顆蛋。小敏和父母親閒話家常時，他父親說想要買一輛摩托車。

「那要多少錢？」我問小敏的父親。

「七、八千塊。」小敏代替父親回答。

「那麼多！」我說。

小敏的父親說他可以買到一輛低於三千塊的。

「那不好，」小敏說：「你想要花時間一直修車嗎？」

電話響了，是小敏的朋友從東莞打來看看她是否已經平安到家。「我母親看到我高興死了！」小敏逐一報導：「我父親和我母親老了很多，整間房子亂糟糟的，也冷得要命。讓人除了睡覺，什麼事都不想做。」

電話又響了，這一次是阿傑，他待在東莞過年。「我現在不能講電話，」小敏壓低聲音：「這裡有很多人。」因為小敏的母親反對他們交往，所以小敏決定用最不會起衝突的方式——騙母親這段感情已經結束。現在她帶著祕密回到家，每次電話聲一響，小敏都很害怕謊言被揭穿。

貴敏幾天之後也會和男朋友回到家。她在傳給我的簡訊裡寫著：**我會帶我的男朋友回家，雖然他們不贊成我和住那麼遠的人交往。**她在隔天又傳來簡訊：**我已經長大了，知道事情該怎麼處理。他們真的不需要擔心。**她的口氣聽起來似乎已經準備面對一場抗爭。

＊＊＊

小敏一回到家，馬上就想要改變她的家人。她在霧氣朦朧的清晨把家裡所有的窗戶都關上，然後告訴她的母親屋裡太潮溼對健康不好。她的父親在早餐後點了一根菸，立刻被訓了一頓——你不應該抽菸，你一定要用茶漱漱口，不然牙齒都變黑了。小敏繞著屋裡轉一圈，指著她想要改善的地方——買台開飲機、一台洗衣機、在前院鋪上水泥地。鄉下地方習慣將垃圾丟一邊，也把菸隨處熄了就扔，一口痰也就這麼往地上吐；還常常把掃起來的垃圾堆在院子裡。小敏在弟弟妹妹的臥房角落放了一個塑膠袋，命令他們要把垃圾丟進去。我看著小敏一次又一次告訴她的母親該怎麼做。

貴敏逼近的歸期讓小敏忐忑不安，她怕父母親會對姊姊的男朋友不禮貌。她說鄉下人比較不習慣和陌生人相處，他們可能說了侮辱對方的話還不自知。貴敏是村子裡的話題，到目前為止還沒有其他年輕女孩帶從那麼遠地方來的男朋友回來過。「我姊姊要和她的男朋友回來了！」小敏告訴每一個她遇到的鄰居。

「他打哪來的？」是大家問的第一個問題。

「湖南，」小敏回答，然後……話題就此打住，因為接下來實在也沒什麼好話可說。

呂家的房子建於一九八六年，也是小敏出生的那一年。樓下是一個主廳，主廳兩側各有一間臥房。小孩房裡有兩張上下舖，和一台音量永遠轉到最大的電視機。主廳裡有一張大木桌，木桌後面是呂家列祖列宗的祖先牌位，還有一張小敏祖母的照片；牆壁上掛了一幅用金色油墨書寫的宇宙依循順序——天、地、國、親、師。另一邊的牆上則貼了家裡兩個小孩的獎狀：呂秀榮獲全班第五名；呂宣慶榮獲「三好」學生。主廳旁的每一個房間都有特別的功能性，樓上的地板是一個大坑，用來儲存穀物，旁邊吊了生豬肉和醃魚；另一個房間存放了膝蓋深的棉花——這是今年的收成，只是沒賣出去。房子的一邊是廚房，牆壁都被煮飯的爐火燒黑了；另一邊是養牲畜的棚子，裡頭有一頭牛、一頭黑豬和牠生的小豬仔。雞隻在屋裡到處走，還把蛋下在放碗盤的廚房櫥櫃裡。

為了省錢，小敏家裡很少用電，晚餐大多摸黑著吃；屋裡沒有瓦斯，也沒有暖氣。湖北的冬天又溼又凍，全家人在室內也穿著外套、戴手套，整面水泥牆和地板像海綿一樣吸滿溼氣；如果坐太久，腳趾和手指還會發麻，最好的禦寒方法是喝一杯熱水，把杯子握在雙手取暖，順便讓熱氣蒸蒸臉。孩子們也常常在看電視的時候站起來跳上跳下，免得腳凍得沒知覺。

小敏很享受目前自己在家裡的地位。小孩們通常很快就把飯吃完然後下桌；小敏會繼續和她的父母親還有我聊天。小敏的母親和妹妹們負責煮飯、打掃、洗衣服，她的父親負責餵豬，還有家裡大大小小奇奇怪怪的工作。小敏一點也沒幫忙，她花很多時間講電話、計畫和回鄉的朋友一起出遊。阿傑經常打電話來說一些瑣事，像是他幫貴敏買了一張回家的火車票、他很想小敏、他夢到她跟別的男孩跑了。

小敏的三個弟弟妹妹依然住在家裡，三妹三兒十六歲，有一頭長到腰際的黑髮和她母親的笑容。她和小敏上同一所高職，再幾個月就畢業了，之後也計畫要出外工作。呂秀是老四，宣慶最小，也是家裡唯一的男孩，目前上國中。他們都住在城裡的學校，只有週末假日才回家。孩子們對農務工作一無所知，小敏的母親有天早上殺了好幾隻雞，正在拔雞毛，呂秀站在廚房門口看。「這些孩子不願意做這些。」小敏的母親對我說。

另一天早上，三兒捧著一碗穀子走到院子裡餵雞，「啾啾……啾啾，」她學雞叫的聲音喊了一會兒，可是都沒見著雞。

我指著在田裡的一群雞問她：「那是妳的雞嗎？」

三兒瞇起眼睛，「看起來像是我們的，啾啾……啾啾……」那些雞不理她。

三兒的母親從屋裡走出來，「妳在做什麼？那些不是我們的雞！」她走到一條小路上把她的雞趕回來，三兒笑著走進屋裡。

回家的第二天，小敏帶著三個弟弟妹妹還有兩個表弟到附近一個搭巴士約一小時車程的城市——武穴。住家改造計畫仍然在她的腦海裡打轉，她想要買一台開飲機和一支吹風機。「這些孩子從沒到過任何地方，」她對我說：「我們一起帶他們到城裡玩玩。」這趟的第一站是一家網路咖啡店，小敏在那裡遇到高中同學胡濤，他有一張窄窄的臉，下巴尖尖的，上唇留了一點點小鬍髭。他穿了一件灰色牛仔外套，腳上是一雙黑色尖頭鞋，一臉橫眉豎眼的怒容，看起來像個想裝成幫派份子的小伙子。胡濤的叔叔在武穴開餐廳，他就在那工作，不過他想要出去自己找工作。

「他喜歡我，」小敏偷偷對我說：「可是我們之間從來沒有那種感覺，何況我已經有男朋友了。他看起來不是很正派，對嗎？」

商場裡擠滿辦年貨的人，賣春聯的小販掛起一張張用紅紙寫的吉祥話，還有一張張上面印著毛主席照片的海報，海報上還寫著近乎宗教崇拜的標語——他是人民的偉大救星。小敏帶孩子們逛一家家商店，替家裡買一些東西，她替父親買幾雙襪子，替客人買毛巾，也買了洗髮精。她努力和店家討價還價，花三百多元台幣買了一台開飲機和一支不到一百元台幣的吹風機。她也買了免洗杯，用起來比家裡大家一起用、卻很少洗的瓷杯衛生多了。到了超級市場時，小敏的弟弟妹妹裝了滿滿購物車的餅乾和甜年糕。

武穴裡有些地方是沿海現代城市再也見不到的，像是一間糧倉和軍方糧米供應站，這兩個地點都是早期人民仰賴政府配給糧食時的遺跡；還有一家廣告「老頑固」品牌的西裝。小敏前一次到武穴是兩年前的事，這一次的造訪讓她覺得很失望，「這裡真不好，」她說：「不像外面那麼發展。」

胡濤消失了一陣子，不過午餐之後又出現，說是要帶孩子們去溜冰場。他一副幫派樣地把一根菸夾在耳朵上，看起來比之前更不正派。他在一家水果攤前停下來和一個畫著黑眼線、頭髮染成橘色但已經長出黑色髮根的女孩子講話；之後那女孩和胡濤一起走在前面，小敏和小孩跟在後頭走，沒有人互相介紹彼此。

溜冰場裡都是人，裡面很暗，只有一顆閃閃發亮的迪斯可亮片球。現在是下午三點，小敏靠著牆想認清楚位置，一邊看著每一個小孩。在溜冰場的昏暗吧台邊，胡濤坐在一張圓凳子上，旁邊是那個女的。「我想我們該走了，」小敏對我說。我們把孩子叫回來，離開溜冰場後沿著原路走往回家的方向。胡濤在一座小山丘前出現了，一個人。他做了選擇，裡頭不包括那位染了橘色頭髮的女孩。

他問小敏一些和工廠有關的事，小敏回答她的工廠是做皮包的，總共有五千個員工，生產線工人一個月可以領八百塊人民幣。

「我想再出去工作，」胡濤說：「這裡的狀況不太好。」

「你之前的工廠怎麼樣？」小敏問他。胡濤曾在東莞短暫工作過。

「不太好，妳什麼時候回去？」

「初五，」小敏說，然後下了一項賭注：「你幫我們弄到車票，就可以跟我們走，我的工廠還在找人。」

胡濤和我們分開之後，小敏一臉勝利的表情對我說：「他會幫我們弄到票回東莞。」胡濤會利用他在當地的人脈取得車票，小敏會帶他到城市去，然後幫他在她的工廠找到工作。才回到家的第二天，小敏已經處理好最重要的一件事：如何再出去。

＊　＊　＊

呂家七代都住在烈馬回頭村，村裡的九十戶人家幾乎都姓呂，一戶戶磚造的房子座落在梯田間，通往村子的小路上有幾間供奉神明的小廟，村民會在這裡燃香祭拜。一間間房舍從山谷底往藍灰色的山丘層疊而上，就像一個個珠寶盒上打開的抽屜。這個平凡的小村莊唯一最不平凡的，應該就是它的名字了；這個名字取自於附近一座山的山形。住在這裡的世代村民從出生到臨終之時，都不曾離家超過三十公里遠。有句歌頌此地離群索居所流傳的老話是這麼說的：**一生不必出遠門是件好事**。

到了一九九〇年代，村裡的年輕夫妻違背老一輩父母的願望，他們開始到城市工作。當年小敏的單身漢叔叔要搬到武穴開店時，整個家族都反對。「我們覺得未婚的年輕人不應該出外工作，因為他們會學一些壞習慣。」小敏的父親告訴我。然而移居到外地工作在過去十年來已經成為一件稀鬆平常的事，村裡的孩子在中學，甚至小學就離開家，男孩和女孩都一樣，不過有些家庭希望男孩能留在離家不太遠的地方。小敏的父母早年曾在溫州的鞋廠工作過，但是回鄉時卻沒存半毛錢。少數幾個比小敏老一輩的村民回鄉開了間小店做生意，但是年輕一輩沒有人回來。有些已經結婚，但是繼續留在外鄉工作；有些則選擇在武穴附近的城鎮買房子定居。

到外地工作成為村裡主要的經濟來源，小敏和她的大姊去年總共寄了將近一萬八千元台幣回家，和她們的父母親一整年賣豬和棉花的錢不過七千元台幣相比，她們姊妹倆賺的錢不但幫忙支付弟弟妹妹們的學費，也讓她們贏得參與家庭意見的地位。貴敏第一次離鄉工作時，說服了她的父母讓小敏繼續升學，小敏家的女孩們的教育程度在村裡算是很不尋常，「我們像對待兒子一樣對待女兒，」小敏的母親有天早晨坐在臥房窗邊縫一雙老舊的絨布拖鞋時這麼對我說，她和她的丈夫都是國中畢業，這在那一代的鄉下人極為少見。

「這個村裡有很多人不同意我們的做法，」小敏的母親告訴我：「他們說女孩子不必讀那麼多書，反正她們遲早都要嫁出去。但是我相信有知識總比沒知識要好。」

出生順序是決定命運的主要因素。老大貴敏國中畢業以後就離家工作，老二小敏唸了快兩年的高職；三兒是老三，高職畢業之後才會加入姊姊們的工作行列。她們的母親希望最小的兩個孩子能夠上高中或大學，因為現在家裡可以負擔得起了。「那是我的理想，」小敏的母親說：「但是要看他們願不願意努力了。」

小敏有些表兄妹甚至十二歲的時候就出外工作，一班六年級的二十七個學生裡面，有十個畢業之後直接被送去工作。有些父母似乎將他們的孩子視為賺錢機器，住在附近的一個家庭要求他們的四個女兒每年必須寄一萬元人民幣回家，另一個有三個女兒在毛衣工廠工作的村民甚至開了一個銀行帳戶，讓女兒們的薪水直接匯到他的帳戶裡。

已婚的民工也有他們自己的難處。小敏有位在東莞當磚瓦工人的叔叔和他的妻子把兩個青少年兒子留在村子裡，希望他們有一天能進大學；但是沒有父母在身邊管教，這兩個孩子很快就學壞。「我兒子十四歲了，他把時間全花在女孩子身上。」這位叔叔有天到家裡吃晚飯的時候這麼說：「我怎麼管得了他，我在東莞，他母親也是。」他的兒子站得遠遠的聽父親說話。「我在他這年紀，」他的父親繼續說：「男的跟女的連話都不敢說，現在年輕人的世界不一樣了。」

村裡只有一個跟小敏一樣大年紀的人上大學——呂澤娟，她是小敏兒時的朋友。小敏到東莞工作那陣子，呂澤娟因為無法承受大學入學考試的壓力而面臨精神崩潰。小敏在回家後的第三天到呂澤娟家裡看她，呂澤娟坐在電視機前面，身上穿了一件紐約第五大道的尼龍外套，口袋上還繡有New York的花樣。因為不想聽大家說她的閒話，呂澤娟現在幾乎很少出門，當小敏好不容易說服她出外散步時，有些鄰居偷看著呂澤娟，卻不敢確定是否真的是她，因為大家已經太久沒看見她了。

到大城市工作儼然成為農村子弟的第一選擇，受教育反而成了比較冒險的賭注。從另一個村莊到小敏班上讀書的同學吳劍寒來找小敏，他在村裡待了好幾天，每天都穿著黑色西裝褲、白襯衫，綁著條紋領帶，即使爬上屋頂幫小敏的父親舖磚瓦時，也是一樣的打扮。吳劍寒本來已經考上大學，可是他的大哥不願意替他付學費。「他說現在就連大學生也很難找到工作，他認為我應該直接去找個事做就好。」有天早上，吳劍寒在小敏家門前幫忙掃雞屎和燒紙錢的時候對我說：「那是他的看法，但是我有不一樣的想法。」吳劍寒目前在北京當民工，但是他拒絕說出他在那裡做哪一種工作。

小敏和她的大姊在村裡很受到敬佩，因為她們都晉級到辦公室工作。村裡還沒有人到過東莞，不過其他人去的地方也一樣很遠，有些人到溫州的鞋廠，坐巴士要二十二個小時；有些到哈爾濱的髮廊，坐火車要二十八個小時。小敏說：「我們這裡的人認為能夠離家愈遠，這個人肯定愈有出息。」

＊　＊　＊

過年前的前兩天，小敏惹了她的母親生氣。原因是小敏的一位叔叔邀請全家到他家裡吃團圓飯，這是過年時節的大事；但是之後來的一通電話提出更好的邀約，一位在武穴開美髮店的年輕阿姨剛回到村裡，她邀請小敏和她一起到城裡逛街。

「下雨天幹嘛要出門？」小敏的母親這麼說，看得出來她對小敏的無禮感到很不高興。

小敏站在自己的立場向我解釋：「是我對我的叔叔不禮貌，又不是我母親，所以這件事應該跟她一點關係也沒有。」

小敏的阿姨黃彩霞到家裡來接她，這位阿姨二十五歲，穿了一件優雅的繫帶外套、一條亮面的絲緞褲子和一雙慢跑鞋。她進屋後的第一件事就是拿出一支可以像粉餅一樣打開的紅色手機，然後讓大家輪流傳著欣賞和稱讚。她和小敏在搭巴士到城裡的一路上，都在討論染頭髮的細節，不然就是聽著她的MP3一起哼哼唱唱。小敏的阿姨每一首歌的歌詞都記得很清楚。

愛情三十六計
就像一場遊戲

我要自己掌握遙控器
愛情三十六計
要隨時保持美麗
才能得分不被判出局

小敏告訴阿姨她要父親在屋裡蓋一間浴室，「他可以把洗衣機放在浴室裡，而且還有可以泡澡的地方。」小敏說：「裡面還可以貼上瓷磚，這樣就更像一間真正的浴室了。」

「還得要有一台熱水器。」小敏的阿姨加上一句。

「還得要有一台熱水器，」小敏重複地說：「這樣冬天洗澡就不怕冷了。」

她的阿姨估算一下大概要花五千塊人民幣，大約兩萬三千多台幣。「在城市住一陣子以後，你的思想會改變，」小敏的阿姨告訴我：「你會常常想著要怎麼改善鄉下的生活。」她和她的丈夫在武穴工作，也在當地租了一間公寓，但是四歲的女兒和祖母住在鄉下。他們計畫等存夠錢買了房子以後，就要把女兒帶去城裡。他們結婚的時候並沒有要求分得一塊村裡的地，她丈夫的父母親依然守著五百坪的農地，那樣就夠了。「鄉下是我們的家，」小敏的阿姨說；「但是我在那裡已經不覺得自在了。」

那天下午，貴敏和她的男朋友回到家。貴敏比小敏高半個頭，她有一張線條柔和的漂亮臉蛋，以及大家庭中第一個小孩的穩重感。貴敏的男朋友正要進屋裡時，她的父親剛好走出來；男孩點個頭打招呼說：「叔叔。」然後遞給貴敏的父親一根菸。就這樣，沒有互相介紹，也沒有任何對話，就只是一根菸——這是中國男性世界裡的電話卡和貨幣。

吃晚餐時，小敏的父母沒和貴敏的男朋友說什麼話，可能是害羞，也可能是基於反對的心態。這正是小敏害怕的，她覺得自己的父母親對遠來的客人沒有表現出應有的尊重。貴敏的男朋友對小敏父母說的方言懂得不比我多，所以他只是禮貌地坐著，也沒說話。當家裡自製的酒倒進每個人的杯子裡時，小敏採取了行動，她轉頭面向私下早已稱他為「姊夫」的男人，舉起杯子說：「歡迎來到我們家。」

* * *

每天清晨幾乎都有一通電話劃破農村的寧靜生活，那通電話是為了通知大家某某人回來了。小敏的父母親很早就起床，他們在其他人都還在睡覺的屋裡走動、用力關房門，也一樣用平常的音量說話。為別人著想顯然不是鄉下人的生活方式，因為大家做什麼事都是團體行動，所以他們也習慣忽視另一個人的存在。

在這裡幾乎每一件事情都採集體行動，小孩同一個時間起床，一起在院子的角落排成一排刷牙，然後一起把漱口水吐在下坡鄰居的院子裡。每一餐也都是大家一起吃，有蔬菜、米飯，和餐餐都上桌的豬肉。因為農家大多在秋天的時候宰豬，然後吃一整個冬天。洗澡時間也是大家一起來，黃昏時，家裡的婦女會先燒一整桶熱水，然後女孩子一個接一個清洗自己的重要部位和雙腳，這中間都沒換水；接著換男生取另外一桶水繼續洗。他們常常用擦澡的方式清潔身體，不過很多天才會洗一次頭，而且時間會和擦澡錯開。雖然到了最後身體的每一個部位都會洗乾淨，只不過不是在同一個時間而已。

家裡整天都有客人來拜訪，有些一來就是好幾天。小敏九歲的表妹一連好幾個晚上都睡在我們兩個人中間，接著是小敏母親那邊的兩個親戚，然後是她父親那邊的兩個表親。不過那個老是穿襯衫、打領帶的吳劍寒待最久，他對小敏有意思，但是她故意不搭理他。小敏的母親搬到女兒的臥房裡睡，把她的房間讓給丈夫和男孩子們。夜裡小敏、我，和她母親並肩睡在一張雙人床上，三個人蓋一條被子，然後像個木頭人般躺著不動。

電視是鄉下生活的重心，小孩整天都坐在電視機前面；如果到鄰居家拜訪，主人通常會讓客人坐在電視機前，這樣客人就可以接著看他剛剛可能看到一半的電視劇。和宮廷有關的歷史劇是大家最喜歡的主題，雖然這些連續劇敘述的歷史並不完整，但卻是村民了解歷史的主要媒介，小孩們幾乎被劇中的大內高手、仙姑、巫術、邪教、神蹟、謀殺、權謀、背叛的劇情給催眠了。雖然共產黨極力倡導道德倫理、理性主義，以及科學發展的同時，電視上的大多數節目卻反其道而行。

孩子們在兩個世界之間擺盪，一個是現實的鄉下生活，另一個則是電視螢幕裡的夢幻世界。他們可能在河邊幫忙洗衣服，但是下一秒所有的注意力都在一台掌上型俄羅斯方塊遊戲機上，有時候那股入迷的程度不禁讓人以為他們都是從一個稱為「電視」的星球來的。有一次我拿出相機換底片，小敏九歲的表弟走過來看，「底片是什麼樣子，」他問我：「看起來像電視上一樣嗎？」

村裡的每一個人幾乎都有親戚關係，有一些甚至關係複雜到在中國語言裡找不到正確的稱謂。有一個到家裡來的男生，是小敏爺爺的弟弟的女婿；還有一天我們一起去找小敏爺爺的哥哥的媳婦的姊姊們和她們的父親。我一直以為老是坐在小敏家電視前的小孩是鄰居的孩子，但是有一天我和小敏一起到她姨母住的另一個村子裡，竟然看見同一群小孩坐在電視機前；原來他們是親戚關係。隔壁一個在溫州鞋廠工作的年輕人經常來家裡，次數多到我覺得他一定喜歡小敏。就在我準備告訴小敏這件事時，我才發現——他是小敏父親的表親。

村裡的人對我的態度也很不一樣。在城裡工作的人會和我聊天，他們會問我一些關於北京和美國的事；他們還會偷瞄我的筆記，想要看出我寫了什麼。而那些留在村裡的人，包括小敏的父母——客氣有禮但是都很害羞，他們雖然很願意回答我的問題，卻從來沒問過我什麼事。而老一輩的人沒有人跟我說過話，因為身為一個年輕女人和一個外來者的我，和他們一點關係也沒有。

我沒見過這裡的人看報紙或是電視新聞，這裡也幾乎看不出政府的存在。我住在小敏家的兩個星期裡，沒看過一個政府官員，法律在村裡好像也沒有多大的效力。一胎化在整個中國已經施行了二十年，但是這個村莊裡的每個家庭，平均都有兩個以上的小孩。小敏的父親說呂家有五個小孩，但是村裡有戶人家有六個，另一家甚至有七個孩子。有七個小孩那家的父親還是這個村的村長，是地方上地位最高的人。

小敏很快就適應鄉下的生活，但是她心裡也藏了很多祕密。她絕口不提自己的男朋友或是工廠的事，我還注意到只要不順她的心意，小敏就會離開家門。她會自己決定什麼時候要去找朋友，有時候甚至違反了她母親的意思；她對不喜歡的老一輩親戚說話時語氣尖銳，我也沒見過她勉強去做自己不想做的事情。有位阿姨請小敏帶她十四歲的女兒到工廠找份工作，小敏馬上斷然拒絕。另一天早上，有位年紀比較大的叔父在早餐過後突然像顆熱導飛彈般衝進家裡來，目標鎖定小敏父親身上穿的羽絨夾克，那是小敏送她父親的禮物。

「那件多少錢啊？」老叔父好奇地問：「二十塊嗎？」

「就算你有三百二十塊也買不到！」小敏突然失控地說：「那件外套是絨毛的。」

她對村子裡的許多老人家不屑一顧，「他們老是想知道我賺多少錢？寄多少錢回家？」她後來向我解釋：「這些都是我的私事。」

年輕一輩主導了整個村子的年節生活，享受用錢贏得的權力。他們到處炫耀自己買的手機和新衣，也互相比較彼此的工作情形；他們熱衷於互相幫自己或別人介紹男女朋友，也給有需要的老一輩親戚紅包。過去通常都是老一輩的給小孩紅包，但是現在老人們都窮，也沒能力發紅包了。父母們在年節裡也沒什麼事好做的，只好到處串門子，閒聊一些孩子們賺多少錢和未來終身大事之類的話題。

當我問小敏的母親對小敏有什麼期望時，她說：「我只希望她工作順利就好，未來會發生什麼事情都是她自己的事。」她希望小敏和貴敏能找一個家鄉附近的男朋友，但是在某種程度上來說，她好像也接受自己的女兒已經長大了，她們不再需要她的幫助，而她也不再了解她們。

對我來說，住在這個村子裡最困難的一件事，就是集體的生活方式，沒有一點獨處的空間。如果有人坐在電視前面，那個人會把大家都叫來一起看電視；如果小敏燒好熱水準備洗臉，我也必須跟著洗。有幾次我試著忽視附近的電視聲音想自己看一本書時，孩子們卻接二連三地一個個走過來用關心的眼神和我說話。

住在小敏的家鄉，也讓我想起了自己的家。很久很久以前，我的父母都還是小孩子的時候，他們在中國的童年也像小敏家一樣。不過他們在美國對我和我哥的教育方式完全不同，他們鼓勵我們學習獨立，讓我們不受所有的家庭束縛；他們從來不強迫小孩到親戚家拜訪，也不會要求我們在學校要用功讀書。在我旅居國外多年時，我的父母也不曾催促我回家，或是給我任何的壓力。到了小敏的村子之後，我才第一次發現自己有多麼的幸運。

有天早晨一大家子一起吃完早餐之後，我獨自在通往城裡的泥濘小徑上散步。我發現到之前沒見過的景象——有張黑板上寫了學費，還有牲畜打預防針的價格；一家整間只賣香菸和鞭炮的店，幾個不到四歲大的男娃還在店門外玩打火機。在下一個村子裡，我看見一幢四層樓高的白瓷磚建築，沿海的高級住宅區有很多這種白磚的房子，這裡倒是只有這戶人家外牆貼了白瓷磚。

大概一個小時之後，我的手機響了，「妳在哪裡？」小敏要我告訴她：「我們全等著妳一起吃午餐。」

我趕緊趕回去，還被狠狠訓了一頓：「妳沒吃午餐！妳跑到哪兒去了？」、「妳一個人走在那條路上做什麼？」

中國鄉村一點也不逍遙自在，整天忙著交際和商議，就算是已經討論了很久的話題，妳離開之後大家還是會繼續聊下去。住在村子裡的這段時間，讓我明白了民工們為什麼第一次到都市時會覺得寂寞孤單；我也發現他們為什麼如此珍惜在都市裡享有的自由，而且到了最後還不能沒有這些自由。

＊　＊　＊

年節的最後一天，小敏家和所有叔叔伯伯們的家庭一起到祖先的墳上祭拜。大家穿過一塊塊採收後只剩下稻稈的水田，跨過村民洗衣服的小溪，再爬上一座經過棉花田和茶樹欉的小山丘。一座周圍種了一整排松樹的墳，埋的是小敏父親的祖母，她在兩年前過世，墓碑上也刻上小敏曾祖母的名字。這座山稱為呂墳山，「我們家族所有的老人都葬在這裡。」小敏告訴我。

小敏的母親將一碗碗棗糕和花生糖供奉在墳前，小敏的父親在一旁燒紙錢，紙錢上還印了「極樂世界通用貨幣」的字樣，然後在墳前灑上一杯酒。年輕人將爆竹綁在茶樹欉上，就像國外郊區人家在聖誕樹上繞了一圈又一圈的聖誕燈一樣。接著所有的家族成員跪在地上，在墳前磕三次頭。葬禮、鞭炮，還有燒紙錢這三件事，都違反了政府機關的政策，為了消除這些「封建制度」的傳統思維，中國政府大力推行火葬，並且對施行土葬的家庭罰以好幾千元人民幣的罰鍰。小敏村子裡的每一戶人家，無論有多窮，都甘願付罰款將他們的親人葬入土。

回到家後，小敏的父親專注地在一張紅紙上寫下要貼在廚房灶上的春聯，他也在前門兩邊貼上慶祝新年的紅色門聯，那是小敏在城裡買的，她只不過隨便買兩張，也沒認真看上面寫些什麼，不過春聯上的字完全配合過年的氣氛：

龍騰四海迎富居
鳳飛萬里攜貴來

除夕晚上，小敏一家人放鞭炮、看電視轉播的春節特別節目。整個夜裡都可以聽見鞭炮聲——先是刺耳的沖天呼嘯聲，接著是短暫的靜默，然後才是隱約的爆破聲。新年的前三個晚上，房裡的燈整夜都要開著，雖然沒有人記得為什麼要這麼做，但大家還是繼續延續這個傳統。村裡的房子燈火通明，點點燈光遍佈整個山谷，寒冬下的藍色燈火讓我想起了夜裡的東莞工廠。

新年的第一天，孩子們早早起床輪流在鏡子前整理儀容。小敏綁了兩條辮子，還用一支萊姆綠的芭比髮夾把瀏海夾起來，三個大女孩也在嘴唇塗上媚比琳的粉紅亮唇膏。傳統上新年的第一天大家會在村子裡四處走走，小孩子們跑到家家戶戶拿糖果，老人們則到親朋好友家喝杯甜茶，然後一起聊聊天。進鄰居的家門之前，小敏會先問問三兒該怎麼稱呼住在裡面的長輩們，她已經忘了自己和這裡許多村民之間的關係。

在小敏母親的一位阿姨家裡，三個女孩簡短地向老人問好，然後貴敏掏出一百塊給老人；她們也給一位瘸了一條腿的叔公一些錢。原本的新年習俗是老人家包紅包給小孩，不過現在卻反過來。

村裡的民工們也發展出一套屬於他們自己的傳統習俗，新年的第一天是他們唯一待在家裡的一天，年輕人聚集在山上的佛寺裡。我和小敏、貴敏、三兒一起在天空下起濛濛雨的早晨出發，岔路上已經有一群人等著我們。他們是村裡的男孩們，有些已經結婚了，有些還是單身；他們穿著黑色皮夾克和牛仔褲，酷酷地抽著菸看我們幾個走上前。這群男孩帶了一堆鞭炮，其中一個男孩還夾了四根菸在他戴了三顆水鑽耳環的耳朵上。

寺廟是一棟牛奶色的建築，黑色的屋簷向上高高翹起。進廟門之前，男孩們點了好幾個發出極大爆炸聲響的鞭炮。廟中的第一個房間裡有一塊木頭牌子，上面列出每一個捐錢整修這間廟的人。小敏在牌子上找到她父親以及其他叔叔伯伯們的名字，就在捐獻五十元的字下面。

小敏獨自走到位於寺廟最裡面的殿壇，她把錢投進放香油錢的箱子裡，然後問一位中年尼姑她可不可以求一段美滿的姻緣。尼姑點點頭。小敏跪在殿壇前，祈求自己能遇到命中註定的那個人。女尼姑走向前，把手放在小敏的肩膀上，然後說：

「再多賺一點錢，然後找個好丈夫。」

這是小敏第一次為自己的婚姻求神，她也不確定到底要不要相信這些，不過那對她好像也不是很重要，「就算你不相信，」小敏說：「你還是應該心懷尊敬。」女尼姑給小敏一塊紅布，要小敏好好保存，這塊紅布就會保護她。而且如果小敏真的遇上好運，她就應該在一年之內回到廟裡謝謝觀音菩薩的保佑。觀音是保佑船員的神明，她也會保佑沒有子嗣的婦女還有遭受苦難的人們。

＊＊＊

隨著新年假期的結束，小敏也放棄想要改造家裡的計畫。開飲機裡的水早沒了，每個人又開始用瓷杯喝水；塑膠垃圾袋被遺忘在房裡的角落，直到有一天終於有人把它丟掉。小敏也轉而把心思專注在日漸逼近的回程旅途上。

在一個下雪天裡，小敏搭一個小時的摩托計程車和迷你巴士，去中學時就是好朋友的一對姊妹家。那對姊妹也都離家到沿海的工廠工作，他們的父母在鄉下務農，並照顧智能不足的青春期兒子。小敏到了兩姊妹家時，驚訝地看見一個才一歲多、還不太會走路的小女孩。她一把抱起小孩，然後像個資深警探來到犯罪現場般向我說明案發狀況，她說：「他們的兒子腦子有問題，所以他們想要另一個兒子，只不過生出了個女兒。但是他們當然還是很愛她。」小敏一邊抱著孩子蹦蹦跳跳，一邊袒護地說。

「妳在哪裡工作？」她朋友的母親問小敏。

「東莞的一間辦公室。」小敏回答。

「做什麼呀？」兩姊妹的妹妹問道。

「職員。」小敏說。

「真好！」那位母親說。

小敏轉頭問兩姊妹的姊姊程美琳，二十歲的她有一張精緻美麗的臉龐，「那妳呢？」

「不是很好，」美琳說：「我在一家餐廳工作。」

「服務生嗎？」小敏問。美琳把頭別過去，沒有回答。她的妹妹程麗在河南一家超級市場的家庭用品部門工作。依小敏的標準，這兩姊妹的工作是民工裡最低下的，服務業不但讓人筋疲力盡，得在一旁侍候有錢人也很丟臉。

吃午飯時，程麗向小敏談到了她的工作，她每天工作十三個小時，每個月只放兩天假，那兩天的假還得被扣薪水。

「到我們工廠來吧！」小敏突然說：「我的工廠是做手提包的，一般工人每個月可以領七到八百元，而且每個星期天都休假。」

程麗看著她母親，她的母親說：「看看妳爸怎麼說。」

小敏本來要在同一個村子裡找另一位同學，可是她不在家。小敏從鄰居那裡知道她的同學嫁給一個年齡比她大兩倍的男人，現在都在家照顧她的小女嬰。那位鄰居站在她自個兒家門前大聲廣播：「那男的長得矮，又老又醜。她父母根本不贊成這件婚事。」

小敏對這件事感到無法釋懷，「她看起來那麼有前途，」她在回程的途中對我說：「我一直以為她會工作一段很長的時間，我真的以為她能成功。」

小敏和她大姊要離開的前一天晚上，整個家裡的人一起坐著看電視。貴敏的男朋友站起來走到外面的廁所，屋裡的氣氛霎時起了變化。貴敏和她的母親開始壓低聲音說話，兩個人一來一往地一分鐘也沒停，彷彿這些沒說出口的爭執已經憋在心裡好幾天。

小敏的母親批評貴敏竟然交了一個不是來自湖北省的男朋友，「如果妳嫁給他，」她說：

「我可能再也見不到妳。」

貴敏氣急敗壞地回她母親：「每個人都有自己的一片天，」她說：「如果妳要我和他分開，我現在馬上就跟他說，但是我也不會嫁給其他人。」她的母親開始哭了起來。

貴敏的男朋友走了回來，沉默好像也跟著他籠罩整個屋裡。所有的氣話一下子全都消失，沒有一個人再說一句話。貴敏猛盯著電視螢幕，她的母親站起來離開房間。「去幫幫妳媽！」她們的父親對小敏這麼說。小敏站起來，一雙大眼睛閃著興奮的光芒走出去。貴敏開始打包她的行李，她們的父親繼續看電視，好像一切都不曾發生過。

小敏試著和她的母親講道理：「每個人都要找到他自己的路，」她說：「如果貴敏和他在一起不快樂，她就會回到我們身邊。但是如果她和他在一起很快樂，那麼妳就是阻止她得到快樂的那個人。」

那天晚上貴敏和她的母親都沒再互相說話，但是她們還是睡在同一張床上，就像貴敏回家之後的每個晚上一樣。第二天一大早，貴敏的母親幫她做好離家前的準備，兩個人像平常一樣說話，彷彿昨晚的事情從沒發生過似的。貴敏的男朋友也一切尋常，沒有人告訴他發生了什麼事。貴敏和他的男朋友走向門前的泥濘小徑，貴敏說了再見卻沒看著她母親的眼睛，「我們十月放假時會再回來。」貴敏的男朋友離開時對小敏的父母親這麼說。他們微笑著點點頭，好像他依然很受一家子的歡迎。

＊　＊　＊

新年假期的第五天，小敏也要離開家了。她的同學胡濤就像他承諾的幫我們買到三點二十分開往東莞的火車票。這是台慢車，需要十六個小時才會到，而且我們沒有有劃位；不過在這時候還能弄到票就已經很幸運了。我們和小敏的父母親說再見，然後爬上一位叔伯的摩托車後座，他會帶我們兩個進城去。「抓緊啊。」是她母親在分別時僅說的一句話。

小敏和我早一個小時到車站，隨行的還有小敏兩個來送行的朋友。即將到站的火車裡會擠滿了人，想上車得費很大的勁兒。候車室裡瀰漫著既緊張又期待的氛圍，就像賽跑前即將開跑的鳴槍前夕。胡濤還是不見人影，小敏每一次打電話給他，都是電話已斷線的回應。

兩點四十五分，擴音器廣播即將到站的月台號碼，候車室裡的人潮一下子淨空。小敏到外面找胡濤，但是回來的時候是一個人。小敏和她的朋友劉麗亞商量，或許我們兩個應該直接先擠上車，之後再想辦法買票。劉麗亞懷疑這個方法的可行性，「他們會把妳們倆踢下車。」她說。

三點過幾分鐘，胡濤出現了。他一臉茫然緊張樣，脣上依然有一撮小鬍子。小敏和她朋友猛捶胡濤。

「你到哪裡去了？」

「你知道已經三點了嗎？」

他不知道，他的手機不通，他也沒戴手錶。

「為什麼你的手機不通？我們打了好多次電話都找不到你？」

他說因為手機沒電了。

「我真該賞你兩巴掌！」小敏對他說。胡濤把票遞給小敏的時候，還是一臉的茫然。

我們擠進人群裡，等著通過月台前的鐵柵門。公安來回走動，大聲喊著要大家別互相推擠。小敏和我是第一批進月台的人，但是胡濤卻遠遠落在後面。「別擔心他了。」小敏說。火車靠站時，所有的人全都一湧向前，但是幾乎每一個車門都緊閉著沒開。好不容易有扇門開了，所有的人全擠過去；一堆手和腳從火車裡伸出來，想要阻止更多人上車。或許是火車上早已經擠得水洩不通，又或許他們只是想替朋友保留座位。有個人的肚子被踢了一下，他氣得破口大罵，兩邊互相對罵了十分鐘，這時候倒是沒見到半個公安來維持秩序。在這麼重要的時刻裡，他們竟然消失了。

我們最後終於發現後面車廂的門是開的，趕緊衝過去，然後又推又擠地擠上車。火車裡滿滿都是人，不過一個小時之後小敏和我都勉強擠到一個小位置。胡濤也找到我們了，小敏把她的座位讓給他坐，自己則坐在胡濤的腿上，兩個人一起聽小敏的MP3。感覺上兩個人似乎太過親密，小敏後來坐到我身邊，「他就是我以前的那個男朋友。」她說。

「什麼？胡濤嗎？」

她和胡濤一年前約會過，那時候他住在東莞——他就是小敏遺失手機之後聯絡不上的人。小敏第一天回到家時，胡濤就打電話來了，他希望和小敏繼續交往。這些祕密被守得很緊，我一點都沒發現，直到現在還搞不太清楚。

「他知道妳有男朋友了嗎？」我問小敏。

「不知道。」

「妳會告訴他嗎？」

「我想讓他先找到工作，」小敏說：「然後我再告訴他，到時候他也可以獨立了，我們還是可以當朋友。」小敏不安地笑了笑，「他比不上我現在的男朋友，對吧？我的男朋友比較可靠。」

小敏的祕密不只這樣，貴敏這一次不會回到她父母以為的東莞。那天早上她搭上開往長沙的火車，到她男朋友居住的城市，他們會住在一起，她的男朋友也會幫貴敏在當地找工作。「我是唯一知道的人，」小敏說：「妳絕對不能告訴我母親，否則她一定會更生氣。」小敏走回她的位子。之後我看見她坐在胡濤的腿上，胡濤的手輕撥著小敏的長髮。小敏從她的髮絲和胡濤的手縫間望著我，臉上的笑容充滿了欣喜與羞愧。

那天稍晚，我收到貴敏傳來的手機簡訊。我回覆說我們已經搭上火車，也祝福她和父母之間的問題能圓滿解決。**謝謝妳，我從不擔心這個**，她也回覆了我的簡訊，**我只是走我自己的路**。

第二天早上八點，火車抵達東莞。南方的天氣溫暖，小敏一邊脫下身上穿的毛衣，一邊抱怨悶熱的天氣；她早忘了在家時整天又溼又冷的痛苦。她和胡濤走出車站後搭巴士回到工廠，她會先把因為家裡沒自來水所以一直沒洗的頭髮和身體好好洗乾淨，然後睡個長長的午覺。她對目前腳踏兩條船的窘境還想不出任何解決的方法，不過事情到了最後總有辦法。那天早上晚一點的時候，小敏會把自己的男朋友介紹給胡濤認識，然後兩個男人會對另一個男人的存在怒不可遏。小敏嘗試幫胡濤在工廠裡找工作，但是卻沒結果。她的男朋友會對他下最後通牒：「如果他在三天之內還不滾，我會找人好好教訓他。」小敏會借胡濤三百塊人民幣，然後胡濤會自此從她的生命消失。或許這是件好事。

但是此刻在擁擠的巴士上，小敏的思緒已經飄到了另一個地方。她曾說在家裡沒什麼事可做，只能看電視；她告訴我鄰近的武穴鎮上根本沒什麼東西。她回想著這一次在家鄉所經歷過的一切，似乎想試著找出自己的定位。當東莞的一排排工廠相繼出現在車窗外的時候，她望著一間接著一間的廠房，什麼話也沒說。「家裡很好，」直到最後，小敏才說：「但是只能待幾天。」

11、我的家族史

二〇〇五年春天，我回到祖先的家鄉。中國人稱這是「回家」——即使這個家是一個我從來沒去過的地方。父親在六十歲的時候第一次回到六台，而在中國住了七年的我，一直抗拒著家鄉的呼喚。然而陪伴小敏踏上歸鄉路的這一段旅程，讓我也興起了想要探訪家族起源的念頭。打從我的祖父離開六台以來，至今已過了九十年，我不確定他的死亡在家鄉是如何被定論的，我甚至不知道該如何定義「家」這個字——不論回家是一種責任還是權利，不論過了這麼久回家是否還具有任何的意義。

通往六台的路旁種了一排銀樺樹，看起來有如托爾斯泰詩中的場景，兩旁田野肥沃的黑壤土綿延至遠方。現在離春耕時節還有二十多天，我從車窗上看見農夫拉著水牛在田裡翻土，還有人在田裡燒玉米梗，熊熊火焰延燒了整個平原。這是吸引我的祖先前來的滿州草原，然而我聯想的不是清朝年間，而是小時候最愛的一本書——《草原上的小木屋》的情景（Little House on the Prairie，英國作家羅蘭・懷德（Laura Ingalls Wilder）所著，描述美國十九世紀西部農莊的景象，曾獲五座紐伯瑞獎，是美國兒童的必讀童書）。清朝的鄉下人家從來不曾寫過類似的作品，即使到了現在，大多數的中國人仍然認為自己家族的開創史不值得一提。

車子彎進小路，經過一灘泥地，然後突然在一把橫跨在兩張椅子後面的掃帚前停了下來。一位老婦人伸手要過路錢，這在鄉下地方很常見，一個迫於貧窮所設立的非官方收費站。

「讓我們過去吧！」我的計程車司機拜託她：「今天已經夠辛苦的了。」老婦人不為所動，「我的一條腿不管用了，」她說：「也吃了很多苦。」我給她一塊錢和十二角，掃帚從路中間被移開。

六台的第一個小村落出現在我眼前，我在這裡只知道一個名字——張立閣。我的父母在一九九五年到這兒來的時候，無意中遇見這位遠房親戚，還受邀到他的家裡。「張立閣還在這裡嗎？」我問路邊的一位年輕人，意思是他還活著嗎？

「他已經不在了，」那位年輕人回答：「不過他的太太還在。」他指著一個方向。兩個約二十多歲的女孩年輕女子來應門，以北方女孩來看，她們長得都很漂亮，寬大的肩膀、高條的身材，兩頰被風吹得紅通通。她們帶我爬上一座小山丘到一位老姨媽的房子。

沈金枝已經八十三歲，她年輕的時候曾經住在我們老家宅院的隔壁。當她明白我是誰了以後，立刻用家鄉話激動地對我說了好多話，她的牙床在每句話之間默默地挪動。這位老太太消瘦的臉頰上佈滿皺紋，彷彿一張老舊的羊皮紙。她說的話我一句也聽不懂，一位較年輕的親戚——大約五十多歲，有一張英俊的方臉，幫我將老婦人說的方言翻譯成國語。

「這裡是一面牆，我就住在牆的另一邊。」老婦人一邊說，一邊用瘦骨嶙峋的雙手憑空比劃著六年前已經消失的屋宅。「雖然妳們家是做大官的，但是每一次看見我們都會打招呼，不管我們的身分多低下，或是穿的衣服有多破爛。」

我問老婦人是否記得我的祖父，或是他的兄弟，或者他們的父親。每一次我說出一個名字，她會仔細聽，然後搖搖頭說：「他們都住在北京。」

但是那位年輕一點的男人，名字是沈正發，卻知道所有的事。他知道我父親住在美國，曾經在香港的大學工作；也知道我們有親戚在哈爾濱；他認識我們的一個親戚張宏，還說會找出他的電話號碼給我。他知道關於我祖父的事，「他是一個了不起的人，」沈正發說：「他想替中國做一些事情，也為此命喪撫順礦場。」

我問沈正發為何知道這麼多關於我們家族的事蹟。

「我父親在世的時候，常常告訴我們這些歷史。」他說：「他替你們家工作，照顧豬啊、羊的。」

沈正發也記得我父親曾到他家拜訪。然而十年下來，這些記憶似乎也跟著模糊。「他和另一個人來的，我想應該是政府單位。妳父親的肩膀很寬大，對不對？」

「不怎麼對。」我回答他。我父親是個瘦小的人，他的肩膀有如中國的物理學家。

「是寬大的肩膀，」沈正發堅持自己沒記錯，「還有對大眼睛。對了吧？」

那倒是真的，父親的眼睛很大。

「妳父親離開之後，你們的祖祠就被燒了。」

老婦人說政府官員來到這裡，把我們記錄了三百年的祖譜給帶走。她對這件事一直耿耿於懷，「沒有了祖譜很危險，」她說：「因為有血緣關係的不同世代可能在不知情的情況下彼此通婚。」

其實我的父母離開這裡之後，陪他們過來的政府官員又回到這裡把祖譜拿走，然後寄給我在美國的父親。所以我告訴老婦人，我可以影印一份寄給她。

「也不需要了，」其中一位年輕婦女代替她回答，「現在這裡已經沒有姓張的了。」

我曾經想像一村子的人都有跟我相似的鼻子和眼睛，也以為整村子的人都會跟我一樣姓張。但是那些都已經是很久以前的事。雖然曾祖父在山丘上俯瞰整座村莊的墳墓在文化大革命時被掘墳破壞，祖祠也在一場大火中燒毀，但是沈正發還是提議騎摩托車載我到祖祠附近看看。我們準備出發的時候，老婦人站起來激動地緊抓住我的手臂，她仍舊對我們之間的輩分關係感到困擾，「我該怎麼稱呼妳才對？」她問我：「妳要叫我什麼？」我握住她的手，向她說再見。

我坐在沈正發的摩托車上穿過村子，六台的房子繞著山丘而建，每間房舍的距離都很遠，而且面對不同的方向，遠遠看起來宛如被甩落在山谷裡的一顆顆骰子。在泥牆和磚造的小屋當中，穿插著幾間外牆貼滿白瓷磚的新房子。村子裡的年輕人都在外地工作，有些則搬到城裡居住。「這村子最近幾年變了很多。」沈正發告訴我。

愈往上房子也愈稀少，我們爬上一處小山坡，到了一片有膝蓋般高的玉米田前面，田裡仍留有去年未採收的玉米。祖祠外的三邊圍牆依然明顯可見，底下是石頭造的，上面則是混土的；牆高大約一百二十公分，牆外面就是一大片的玉米田。

祖祠頹塀的樣子看起來比較像十三世紀蒙古帝國殘留的古老廢墟，不像是只有十年以前的建築。我大哥住在美國舊金山的百年房舍，也比這座祖祠的歷史還要悠久。或許是因為這裡的很多地方都被荒草淹沒，而這裡的人也早已遠走他鄉，所以讓它看起來感覺很古老。

我指著玉米田問：「誰種的玉米？」

「我們讓一位鄰居在這裡耕種。」沈正發謹慎地回答，好像擔心我會忽然行使繼承權把地要回去。我們無言地看著風吹過眼前這片土地，「那裡以前有三個院子，」沈正發說：「老一輩的人告訴我，下雨天的時候可以一路從前院走到後屋都不會淋溼。」那是他用來描述這間宅邸有多麼氣派的說法。

或許想要記錄中國一個小地方的歷史真的不太可能，因為有才能和擁有雄心壯志的人最終都離此地而去。歷史移到了他處繼續上演。當我終於回到家鄉，卻沒有人在那裡，只剩下一位記憶已不復當年的老婦和一位他的父親曾負責管理豬羊的男人。我的家人散居在滿州和世界各個地方，而留下來的人也只記得過去的片段，根本沒辦法完整敘述整個故事。沈正發說的事沒有一件是我不知道的，他保留的每一段歷史都和我蒐集的相同。

不過，我並不覺得哀傷，我等了一段很長的時間才到這裡，而現在我也明白了一些事。**新發源，這個好地方**，現在的我就是它的化身。家不是一塊土地，而是人們的歸屬；在這個家中發生的事，才是我們生命的重心。有時候這些事需要被收藏，而那就是我現在的角色。我的家庭是一個故事，不是一個地方，到了六台讓我找到記錄家族歷史的目的。

我才在村子裡待了一個小時，但是離開的時候已經到了。沈正發載我到計程車司機等我的地方，「以後妳再回來，」他對我說：「就直接到我家。」他沒說出口的是：**因為妳在這裡已經沒有家了**。

＊　＊　＊

現在這裡已經沒有姓張的了，村裡那位年輕女人是這麼說的。我在中國最親的人是立教，他是我父親從小一起長大的表親。我回到六台後三個月的那年夏天，我第一次到哈爾濱看他們，那是距離俄國邊境三百多公里的滿州城市。

立教一家之所以留在中國飽嚐艱辛，有一部分的原因是因為我們。我們家族過去的地主身分讓立教成了無產階級的敵人，導致他和他的妻子，還有兩個兒子遭受十年的勞改生活。而我父親一家人逃到台灣這件事，讓立教一家更不得翻身，他們在文化大革命時被懷疑有通敵的罪嫌。

當我到他家時，他們全家人聚集在立教女兒的三房公寓。立教的三個孩子跟我是同輩，不過年紀都已經五十多歲了。最大的兒子長得又高又壯，臉上戴了一副厚厚的黑框眼鏡，讓我想起江澤民；第二個兒子比較沒那麼壯，完美的臉頰線條延伸到下巴尖。我很熟悉他臉上的五官，因為那是我父親的輪廓。兩兄弟都穿著汗衫，說起話來全是工人的粗魯，**他媽的、幹**，不絕於口。文化大革命開始的時候，他們正在讀國中，之後的十年被送至鄉下勞改。回來的時候，大兒子在製造彈簧的工廠找到份工，小兒子則在一間木料工廠工作。最小的女兒銀橋的境遇完全不同，她在文化大革命末期的一九七一年從中學畢業，當時沒像她的哥哥們被送去鄉下勞改。她後來拿到大學文憑，目前在大學的行政部門擔任主管。就像許多中國的家庭，出生順序決定了立教兒女們的命運。立教的妻子朱淑蘭把我帶到房間裡，床上躺著一個無法行動、只有一隻眼睛張開一條縫兒的老人。老人看起來很臃腫，平滑的光頭以及柔軟的臉頰和脖子，感覺很像剛剝了殼的水煮蛋，他的肚子則有如山丘般在棉被下起伏。這個老人是立教。

「他認不得人了。」立教的妻子告訴我。

「他什麼事也不知道，」小兒子的太太一臉愉悅地對我說，她輕拍老人的臉，大聲說：「你認得我嗎？」

老人露出一條縫的那隻眼睛的眉毛微微抖動了一下，家裡的兩個女人都笑了。她們待他有如愚蠢的孩子——現在的他只是她們的責任而已。她們替他做所有的事情，餵他吃稀軟的食物、替他清理床單、注意觀察他的氧氣筒含量。他從前年的一次瀕死意外之後，就一直是這個樣子。

我問銀橋為什麼不請一個人來幫忙照顧他。

「如果不是家人照顧他，」銀橋淡淡地說：「他可能已經死了。」

在一整天的拜訪中，老人都躺在床上。如此的景況在我看起來或許有些哀傷，但事實上這位老人的生命是一場勝仗。立教帶著他的家人度過文化大革命的苦難，在一九八〇年代還替每一個孩子在他任教的農業大學裡找到工作，他的三個兒女至今仍在那裡任職。這些都是立教的成就，而今八十九歲的他，也命該如此地躺在床上安祥的離開人世。

餐桌上滿滿的都是豐盛的菜餚，銀橋還準備了我最喜愛的北方蔥餅。我的母親總是在我生日時親自揉製麵粉，幫我做這道北方麵點。我告訴他們我的六台之旅，每個人都對我的那趟旅程感到非常佩服。

「我們沒有一個回過那裡。」銀橋說。他們的父親有兩個妹妹，他們只有在小時候見過一次面。

我說那裡的村子已經沒有家族的人了，但是一位鄰居給我張宏的電話號碼。

我的表哥、表姊們互相對望了一下，「妳知道這個張宏的事嗎？」大表哥問我。

「我知道他因為某些事情對我們家非常不滿。」我語帶保留地說，我父親曾跟我提起過這位「瘋子」親戚。

「他的頭腦有問題！」二表哥的太太脫口而出。

張宏是我父親的第一個表兄弟，立教和我的父親都是曾祖父的第一個妻子生的，張宏則是三房的兒子，他也因為這樣的家族關係遭到牽連。他的父親在一九五七年因為被冠上右派份子的罪名而失去瀋陽大學的工作，他們全家也在文化大革命期間被遣到鄉下進行十年的勞改。回到城市之後，張宏的父親花了好幾年的時間寫信上訴，想要洗清自己的罪名，並要求共產黨宣佈他從來不是個右派份子。他後來贏了，也從大學裡拿到補償金。張宏的父親過世之後，輪到他繼續追究下去。張宏不僅調查他父親的案子，也研究我的祖父和其他家族成員的歷史背景；他把所有的空閒時間都用在研讀舊報紙和影印文件上。「不管到哪裡，他都提著兩大箱的資料。」立教的妻子告訴我。

我遇過這類型的人——中國的每一位記者都是這樣。張宏是個抗議者、一個請願者，因為太執著於對與錯的結果，以致於耗損了自己的生命，也讓自己孤立於人群之外。但是想要與中國既官僚又拖延的司法系統抗爭，就非得有過人的堅持才行；這樣的人如果遠觀，其實是讓人佩服的；然而如果太親近卻又讓人無法忍受。他可以一連好幾個小時談論「3-7案例」或是「12-14決議」——人們似乎特別重視特定司法判決的日期。這些日期讓整個談話變得沈重起來，它們一遍又一遍地被提起，而一連串的請願就像委屈與不滿的時間軸，其中的意義只有他自己知道。直到某個時刻，你突然了解到這個人根本沒聽進你說的任何一句話；你想要同情他，但是到了最後，那些文件、請願、事件和日期，已經讓人感到麻木。

慢慢地，張宏和家族裡的每一個成員漸行漸遠。他寄了一封充滿怒氣的信函給立教，之後就再也不曾和他們往來。他和在北京的姨婆起爭執，也寫了一些惡毒的信給我父親和叔伯們，銀橋起初還不太願意把她保留下來的那些信交給我，因為信裡的敵意讓她感到尷尬。

「他把被冠上右派份子的原因都怪到妳的祖父頭上，」銀橋說：「那時候有一百萬人被打入右派，難道都是因為他們認識妳的祖父嗎？就算是曾經擔任中國總理的劉少奇，還不是不能倖免，更何況是一般人。」銀橋的雙頰因太過激動而泛紅。

「他也來找過我父親很多次，」立教的大兒子也說：「我父親總是勸他，那麼多人都在受同樣的苦，不只你一個；你應該把這些都拋在腦後，專注在眼前的路。但他就是沒辦法釋懷。」

張宏讓當天的氣氛蒙上了一層陰影，家族裡的人只要一說起他，總是淡淡的說——**他的頭腦有問題！**但在話語裡還是流露出一些畏怯。或許張宏所表達的不滿，正是他們埋藏在內心深處裡的真正感受；或許他們為了繼續過日子而壓抑著那些不滿的想法；又或許他們懷疑張宏可能是對的。

「他認為妳的父親和叔伯們虧欠他，」銀橋不斷地告訴我：「他因為和妳祖父的關係受苦了很多年，所以他現在覺得這個家虧欠他。不過我們只要能和妳再團圓就很高興了。」

從他們的言談之間，我發現中國竟然不可思議地沒有出現更多的張宏。幾乎我遇見超過某一個年齡的人，都曾因政治因素而錯失了青春年歲，許多人仍然為了他們的健康狀況、缺乏教育，以及家人的死亡而付出代價。但是這些人卻令人訝異地毫無怨言，當他們被問及個人感受時，反而傾向於以團體而非個人的經歷來回答，**那麼多人都一樣受苦……**彷彿如此就能讓每一件事情合理化。我的表親們一再提到中國前總理及毛澤東當時的接班人劉少奇，即使像他這樣曾經擁有如此崇高地位的人，都遭受兩年的酷刑和鬥爭，最後在一九六九年時死於河南的監獄裡。這個人的死亡以及悲慘受辱的下場，對我的親戚們有很深刻的影響。他們似乎把劉少奇當成中國的基督，並懷抱著無可救藥的虛無道德觀，他們覺得既然連劉少奇都死得如此悽慘，一般平民百姓的遭遇怎麼能比得上？

張宏不一樣，他對於自己失去的一切感到憤怒，他無法釋懷，他之所以採取行動是因為他認為個人的苦痛也很重要，他勇於將自己的苦難和國家總理劉少奇的苦難相提並論，他的個人遭遇也很重要，而他也決定要將自己的故事公諸於世。我一直對於那些受到文化大革命迫害卻概括承受的大多數人感到好奇，為什麼他們不曾忿恨不平，而現在我找到了一個，他還是家族裡的人。

午餐過後，我和大表哥坐下來談家族歷史。其他親戚經過客廳時，也會加入我們的談話。**你知道我祖父的哪些事？**我問他。

最適合回答這個問題的人——是那位躺在床上無法說話，等待死亡來臨的老人。

那你知道自己父親的哪些事？

他後來改名叫做張聖波。

他在北京上大學，也在北京工作。

不對，他在哈爾濱工作。

經過漫長的一天——正確來說是九個小時，同時有六位親戚不停地對我說話，我試著導入正題，但是根本不可能。每一次我問一個問題，最後總是演變成討論到某個人的另外一個名字，或是那個人真正的出生年月日，或者某人曾經說了這個人什麼。我們被一堆事實淹沒，在不同的日期數字中推論，但是沒有人能將這些細節拼湊成一個連貫的故事。就連想要猜測我的親戚們到底經歷了哪些事情的順序都很困難。因為他們對個人的遭遇輕描淡寫地帶過，也省略了很多中間的過程，也似乎遺忘了那些重要的關鍵事件。在一個那麼多人受到磨難的世界裡，個人的遭遇似乎也變得微不足道。**連國家總理劉少奇都被鬥爭了，何況是一介平民百姓。**

後來我也放棄提問題。連續談了七個小時候，我知道了他們的祖母，也就是立教的母親當時留在六台，後來在一九四〇年代的土地改革中被殺害。晚餐時銀橋轉過頭看我，然後說：「我們的祖母是自殺的，妳知道嗎？」我靜靜坐著聽大家你一言我一語，然後把我真正想知道的那些事像一塊塊石頭般沉落在大海的某個角落。

＊　＊　＊

回到北京之後，我看了銀橋保留給我的那些張宏寫的信，總共打了兩頁，署名給我的父親、伯伯、叔叔和阿姨。即使不懂得閱讀中文的人都能看出信裡的怒火，所有的字都是黑體字，有些字底下加了粗線，有些字特別斗大，信裡還有很多個驚嘆號，彷彿整整齊齊的字無法表達他的情緒；中國字不應該像他這樣寫的。

你說了很多次不願意見我們……
你無視於我們的變故，對我們的遭遇置身事外！

幾年以前，我寄了一封求救信給你，
希望你能站出來幫助我的父親，也同時幫助你自己的父親。
但是你漠不關心，無情地拒絕一個深陷險境的人！

六台的張家繼續放任過去的邪惡行徑，
在人權問題上橫行霸道，
巧佞與妾的家庭爭奪家族合法繼承權。

我的目的不過想振興傳統孝道，
將祖父及曾祖父建立的兄弟情誼傳承給下一代。
我從沒想過我的父親最後竟成為你，我的兄弟的受害者！

他在第二頁的最上排將箭靶對準我：

張彤禾還想撰寫家族史嗎？

她會寫這些事情嗎？

如果不會，又算是哪門子的家族史呢？

我從父親那裡得知，這封信只是張宏單方面寄來的許多信件之一。他在一九九〇年晚期曾經寫信給我父親，敘述想要替他父親和我的祖父向共產黨申請政治平反的意願。這麼做可以讓在文化大革命期間遭到鬥爭的人得以重新恢復名聲，張宏似乎認為他父親的案子能因此而得到幫助，所以希望我父親能支持他。然而這個請求實在不合乎常理，因為家裡的人都認為祖父是被共產黨謀害而死的，現在我們卻要向下劊子手的人請求洗刷祖父的罪名？父親禮貌地拒絕了張宏的請求。

張宏回了一封滿紙怒火的信給父親和叔伯們，幾年之後他又寄了另一封信，指控父親一家造成他的痛苦，又對他的困境棄而不顧。他發誓要報復，然後又影印了同一份信件分別寄給父親和叔伯任教大學裡的同事。父親對我說：「我想張宏覺得我們不在乎他，也絲毫不在乎家族的這些事。」他停頓了一會兒，接著說：「或許也是事實。」

張宏花了好幾年的時間研究家族歷史，他在文化大革命期間被送至六台，他也在那時候第一次遇見許多親戚。他搜尋共產黨的檔案，拜訪了如今已退休，但是當時是祖父被謀殺時撫順煤礦區的處長；他也收藏許多祖祠被燒毀前的相片，還有內部陳設的圖稿。

當我愈了解張宏這個人，就愈明白自己應該和他聊一聊。雖然他對過去的一切感到忿恨不平，但他是家族裡真正的歷史學家。他做了許多研究，也擁有很多照片和文件；我只是一個後輩，而且才剛起步，我永遠不可能知道他所知道的一切。和他見面的想法讓我感到恐慌。

張宏寄來家裡的最後一封信是在二〇〇四年時，當時我還是駐北京的特派記者，我那時候尚未回過家鄉，也還沒有撰寫家族歷史的念頭。然而在張宏的信裡，似乎已經預見了我的未來。

張彤禾還想撰寫家族史嗎？
她會寫這些事情嗎？

＊　＊　＊

現在的中國一直和過去牽扯不清，表面上對於過去感到驕傲，畢竟**中國有五千年的歷史**，身為美國人的我時常被提醒；但是除了電視播放的清朝宮廷連續劇之外，好像也沒有人願意做更深入的探討──為何一個偉大文明在面對西方衝擊時如此的不堪一擊？是什麼讓一九五〇和一九六〇年代的人民，如此輕易地在工作場合、在農村，甚至在家庭中互相鬥爭批判？而這些人民又如何能在事情過後一切如常地過生活？

最後一個問題的答案很簡單，就是──遺忘。中國共產黨對於一九五〇年末期的大饑荒以及文化大革命的浩劫大難很少提及，鄧小平甚至在一九八〇年下令，為了促使全國上下的團結，過去三十年的歷史紀錄應該「概略而不需要細節」。這項命令使得全國人民對事情的根源不為所知，文化大革命的慘況也因此被歸咎到幾個激進派領導人身上，而天安門抗議事件更被指是受到幾個「幕後黑手」操控的結果。「一切就讓歷史來決定。」每當提到這些議題時人們總是這麼說，彷彿這些是很久以前發生的事，而非他們親眼目睹或是參與的近況。

遺忘也是個人的選擇，很多人用這樣的方式讓自己和過去的一切一刀兩斷。對離開中國的我的家庭來說，拋下過去遠比沉溺在哀悼祖父逝去的生命還要來得有益；而對留在中國的親戚來說，與其問他們被犧牲的年輕歲月，還不如談論劉少奇的遭遇比較好。民工就比較簡單了，他們掙脫了家庭、歷史的牢籠，他們的過去就像換名字，或是說一句話一樣簡單。

過去好像只有一個又一個痛苦的故事，**戰爭過後有個男人在火車站被暗殺；一個女人在她的村子裡被打死；另一個女的到廟裡抽了一支「下下籤」**。這些悲痛的苦難總有一天會受到歷史的譴責，中國文化有深厚的自我反省本能。或許在遙遠的未來，中國能夠領悟到這個曾經身陷歷史泥沼的國家，正從中掙扎而起，並即將自由地悠遊。

我在靠近六台附近的政府所在地拜訪一位名字叫做郭德輝的九十二歲老人，他的雙眼炯炯有神，一對眉毛粗粗的，耳垂很長，看起來很像問號的形狀；中國人認為耳朵大是好運的象徵。郭德輝曾在日本人佔領滿州時擔任過警察，後來還曾任國民黨的立法委員，他和我們家族是舊識。一位當地的官員陪著我前往，他向郭德輝解釋我是張莘夫的孫女，他立刻如孩童般靈敏地問：「妳是張立豫還是張立綱的女兒？」

「我到過妳家，」他說：「在北京，西城區，粉子胡同，二十五號。」他嘰哩嘎啦地唸出地址，好像我們下一分鐘就要搭計程車過去似的。我後來發現他說的地址只差三個號碼，對已隔半個世紀以前的記憶來說還不算太差。他回想一九四七年曾到過大宅院裡，那是他最後一次見到我的祖母和大伯公。他和大伯公從一九三〇年在六台時就是朋友，那時候郭德輝是警察局長，大伯公是市長。「他對每個人都很和善，所以大家都很喜歡他；那也是為什麼他在革命之後並沒有遇到任何的麻煩。」

「他在文化大革命的時候回來過，」我說：「你那時候見過他嗎？」

老人搖搖頭說：「我之後就沒見過他了。」

郭德輝在一九五四年的「肅反」運動中被指控為台灣的間諜，之後就被囚禁在甘肅省西北方一間汽車工廠後面的小屋子裡，他在那些日子裡看報、照顧蘋果樹和桃子樹，就這樣過了二十年。當他在一九七五年回到城裡時，幾乎已經是退休的年紀。「現在是政府養我了。」他說。我問郭德輝他的長壽祕訣，「我吃肉，但是不吃肥的。」他告訴我：「我在八十歲之前每天都跑一個半小時，到現在還是每天散步。不過最重要的還是一個人的心。要把心打開，過去的事就別再擔憂了，人啊，一定要看事情的光明面。」

＊＊＊

那年秋天，我再次回到家鄉。田裡的玉米已經成熟了，長得比一個男人的身高還高，再一個月就可以收成。我之所以回來，是因為這裡其實還有一個姓張的人。我第一次回到這裡之後，一位住在附近的親戚張同顯聽說了我的事，他聯絡上我，我們約好在村子附近的一個市集見面。同顯有一張英俊的臉，他穿著一身高雅的黑色條紋西裝，除了臉上的太陽眼鏡和紅色的摩托車，他看起來就像舊西部地區的鄉村牧師。他在小學裡教書。

同顯帶我回到他家，他和妻子一起在兩畝田裡種玉米，他們的兩個女兒則在城裡上學。我坐在炕上，這是傳統中國北方農村生火取暖的臥榻，也當床使用；同顯把一本書放在我手裡，那是我們家族的祖譜，是由我的曾祖父在民國十二年，也就是西元一九二三年所整理的。整本祖譜用繩子綁在一起，封面還有水漬的痕跡，邊緣也磨損了。「我父親在文化大革命的時候把這本祖譜放進塑膠袋，綁好之後埋進土裡。」同顯告訴我。

這本祖譜追溯到祖先移民到滿州之後的十一代家族，從一九九三年之後還有三個世代。同顯就是這三個世代的其中之一，那一部分的祖譜被人從村裡拿走，交給了我的父親。

我問同顯撰寫這本祖譜的目的。

「這是為了處理族系裡的親戚關係，」他壓低聲音說：「有些人——他說了一個名字——通婚，這妳不可以寫出來。」

「他們兩個人不知道彼此有親戚關係嗎？」我問他。

「不是那麼清楚，」他說：「而且他們沒受過什麼教育，這是為了讓年輕一代知道。」

他拿出一個紙盒，裡頭放了照片、書信和他依照村裡老人的記憶所繪製的宅院和祖祠平面圖。平面圖清楚畫出家人睡覺的正房位置，以及兩旁給傭人們住的屋子。上面還在原本是洗手台和石匾的地方做記號；平面圖還畫出院子四個角落裝設毛瑟槍的位置……每一個細節皆鉅細靡遺，都仔仔細細地編入祖譜裡，然後收藏起來。同顥也給了我他新增的二十三頁歷史，上面有他知道關於家族的所有事情。

我也在同一天發現立教的父親——張奉恩的命運。就在政治鬥爭開始之後沒多久，立教為了父親的安危把他送回六台，通常人們都認為鄉下是一個避難的好地方，但是這一次他錯了。當時的紅衛兵正抵達中國農村，同時也將階級鬥爭那一套殘暴的行為帶到鄉下。立教的父親躲過了一九四〇年的土地改革鬥爭，但是現在才知道有時候你認識最久的人，也有最多的理由恨你。

同顥那時候只有八歲，但是目睹了所有的事情。

文化大革命的時候，立教被冠上莫須有的政治罪名而下放到農村，
張奉恩也回到六台借住在姪子的房子。
一九六九年的夏天，兩個工作隊來到其塔木村。
他們下令將張奉恩帶到那裡。地方上有句話說：
「肉包子打狗，有去無回。」張奉恩就是那顆肉包子，
而工作隊就是一群齜牙咧嘴的狗。

那天夜裡，張奉恩在一棵樹上吊。
在那之前，他已經被折磨得不成人形。
他被戴上批判的尖帽子遊街，

其中一個鬥爭他的人就是張立閣。

我認得這個名字，張立閣是我的父母親在一九九五年拜訪這個村子時相認的親戚，他們還到過他家裡作客，而且還向這位唯一在世的張家老一輩鞠躬。沒想到就是這個人指控立教的父親，並且導致立教父親的死。

張立閣是個懶惰的人，他一生從來沒工作過。
張奉恩還幫他張羅婚事，他一毛錢也不必花；
然而文化大革命時張奉恩卻被張立閣給舉發。
你對一個人好，但他卻這樣回報你！
張立閣和其他人大喊：張奉恩下台，地主下台！
我那時候站在人群裡邊看邊哭，
張奉恩以前常到我家裡，我很喜歡他，
我喊他六叔的。
我看著他在學校的操場地上爬行，
最悲慘的還是在六台村民前的那一次，
他被打得很慘，背上都看不到皮膚，到處都是血，
那是最糟的一次。

我那時候還是個孩子，但是也沒有任何一個大人敢站出來說話。因為只要你一開口，就會惹上麻煩。

就在我離開前，同顯說要給我看樣東西。他騎摩托車載著我到一間普通的磚造房子前，那是一個農夫的家，也是我的一個親戚。房子大門的左右兩邊各擺了兩個很不協調的大理石，那是從祖祠拿過來的石座。祖祠在文化大革命期間被拆除時，住在這裡的老人搶救了這兩尊石座，並把它們搬到他家。這兩尊埋在農家院子泥地上，圓滑潔白如希臘神殿石柱的石座，是祖祠僅留的東西。每一尊石座上都刻了一個「壽」字。

＊　＊　＊

從傳統的中國祖譜上，能追溯至一個家族歷史的「使遷祖」，也就是第一個從別的地方遷居至目前後代居住處的祖先。追求地位的家族可能從中找出他們和古時有名人士的關係，但是這種虛假的關係等於出賣了自己的祖譜，所以只有由遷移的第一代所記錄的祖譜，才具有真實性。一個家族的歷史就在一個人離鄉到了某個地方定居開始，他在什麼時間、什麼地點，開啟了新生活。

中國的祖譜記載於一千年前的宋朝開始流行，這是儒家重視家庭的表徵。祖譜撰寫的目的是用來記錄家族成員的美德與良善，不過一如共產黨的宣傳伎倆，祖譜通常只強調正面的史蹟。丈夫死後再嫁的寡婦因為違反儒家善良風俗，所以不會被納入祖譜；無子祠的妾和出家的兒子也不准被寫進祖譜裡。被祖譜排除在外的壞事有一長串，根據清朝頒佈的規矩，包括：**違背祖訓、漠視社會階層的婚姻、暴力行徑、娼嫖、共謀叛亂、叛國通敵、異教邪說、欺瞞犯上、毫無理由地勒人致死，或是娶嫁娼妓、戲子、奴隸或僕工**。祖譜反映出傳統中國對於歷史的看法，不在於記錄事實或者記錄真實的故事，而是建立引導後代遵循的道德標準。歷史不只是當時發生了什麼事，而是如果人們行為端正的話或得到的結果。

始遷祖
化龍
配劉夫人合葬
奉天開原縣塋
子二義君義臣

在同顯給我的**吉林張家祖譜**上，一開始就用五行字記載了我們的祖先張化龍。之後的紀錄都差不多，先寫出一個男子的名字，然後是他妻子的姓氏、兒子的名字，接著是他被埋葬的地方。彷彿唯一值得被知道的事，是這個人是否繼續傳承家族的血脈，以及該到哪裡去祭悼他。之後的記載加上了出生和死亡的年月日，偶爾也列出個人的成就，不過只有某部分的範圍——像是功名、學術地位，還有朝廷受祿。大多數的人還是只記載了名字、妻子姓氏、兒子的名字和埋葬的墳址；遺缺的細節部分，通常也顯示了這個人的一生可能沒有什麼好記載的成就——也就是這個人可能是個務農的。

祖譜中留下最多紀錄的是我的祖父。

春恩

小名星甫，後改為莘夫

畢業於國立北京大學經濟系

後至美國求學

畢業於芝加哥大學經濟系

畢業於密西根大學礦業系

回到中國後在吉林省工業局擔任技術指導

（比資深技術員的職位還高）

穆棱煤礦的工程組長和主任

焦作煤礦工程師

任教於唐山理工學院

為了抵禦日本，帶領國家製造

水銀、錫及鎢等戰略金屬

生於一八九九年

亡於一九四六年

妻子李薌蘅

北京女子學院畢業

兒子立豫立綱

在我父親這一代只有一個人的名字列在上面：立教，生於一九一七年，其他的頁面一片空白。

然而祖譜裡並沒有記載或形容個人任何與眾不同的地方，翻閱吉林張家祖譜就像閱讀祖父的日記一樣，看不到我希望能了解的個人故事。如同我祖父在族譜中的記載——亡於一九四六年，然後只是無誤地描述他在政府的地位——比資深技術員的職位還高，但未提及他回到滿州後遭到暗殺，或是他的妻子獨立撫養五個孩子，或者他的孩子長大後到了台灣和美國，而且永遠像奈麗阿姨詩中所寫的：

您的孩兒啊，在海上的島嶼流浪，

寄予您無盡的思念。

而我大伯公在祖譜上只記載了——亡於一九六九年，而對於他如何被自己的家族成員批判鬥爭、毆打成傷，以致於在那個夏夜結束自己的生命一事，完全不曾提及。上面也沒提到名列祖譜第五十五頁的第十代子孫張立閣，是造成這場鬥爭的主要原因；更沒有說明名列祖譜第五十七頁的第十一代子孫張同顯，在孩提時代親眼目睹這一切的發生。

然而這或許就是祖譜的祕密，也是為什麼這項私人紀錄的傳統得以流傳千年的原因。藉由只記載基本的訊息——名字、妻子、兒子、墳址，祖譜維持了人類生存的秩序與和諧，但是卻將真實世界中的不當行徑或者不應當存在的行為摒除在外。不過家族延續的力量卻讓人驚嘆，因為從祖先在滿州落腳建立家園並歷經十四代子孫之後，大多數後代依然遵從名列第六代的我的曾祖父所制訂的命名順序，來為他們的孩子命名。

這份祖譜還隱藏了一個意外的驚喜，那就是我們的第一代祖先是從河北省一個叫做宛平縣的地方出發到滿州。當我按圖索驥之後發現，宛平縣就是現在的北京地區。我的祖父在一九二〇年離開北京到美國繼續他的學業，為的是日後拯救他的家國；我的父親則在一九四八年從北京搭乘最後的班機離開已然淪陷的國土；而我從美國搬到北京居住，就在我的祖先三百年前離開的地方。

＊　＊　＊

二〇〇五年冬季，我到瀋陽與發誓報復我們家的男人見面。張宏和我約在瀋陽理工大學的門口，他在這裡教電腦課。他的臉色蒼白、臉頰修長、高鼻子，嘴旁的皺紋深陷——就像我父親的臉，只是他的皺紋比較深，讓他看起來更憂鬱。他有一頭酷似青少年偶像的捲髮，穿著黑褲子和有領針織衫，不過針織衫上的鱷魚圖案繡錯了方向。張宏面無表情地和我握手，他的黑眼珠在象徵智慧的鏡片後面打量我。我覺得他應該不常笑。

他帶我穿過校園，走進一間人煙稀少的大樓，然後爬上漆黑的樓梯。他的辦公室倒是通風良好，裡頭並排了兩張木頭桌子。

你無視於我們的變故，對我們的遭遇置身事外！
我從沒想過我的父親最後竟成為你，我的兄弟的受害者！

張宏拿出一台錄音機，「妳介意我錄音嗎？」他問我：「我的記憶力不太好。」我的表情看起來一定很震驚，因為他立刻就把錄音機推到一旁。

「妳從哪一個觀點寫妳的書？」張宏馬上又問：「中國人的嗎？」

我思考著他的問題，最後回答：「我是從我自己的觀點來寫這本書。」他說他也正在寫一本書，是關於我們家族的歷史；總共分成三個部分——繁榮興盛、家道中落，以及再生。他已經為此做了十五年的研究。

我和張宏相處的兩天裡，他一直很客氣，還帶我回家見他的妻子和兒子。他當天晚上請我吃晚餐，第二天也帶我去吃午餐；他說我們之間的對話，是他這一整年最重要的經歷。他沒提幾年前曾寄給我父親的那些仇恨信，我也沒說。

張宏的父親在他三歲時被冠上右派的罪名，即使當時只是一個年幼的小男孩，他依然對父親的政治地位感到羞愧。如果有個大人和他說話，他會立刻向對方招認罪名：**我的父親是右派份子**。但是當身邊沒人在場的時候，他會扯著喉嚨大聲嘶吼：**打倒共產黨！中國革命勝利！**「我猜那時候有兩個我，」張宏說：「一個我說那些話，另一個我卻告訴每個人：『我的父親是右派份子！』小孩腦袋裡的思想實在很難解釋。」

張宏的父親失去了大學教授的教職，被下放到鄉下進行勞改。他的母親經診斷為精神病患後，則被送到精神病院。「是我父親的事件造成的，」張宏告訴我後來他的父親也被送進醫院。現在回想起來，張宏不記得那些年來到底是誰照顧他和他的弟弟。他和弟弟有個學期一起住在學校裡，由學校的老師照顧他們；學校放假的時候，他們就和留在學校負責巡守的警衛一起住。張宏八歲的時候父母離婚，三年之後他的母親遠離他們而去。

文化大革命開始展開時，他的父親被逮捕，接著被軟禁在大學校園裡長達六個月。一九七〇年，張宏十六歲的時候，他和弟弟及父親一起被送到六台定居，並在田裡工作。在遭受一連串的鬥爭批判之後，他們終於能夠享受片刻的平靜，這裡有許多村民都是他們的親戚，有人給張宏一些他們從興福園書房搶救下來的古書，也對他說了許多家族的歷史。

一九七九年，他們一家搬回瀋陽。張宏的父親回到曾經辭退他的大學任教，張宏之後也在同一所大學得到一份工作。他的兒子現在也在這所大學裡上學。

張宏侃侃而談了三個小時之後——才說到了一九六八年，我們到校園裡散步。當我們走過一棟三層樓高的建築時，他指著一間樓上的窗戶說：「那是他們當時逮捕我父親之後囚禁他的地方，」然後又指著一個門廊告訴我：「我就從那裡進去看他的。」很多地方請張宏去工作，但是他都婉拒了，他五十年來堅持守在這個讓他經歷所有不幸遭遇的地方。

文化大革命期間的校園比其他地方都要深受其害。受難者在教室裡被鞭打，然後在體育場上拖行示眾，並遭受同樣是老師的同事批判，被自己的學生折磨殘害。傳統中國文化對學習有一股崇高的尊敬，然而文化大革命卻讓學校成為污蔑和虐待的刑場，這也是文化大革命令人生畏的地方。

如今在這座校園裡，張宏有時候會遇到當年攻擊他父親的人，他們像張宏一樣繼續存活。其中一個當時以殘暴攻擊而廣為人知的學生，在文化大革命結束後求見張宏的父親，並向他道歉。

那天晚上，我和張宏一家人一起到火鍋餐廳吃飯。張宏的妻子有一張圓潤的臉，頭髮稍微燙過，她在一家房地產公司的財務部門工作；他的兒子是個大三學生，主修會計。晚餐時，張宏和我談了兩個小時的共產黨和儒家精神，也引用了很多我根本聽不懂的中國成語和名言；其中也出現了莎士比亞、托爾斯泰和貝多芬。據我所知，張宏只受過相當於七年級的教育。

中國共產黨不過是一群幫派和流氓。

毛澤東說：即使你的敵人只剩下一兵一卒，也要殲滅。

貝多芬說：世界上有千百個王子，但是只有一個貝多芬。

張宏的妻子和兒子不發一語，也沒加入我們的對話。他們沉默地用餐，眼神空洞，就像已經習慣和一個擁有讓人尷尬病症的親戚在一起。張宏的妻子只開過一次口，當她的丈夫問我是否明白我其實不知道的一句孔子名言時，她輕聲地說：「人家只知道她生長地方的文化。」

張宏的兒子一句話也沒說，他是一個長相端正的男孩，有一雙圓亮的眼睛和一頭刺蝟般根根向上的短髮。每一次我看他，他會對我微笑，真誠但明白他父親和我之間的對話都是一些無聊的廢話，但是他善良的本質不允許他說出口。之後我問張宏，他覺得自己的兒子有一天是否也會想要洗刷他父親的罪名。他說不會，然後告訴我他們父子之間的一段對話：「現在是經濟掛帥的時代，」張宏的兒子告訴他：「黨現在只在乎經濟，你的問題是政治議題，如果你希望黨中央給你一個答案，你永遠都不可能得到。」

張宏在文化大革命時期所受到的磨難並非不尋常，即使加上家族故事的細節，像是離婚、精神失常等，在當時那個許多個人和家庭遭受迫害的年代，都算是很普遍的現象。從許多地方來看，張宏的遭遇和立教一家有很多相似的地方——被打入右派、失去大學教職、被下放到鄉下勞改。其實立教一家受到更多的折磨，因為他的父親和母親都在村子裡受到暴力虐待而死亡，但是張宏的父母親存活了下來。

不過張宏一家在某個方面和其他人不一樣，他們勇敢地反擊。當他的父親在批判大會被指為右派份子的時候，他回應：「胡說八道！」如果紅衛兵打他的臉一拳，他也一拳打回去。他寫了許多抗議信澄清自己的清白，從瀋陽共產黨委員會一直上訴到權力中央。到了一九七〇年代，張宏的父親寄了一封信給毛澤東和他的妻子江青，並親自到北京上訴，洗刷自己的罪名。

一九七八年，共產黨設立了一個委員會，專門審查成千上萬封二十幾年前遭受政治迫害的受難者所寫的信件。在黨的判決書裡承認，當初反右派運動的確「過度擴張」，導致許多人被「錯誤地」冠上右派份子的罪名。接下來鄧小平頒佈了「頭痛醫頭、腳痛醫腳」的策略，准許個人進行平反，但卻未指出這項運動本身的錯誤之舉。然而如紙片飛來的信件卻有不同的說法，整個中國上下總共有五十萬人被冠上右派份子的罪名，但是最後只有九十六個人被裁定之前的錯誤判決。

張宏的父親要求共產黨補償他的薪水損失，他的大學也賠償他一萬一千元人民幣，超過五萬元台幣，這在一九九〇年代中期是很大一筆錢。學校方面也讓張宏參加兩年的電腦訓練，並且在他畢業後提供一份教職。當局本來要移除右派份子的罪名，但是張宏的父親拒絕，他要學校宣佈他從來就不是個右派，只是這個說法沒有任何一個官員願意證實。

這個家庭的想法其實有點奇怪，在中國即使是政治迫害都要遵循官僚的流程，所以一九五〇年被冠上右派標籤的人都必須被那個城市的共產黨委員會認定之後才能確認罪證事實。但是在張宏父親的案例中，這項罪名並未被正式的認定。他們爭執的理由不在於錯誤的審判，而是這項審判未曾經過正當的程序。面對中國歷史上最混亂的時代，張宏的父親選擇指控當局的技術性犯規。

一九八五年，張宏的弟弟淹死在北京北方的一條運河中，顯然是自殺。當張宏的父親於二

○○一年過世後，他接續了父親的案子。他開始寫信到學校、到市政府、到共產黨的歷史部門，也寫信給法院和總理內閣。他告訴他們，自己的父親從來就不是個右派份子，因為他未曾被正確地宣判。少數單位回覆基於某些理由沒辦法受理，張宏就像一個監獄大門早已開啟、獄卒也已打包離去的囚犯，仍舊繼續為了他的清白提出抗議。

我在離開瀋陽之前和張宏一起共進午餐，席間還有一位他在新華新聞社科技部門工作的朋友。這位朋友即將到埃及進行為期三年的任務，被新華社派到國外的人很多都被指控具有間諜身分，不過我決定這時候不是探查那個議題的最佳時間。我問張宏他的書進行得如何。

「我已經寫了六萬字，但是只寫到大躍進那年。」他說：「整本書應該有六十萬字。」

「大躍進嗎？」我重複了他說的話，然後突然覺得非常疲累。

任職新華社的那個人驚訝地說：「妳知道大躍進？」

我問張宏：「為什麼你還沒寫完？」

「我的健康狀況不好，」他說：「所以我只能在狀況好的時候寫。」他停頓了一下，又說：「告訴妳實話，我不知道該從哪個角度來寫這個故事，我該怎麼看過去的事？我該說從前發生的每一件事情都是錯的嗎？或者我應該接受事實？」

「你難道對從前發生的那些壞事一點也不遺憾嗎？」我問。

「只是那時候也有很多人對我們非常仁慈，」張宏說：「我必須決定該用什麼態度來看那個時代，或者我可以結合兩者，但那就不會太有趣了。」

午餐過後，張宏帶我回到他住的地方，他有一些關於我祖父的文件要給我。在一個比他辦公室大兩倍的狹窄臥室裡，他拿出兩個塑膠購物袋，然後把裡頭的東西一股腦兒地倒出來，裡面有略顯破舊的影印相片、報紙社論和一張一張又一張的紙。當我看見張宏的檔案系統之後，我知道他永遠不可能寫那一本書。

一整疊文件裡有他父親寫給各個政府單位的信，一份一九六〇年代同意他父親住進精神病院的證明單，一張他弟弟自殺後工作單位表達他曾是位勤奮員工的信，還有一份經由一個八十一歲退休官員簽名證明他不記得張宏的父親是否曾經被證實為右派的聲明書，加上離婚證書、贍養費收據、成績單。關於我的祖父，他有一些我已經有的舊剪報和兩份從網路摘錄下來臆測他是如何遭到謀殺的文章。

張宏保留一份他每次以他父親名義寄出的信或上訴的紀錄單，從一九九三年到二〇〇五年總共有五十一次，二〇〇二年十一次，二〇〇三年十二次，最近的一封是寄到人民最高法院，就在我來拜訪的五天前。

在我見到張宏之前，我很可能視他為英雄。在一個人人選擇沉默與遺忘的世界裡，他勇敢地挺身而出，並且勇於發聲。從古到今的中國歷史上也有這樣的人，這些個人歷史學家在政府撰述的歷史與事實相違之時，寫下他們自己的看法。張宏認為自己的故事非常重要，他也把這些故事說給任何願意聆聽的人知道。

但是他的努力並未讓事情明朗化，反而讓他陷入無可救藥的心靈扭曲。他堅稱自己的父親是個非右派份子，但是卻無法認清整個對抗右派的運動幾乎毫無意義可言。他具有個人主義的本能思想——**世界上只有一個貝多芬，也只有一個張宏**，他這麼說；但是他的思想也陷入無助地混淆，他疑惑著自己**該如何看待過去？**他曾經如此問我，彷彿以為我能給他一個答案。

在南方的工廠城鎮裡，我認識了許多年輕的女孩，看著她們學習成為一個獨立的個體。她們找工作，她們對抗上司，她們試著學習新的技能。最難能可貴的是她們漸漸相信即使出身卑微，自己也很重要。**不要因為我們是個平凡的民工，就覺得自己是下等人。**春明在她的日記裡曾經這麼寫道，**我們沒有理由覺得低等。**張宏的世界仍然停留在一九五七年，他愛他自己，也恨他自己。他恨毛澤東，但他時常引用毛語錄。他憎恨共產黨，卻是共產黨的一員。**中國革命勝利！我的父親是右派份子！**

12、華南Mall

春明的東莞地圖沿著她曾經遇見的不同人而走，她在這十三年來住過七個不同的地方，據她的大略估計也換過十七次住址。她在清溪鎮近郊的工廠從一個職員晉升到部門主管，加上五百元人民幣的加薪。她在中山加入了直銷的熱潮；在廣州又成為頗具天賦的詐欺記者。她在市中心和男朋友同居，並一起開一間公司；乍聽之下似乎是人財兩得，但是最後變成人才兩失，感情畫下了句點，而她也被迫重新來過。

她從一九九〇年開始以銷售建築材料維生，大部分時間都在工地和販售油漆、水管、水泥，以及黏著劑的室內商場度過。那是一個男人的世界，不過她很喜歡那樣的工作環境，她喜歡在外頭奔波多過於被限制在辦公室裡。建築對我來說是最受土地限制的工作，但是對春明而言代表的是自由。

她到過許多地方，有些地方也住了好幾次，但是都只記得最近的一次，就像電腦自動覆蓋舊資料的機制似的。有一個春天晚上，她和我一起坐摩拖計程車經過一個叫做虎門的地方，我們經過一間總共有八百間客房的大飯店，飯店屋頂發射出紅、藍、綠的雷射光束，在天空中來回照射。「我看著這家飯店蓋起來的，」春明說：「我賣的水管現在就在裡面。」那已經是七年前的事，當她第一次進入販賣建築材料這一行的時候。虎門也是她最早逃離一間髮廊，然後在路上像個遊民四處遊蕩的地方；更是她第一次離開家鄉工作的地方。

春明在東莞住了幾年之後，已經把這裡當成她的家。她的過去就刻劃在這座建築物上，也在運水到這個城市最大飯店的水管上，她的個人歷史就寫在這些水泥、鋼筋和石頭裡。

＊　＊　＊

我和春明在一天下午到巴士站附近的一個外圍地區，在一大片工地裡，正在蓋一間世界上最大的購物商場。「到時候只有世界上最大的五百個品牌能在這裡開店，」春明對我說：「像是肯德基和麥當勞。」不過華南Mall已經讓她很頭痛，一位承包商抱怨他們公司的油漆出現裂痕，所以要求他們必須重新粉刷。那位廠商因此扣住了一萬四千塊人民幣的應付款，相當於六十五萬五千多台幣。

購物商場對中國的零售市場來說還是個新嘗試，開發者開闢這間商場是受到西方魅力和民眾認可的啟發，但是除此之外，他們完全不懂零售業在商場上的運作方式。所以當初在做計畫的時候，首要的重點就是越大越好。華南Mall佔地七百萬平方呎，還有一條超過兩公里長、備有如同義大利威尼斯運河小船的人工運河。一本簡介小冊子將這座商場形容成「動態娛樂主題樂園」，還特別提到商場裡的雲霄飛車、螢幕像一座棒球場大的IMAX立體電影院和一個稱為天線寶寶兒童樂園的地方。

春明和我一起等下游廠商來，商場裡的許多建築物都已經蓋了起來，這些建築的門面風格完全不一樣，有圓屋頂的、高塔形的、圓柱形的，其中一棟建築還裝飾了一個顯眼的十字架。一整排廣告看板在路旁宣傳商場，每片招牌只有一個英文單字，就像一個沒有答案的文字拼圖。

SPIRIT
STINK
ILLUSIVE
NATURE
SPORTFUL
POPPLE
GLORIOUS

「妳確定他們不介意我在這裡？」我問春明。

「妳別擔心，」她大聲說：「這些人的水準都很低。」

就在那個當下，好像一切都註定好的，一個年輕人騎著越野車緊急煞住，濺了我們一鞋子土。

「你是莫先生嗎？」春明有點狼狽地問。

「沒錯，我就是工程管理主任。」

「那誰是王先生？那個常常在這裡走來走去的那位？」她巧妙地這麼說。

「他是我們的董事長。」

「啊！是董事長呀！那黃先生是管理主任囉？」

「這裡沒有黃先生，只有王先生。」

春明公司裡的一位代表抵達之後，帶我們參觀。整座工地就像一個爛泥池，一個最大的坑洞上還放了木板條。一個接一個建築物的外觀佈滿不小的裂痕，有一些還延伸到前面。但是春明的同事卻指控是建築品質不好，他說敵對的油漆公司的產品，也須重新再漆。

春明點點頭，「他們只是為了避免花錢。」她很快地下結論。

春明的同事帶我們到整座建築的一個角落，「看看那裡。」他一邊說一邊指著下面的一處裂縫。春明蹲下來，伸手用手指挖了一下，這個號稱世界最大商場的一小部分也跟著春明的手一起落下。

春明懷疑有人偷工減料。原物料的價格一直都居高不下，以致於有些建築公司降低預算，也連帶拖款不付錢。在獎勵冒險的商場上，每個人都想放手一搏。我們又在裡頭逛了一陣子，春明抬頭看一座高聳到天空中的鐵塔，這座遊樂園很快就會載著遊客向下進行一百八十二公尺的俯衝。「我希望這部分的施工品質能好一點。」春明說。那個承包商又騎著越野車出現了，「我想問題是出在建築施工上，不是油漆的問題。」春明這麼告訴他。她振振有詞地重複同事說的一些關於鋼絲網、鋼筋混凝土，還有氣泡的事。

那位承包商流露出一臉沮喪，這家商場再過兩個星期就要開幕了，依照目前的進度來看，似乎不太可能；不過這樣的情形倒是能完全顯露此地的運作情況。「我不管是工廠的問題，還是誰的問題，」他說：「如果沒做完，我們就不付錢。我們說的可是好幾百萬，不是好幾千塊。」

接著，他們三人各自打了好幾通電話，春明的聲音最大，「我已經和那個廢人說過了，」春明在某個時刻大喊。三個人的年紀都很年輕，口裡的北京話都有地方腔調，三個人當中可能沒有一個人受過一天的業務指導，也沒做過建築或承包業務。春明轉過頭對承包商說：「我相信不是油漆的問題，但是如果你想測試看看，我會請公司科技部門的人員過來視察。」她的公司最後同意做一些修繕的工作，承包商也會把帳款付清。商場則如期在兩個星期後開幕。

自從兩年前某個週末的拜訪之後，我又來到華南Mall。除了麥當勞和必勝客披薩的生意興隆之外，其他的店家幾乎一片死寂。這裡只剩下幾間商店，不是人煙稀少，就是關門大吉。大多數的攤位都空空如也，他們把玻璃門關起來上鎖，牆壁上的水泥石膏裸露在外，看起來好像還在進行中的建築工程。在主要走道上的兩個開放地區，放置了充氣的跳跳城堡，父母可以付錢讓他們的孩子進去城堡裡跳上跳下。那個倒是蠻新奇的，不過卻是整座華南Mall唯一最不具商業生產力的地方。

華南Mall給我的感覺有如東莞歷史博物館的翻版，蓋一棟建築物很容易，難的是想清楚要放什麼東西在裡面。到最後，油漆問題是華南Mall最不需要擔心的部分，在午後陽光的照射下，整個建築物外觀看起來既明亮又新穎。讓華南Mall失敗的原因不只一種。

＊＊＊

腐敗與貪污滲透到東莞的生活裡。那些身穿「志願保安人員」背心、免費搭載路人的摩托車騎士，是一種為了規避法律禁止摩托車涉及營利所衍生而出的非善心工作。而有項法條限制官員的宴席只能有「四菜一湯」，但是政府官員可能點一道要價好幾千元人民幣的稀有海鮮餐點。駕駛執照是另一個非法勾當，由於新手駕駛必須在政府附屬的學校機構上五十個小時的課程，但是在考駕照的時候還是得賄賂主考官才行。「每一輛車裡總共坐了四個要考駕照的人，」一位工廠經理解釋給我聽：「如果其中一個人不給錢，那麼四個人都過不了關。」

買一張假駕照簡單多了，春明幾年前就是這麼做的。她之前上了幾堂駕駛課。

「我知道怎麼往前開，」春明對我說，其他的部分她認為有一天需要的時候就會學會。「開車並不難，」她說：「重點是不要對其他用路人發脾氣。」

拿回扣是她那一行的行規。為了做成生意，她通常得付買家百分之十的非法佣金，意思是買這些產品的人所賺的錢經常比實際賣這些東西的工廠還要多，有些買家甚至開門見山地問春明：**妳要給我多少錢？**其他人則比較不那麼明目張膽。不過還是可以從他們住的公寓和開的車看出來，春明這麼說。每個人都拿回扣，中國字裡代表回扣的是「佣金」這兩個字，除了表示賣家從交易中得到的合法利潤外，同時也指買家從中得到的非法回扣。就算是想分辨清楚，光從字面上來看，根本沒辦法分辨是合法還是非法的交易。農曆春節時，客戶通常會收到紅包，或者一盒非常昂貴的茶、酒，或是菸，就是俗稱的「送禮」。我從沒聽過任何中國人直接說出「賄賂」這兩個字。

「這一行的確很黑，」春明說：「不過就算你不願意做，也改變不了什麼。」春明有她自己的個人堅持——她不賣可能會讓其他人受到傷害的次等貨；如果她是買家，她說：「我不會主動要求，但是如果對方要給我回扣，我也不會拒絕。」

有天下午，她提到她的大哥搬到了深圳。「他在這裡做些什麼？」我問她。

「他的工作不怎麼正當，」春明對我說：「他和幾個人一起……」她遲疑了一下，然後決定全說出來：「基本上他做的是非法的事情。」她的大哥賣二手手機，那些手機通常都是偷來的，然後再換掉外殼，讓手機看起來像新的。春明不怪她的大哥，她說他也試著在家鄉做點小生意，可是根本養不活自己。

「東莞比妳的家鄉還要腐敗嗎？」我問她。

春明搖搖頭，「差不多一樣，只不過這裡的機會比較多。」

另一天，春明告訴我一個朋友的哥哥在政府公務員考試中拿到很好的成績。我問她哪些人會想要當公務員。「大老闆們需要關係良好的公務員來幫忙，」她解釋說：「這些公務員就和這些公司互相合作，所以決定當公務員是另一個進入商業界的方式。」她沒提到工作穩定、聲望，或是想要為民服務的心；成為政府官員不過是另一個賺錢的管道。這是我聽過任何人想進入中國政府單位做事的最好的解釋。

＊＊＊

「陳董事長，這位是我的朋友。」春明積極地介紹我。陳董事長的頭轉了十五度角，直到我進入他的視線。他微笑著和我握手，彷彿我在那一刻才突然出現。他們一群人到深圳來和銷售業務們談買賣合約，第一站是一間店面，他們一群人坐在辦公室裡等待，周圍是一堆上面標示著「水泥漆」和「防水漆」的鐵罐子。時間是早上十點，謝老闆已經遲到了。

在中國做生意有幾個規矩——**不事先計畫、不關手機、不準時**。

春明和辦公室裡的一位年輕女職員聊天打發時間，也趁機蒐集一點情報。

「我進來的時候看見一大箱『德高』被送出去。」那是春明對手公司的產品。

「是啊。」

「要送到哪裡？到工地嗎？」

「對。」那位年輕女職員說了一個建案名稱。

「現在的生意好嗎？」

「不錯。」

「妳才剛來，對吧？」春明問她。

「上個月來的。」

陳董事長放低正在看的報紙，「這個月賣的怎麼樣？」

「很好。」年輕女職員回答。

「可是妳才來一個月，」他說：「怎麼可能知道業績是很好還是不好？」女職員臉都紅了，她沒再說任何一句話。

陳董事長問春明是否找到在東莞開新店的地點，她形容了幾個可能的地方，董事長在春明說話的時候繼續看報紙，偶爾提出幾個問題，但是眼睛卻沒看著春明。春明還沒說完的時候，董事長拿出手機開始撥號，春明知道那是暗示她這段談話已經結束的信號。

謝老闆在一個小時之後抵達。他穿了一件咖啡色的西裝夾克和一件黑色的西裝褲，看起來很不搭。他吹噓某人還欠他九萬塊人民幣，還有他希望春明和陳董事長能讓他擁有獨家的零售經銷權。春明說首先他必須提供一份客戶名單，而謝老闆回應的方式是開始大肆抨擊春明公司的產品。他伸手拿了一塊瓷磚，然後用一顆小石頭在上面刮了一道，「你看，品質是不是不太好？」這段表演應該事先預演過，因為那塊瓷磚上還有其他小刮痕。

春明趕忙為自己公司的產品說話：「那只是樣品。」

「那塊是真的瓷磚。」對方回答。

陳董事長靠在椅背上，氣定神閒地抽起菸來，也沒問其他人要不要抽。當他說話的時候，通常都是扯春明的後腿。

「我們寫個合約……」

「合約不重要，最重要的是要有客戶名單。」

我想如果春明和陳董事長兩個被湊在一塊兒約會的話，她一定會說：

他和我說話的時候，眼睛根本沒看著我。

他穿了一件咖啡色襯衫配灰色的西裝！

他實在很沒水準！

但是他是她的老闆，所以她保持沉默。

那天稍晚，春明和她的老闆拜訪了另一家銷售業務。他們約好在羅老闆位於一間商場的建築材料行見面，但是他們卻找不到地方。他們找的是一間油漆商店，但是後來找到的店卻是賣水龍頭和門把的。這也是商業界的另一個常規——多元到瘋了！

春明宣佈他們公司將把深圳地區的獨家零售經銷權保留給他，羅老闆很感興趣。

「你們所有的銷售都打進電腦裡嗎？」春明提出問題。

「沒有，」羅老闆說：「我的業務就在賣場裡，只要他們到了那裡，馬上就會知道銷售成果。」

「那倒不一定，」春明說：「但是如果有正確的數字，你馬上就可以知道銷售狀況。」

羅老闆沒說什麼，**這樣不就留下證據了嗎？**

陳董事長試著岔開話題：「把那些水龍頭通通拿走怎麼樣？」他問：「它們會讓顧客有錯誤的印象。」

「我沒辦法這麼做，」羅老闆看起來很掙扎，他說：「這些水龍頭佔了我們收入的一大部分。」

春明詢問羅老闆他的主要客戶群有哪些，但是她的老闆再度從中打斷。「妳可以之後再說。」陳董事長似乎顯露出許多不適任的跡象，但是當我讀到《方與圓》這本書時，我發現書裡描述的成功守則和陳董事長的行為一模一樣。

當你和別人面對面談判時，

第一個轉移焦點的人得到主控權。

保持高人一等的形象，為了提升個人的重要性，盡量減少曝光的頻率。

讓有能力的副手代替你，只有在每一件事都解決了之後，

你才在最後出現，做最後的決定。

那天的最後一個行程是到另一個工地去，春明在那裡和兩位同事見面。沒想到更多的麻煩接踵而至，有位客戶抱怨他們公司的底漆不夠液態；還不只這樣，負責這項工作的人正在開會。春明告訴我，有一天這個地方會蓋滿了豪華公寓。午後的陽光將他們拉長的影子映照在停車場上，春明和同事們聊到大家來自的各個鄉村，那是他們每個人都懷念，但是永遠失去的地方，就像童年一樣。

我們家鄉的屋子後面就是一片墓園，我不怕那些已經死了很久的人，但是剛埋進土裡的人比較可怕……

我們家後面也有一片墓地，我曾經親眼看見墳墓上出現藍火，而且還從這個墳墓跳到另一個墳墓上。他們說那是死人的靈魂。

你多久回家一次？

我已經八年沒回去了。

負責的人終於來了。每個人都圍在一面已經上了底漆的牆壁旁邊，牆面看起來很平滑，也已經乾了，呈現應該有的狀態。春明主動出擊：「有時候每一批貨之間的品質會有一點點差別。」

「如果產品的品質有問題，對我來說很重要。」負責人開口了，還沒準備接受安撫。

「如果產品有問題，對我們更重要。」春明試著讓大事化小，「你是我們非常重要的夥伴。」

「但是這批貨的袋子上寫的都是同一個日期，怎麼可能品質會不一樣？」

春明從科技部門來的同事賴功的解釋是，工廠一天製造的貨不只一批。

「你的工人一定要用正確的方法上底漆，」春明說：「上了底漆之後不能等太久才油漆，那樣底漆會太乾了。現在深圳的氣候非常乾燥，大家都感覺得到。」將油漆人性化，這招太厲害了！

負責人開始誇張地一遍又一遍地道歉，這在中國商場上通常代表事情已經告一段落。

「最不好意思的是讓你們跑一趟那麼遠的路。」

「一點也不，」春明說：「如果還有任何問題，可以直接找賴功。賴功，給他一張你的名片，」賴功在電腦袋子裡翻找，「他會幫你的。」春明和我走到馬路旁招了一部計程車，我們要和春明的一位朋友共進晚餐。那兩個可能心裡希望被邀請的年輕同事則往反方向走，看起來肚子很餓，也很失望。

那天晚上，春明和我一起搭計程車回東莞。「有時候我覺得自己需要再充電，好像體力不夠。」她說：「我有很多不足的地方，我不懂英文，也不懂電腦。我到這家公司來的時候，曾對老闆說我兩年內會把英文學好。我到這裡幾乎快三年了，英文還是一竅不通。」她考慮回到曾經上過幾堂課、後來沒再去的生產線英語學校，也考慮離開這家油漆公司。

「妳想要做什麼？」我問她。

「我的朋友們全都自己開貿易公司當老闆，他們勸我自己開一間公司，他們每個月賺兩萬到三萬塊錢人民幣。但是如果我真的這樣做，那我的人生就只是賺錢而已。我想要繼續提升我的生活品質，我想要追求不一樣的快樂。」

東莞的每一件事物幾乎都能夠簡化成數字來衡量，銷售、回扣、語言能力，還有男朋友的身高。每個人來到這裡打探的第一件事就是數字——**妳哪一年來的？一個月多少錢？加班費多少？**然後其他的數字也跟著出現——薪水、公寓房間大小、一部新車的價錢。但是春明追求的，是無法被衡量、估價的東西。當我們坐的計程車在高速公路上奔馳時，春明從前曾經待過的工廠從兩旁往後飛過。「如果燈還亮著，就表示有人還在加班，」春明對我說：「那麼多人在那間工廠裡工作那麼多年。」時間是晚上的十一點，但是許多工廠的燈還亮著，每一個窗戶透出冰冷的藍色燈光，就像一顆即將死去的星星。

＊　＊　＊

在那之後發生了兩件重大的事，春明的老闆沒有任何解釋就刪減了她的業績獎金，還有她的一位名字叫做劉華春的好朋友買了一部別克轎車，劉華春只有二十六歲。

「她以前在製鞋廠當職員，」春明告訴我：「然後她的哥哥們投資她自己開工廠，她從頭開始學起，不到一年的時間就買了車子。」

這兩件事情激起春明的行動力，她在二〇〇五年春天和一個朋友成立了一間公司，從事買賣模具機器的生意——這些機器專門製造塑膠射出物，產品線從水槍到衣架都有。她們投資了十萬塊人民幣，大約四十六萬七千多台幣。這些錢有些是存款，有些則是向朋友借的。她的新事業夥伴曾經在一間製造五金的工廠財務部工作過六個月，而春明對塑膠模具的了解，也僅止於十年前在生產線的時候做過塑膠玩具車和火車。但是她一點也不擔憂，「做任何事情都和個人的行為有關，」她告訴我：「如果你的行為良好，就能把事情做得好。」

她沒有告訴老闆自己即將離職，事實上，她也沒有離開；反正她本來就很少進辦公室，陳董事長根本不會知道他的明星銷售員已經發展了自己的事業，而且還繼續領公司的薪水。春明持續和客戶保持聯繫，也持續領每個月的薪水。從各方面來看，這都是典型中國人的行為——他沒說為什麼砍了她的業績獎金，她也沒告訴他已經離開了公司。

春明也開始到牙醫那裡報到，她的兩顆門牙有點暴，她正考慮是否要進行「美齒」的改造計畫，意思是把那兩顆惱人的牙齒拔掉然後裝假牙；但是之後可能沒辦法再咬任何硬的東西，像是帶骨的肉。春明也考慮戴牙套，但是那樣至少需要一年的時間，美齒手術只要一下子就好。她的一個朋友做過同樣的療程，「她的整個樣貌都變了，」春明告訴我：「而且完全改變了她的生活。」當我再下一次到東莞時，春明報告了她的所有近況，但是她先說起整牙這件事。模具公司是生涯的改變，牙齒是美容事件，但是春明把這兩件事看得同等重要，她又再一次變成了另一個人。

她的生意從小小的欺騙起頭，她的事業夥伴印製了中英文名片，上面寫著「東莞市煜興五金模具配件公司」，但是這家公司目前根本還不存在，她們只有一家小店面而已。「『公司』聽起來比較有規模。」春明解釋說。

她和她的事業夥伴傅貴有一天一起到深圳，參加「第六屆中國國際機器與模具工業展」。她在計程車上繼續和舊公司的客戶通電話，「如果上面寫的是『油灰添加物』，那你就可以使用。」她對著手機大聲嚷嚷：「我可以讓你看價格表，但是你不能告訴其他人。」春明也在車上打了電話給她大哥，告訴他一個壞消息：「叔叔得了胃癌，」她低聲說：「我們要馬上寄錢回家。」展覽場地設在深圳的會議展覽中心，這個展覽中心還在施工，也尚未正式開幕，但是寬廣的大廳上擠滿了人。春明和傅貴也加入人潮，像兩隻小魚被吸進汪洋的漩渦裡。

「這裡有些機器價值上百萬！」春明的眼睛興奮地張得好大。她走到一個製造塑膠衣架的機器前面，「哇！我以前做過的工廠也有這一台。」一個男人得意洋洋地遞給春明一把還熱騰騰的海水綠色衣架，彷彿是一個剛出爐的貝果麵包。春明和傅貴在展覽攤位上閒逛，一邊遞名片，一邊蒐集產品目錄。她們的目標是零件製造商或可能替她們銷售的經銷商，這些人專門直接從工廠批貨，價格也拉得比較低；每一個人都說自己是主要的經銷商，但是一旦談到價錢，就知道他們說謊。

「妳是做什麼的？」一個站在攤位前的男人問春明，她提到一種鋸刀，遲疑了一會兒又說：「我們做很多東西，這是我的名片。」有時候春明會跟廠商討價還價：「多少錢？」她拿起一根鑽頭在手上掂掂重量，好像在市場買洋蔥似的。然後說：「那麼貴啊？如果我們待會兒過來，你一定要給我們一個好價錢。」

模具博覽會實在讓我大開眼界，但也很困惑。某家攤位可能展示一些看起來貌似大尺寸的黃金電池，另一個攤位提供螺旋狀的鐵器，上面還有很多洞孔，很像以前燙頭髮用的捲子。我還看見一堆纏在一起的彩色塑膠螺旋線，看起來很像玩具。展覽場的宣傳廣告對我也沒有多大幫助，看板背景通常是一片天空或城市的景觀，然後前面展示了某個鐵製零件；或者是一堆糾結在一起形成一個圓圈或軌道的零件。有些上面有英文標示，但句子裡全部都是名詞的堆疊排列，就像一部部連結在一起的卡車。TRACTION DRIVE SPEED ACCERATOR（牽引傳動速度加速器）、TURRET PUNCH PRESS（轉台打洞壓製）；還有ELECTRICAL DISCHARGE MACHINES（放電加功機）、CENTERLESS GRINDING（無心磨床）和ALLOY QUENCHING FURNACES（鋁合金淬火爐）。

這個行業裡的人大多是看起來比較像保鏢的壯碩男士，不過偶爾也會有某個屬於市場部的女性員工被推派上場。最熱鬧的攤位是「長榮國際機械五金廣場」，三個穿著緊身襯衫的年輕女性在場邊分送廣告傳單，螢幕上播放著機器零件的廣告，女孩們身後的喇叭放送的是迪斯可音樂。

還不到中午，春明和傅貴已經拿了好幾袋的目錄，看起來像兩個疲於奔命地聖誕節購物狂。她們集結了戰利品，然後繼續下一場的征戰。中午時，春明打電話給一個之前也想開一家模具公司、而且也請春明加入的朋友，可是那個朋友還在家裡。春明那時候就知道自己選對了事業夥伴。

春明和傅貴的新商店就在「昌榮國際機械五金中心」裡，這是一間靠近「步步高」電器工廠附近的一家機械零件商店城，春明的店就在一長排相似的商店之間。店面樓下有一間小會議室，架子上排列了許多產品的樣本；二樓則是她們兩個的住處，地板上放了一張單人床墊，那是傅貴睡覺的地方，下個月春明也會搬進來。她和傅貴重新將牆壁刷上白漆，也在小廚房裡擺了春明的鍋碗瓢盆，還有傅貴的電鍋。她們將春明的雙人床墊搬上二樓，然後佈置了一個有書架、電視機和沙發的小客廳。「如果我住的地方又髒又不舒服，我就沒辦法工作。」春明這麼說。可是不管再怎麼佈置或裝潢，她現在可是住在機械零件商場裡。如果她的生活裡需要賺錢以外的東西，在這個地方可能還看不出來。

＊　＊　＊

春明對目前的居住環境只有一點不滿——「這樣我就不能再帶情人回家了！」但是她的約會狀況似乎絲毫不受影響。她和一位任職於財務方面的男人在海邊的度假勝地共度了一晚，她告訴我這件事之後，那個男人的婚姻狀況從「他之前結過婚」變成「他已婚」。她還在一家餐廳認識一個長得很帥的男人，並在知道對方有女朋友的情況下和他交往；當這個男的開始重新裝潢他的公寓時，春明決定和他分手，因為她知道這大概是他即將結婚的跡象。她還和網路上遇到的某個男士調情了一陣子。

「他是一位外科醫生，」春明告訴我：「他很胖，但是人很善良，他應該結婚了。」

「應該結婚了？」我追問。

「我不知道，他沒告訴我。」這是春明的回答。

「妳問過了嗎？」

她問過，「你結婚了，對吧？」

「如果妳覺得我已經結婚了，那我就是結婚了。」這是那個男人的答案。

已婚男人假扮未婚男性是東莞最普遍，也最危險的交往幌子。春明的事業夥伴——傅貴，曾經和這樣的男人交往過；劉華春，春明那位最近才買了一部別克轎車的朋友，也被騙了兩次。在一個人人靠欺騙得到工作的城市裡，這樣的說謊伎倆也自然而然地延續到個人感情上。說謊，通常是一種經過思考的選擇，因為它能讓人得到想要的東西。但是最後，謊言將會把人給吞沒，只是很少有人考慮到之後的事。

春明對於感情有她自己的一套原則：沒有人應該受傷，也沒有人應該提出任何要求。「我當然想找一個對的人，然後結婚。」她告訴我：「可是既然我還沒找到那個人，先找個不愛的人在一起也還好。妳一樣可以享受兩個人在一起的時光，當妳覺得累了，或是想擁有安全感的時候，還是一樣可以把頭靠在對方的肩膀上。」

我曾問過春明是否曾遇過年紀比她大、但是未婚的男人？我才剛說出口，就覺得這是個蠢問題，她當然遇過啊！不過春明的回答讓我發現這個問題並不蠢。

「很少、很少，」春明想了一陣子之後才回答我：「只有我的舊上司！」說完還做了個鬼臉。「還沒結婚的條件都不好。」那當然不表示結婚的條件就比較好。

春明住在機械零件商場時，和傅貴一起想了個吸引男人上門的主意。她們在某個地方網站張貼一個二十四歲女人的個人資料，還從網路下載了一個漂亮女孩的照片。「一百六十五公分高，會說英語和法語，在國際貿易公司任職，喜愛爵士樂。」春明說：「我甚至不知道什麼是爵士樂！」各個地方的男人們急於想和這位女人聊天，春明還認識其中的幾個，有一個還曾和春明有過幾次戀情，並口口聲聲說自己從不上網找女人。春明發現他試圖和這位捏造的爵士樂粉絲調情之後，就和他斷絕了關係。她曾經交往過的城市設計師——**春明一直嫌他醜的那個**，也出現了。春明立刻揭穿他，因為她發現那個男的到處炫耀他曾和春明發生關係。「我們設陷阱讓這些男的和我們交談，然後再攻擊他們。」春明向我解釋她和傅貴的計畫：「不過這些男人都很厚臉皮，因為他們還是想找機會向妳下手。」

她給我看虛擬美女最近和那位城市設計師的對話：

我想你大概長得很像一隻豬，她這麼寫，**一隻肥豬**。

實際上，我比較像一隻老鼠。

一隻老鼠？那不是更噁心嗎？

當對方刻意讓話題繼續下去的時候，她又用了幾次「肥豬」的字眼。然後我看著春明用第二個身分上網，一個是她自己，一個是虛擬美女。虛擬美女收到的訊息簡直快爆了。

妳是湖南人嗎？

妳正在做什麼？

妳的照片看起來比二十四歲還年輕！

春明忽略那些對話。她正用真實身分和一位可能的約會對象聊天，雖然他的條件和可能這兩個字還有一段距離——四十二歲，離婚，有一個年紀還小的兒子。

妳明天有空嗎？

是嗎？我們可以見面嗎？

我明天得去見個朋友。

那麼後天一起吃晚餐怎麼樣？

春明同意了，**如果我們見了面，但是彼此都沒有感覺**，她這麼寫，**那就別一起吃飯了**。

春明還是小心地防範，她從不給陌生男人電話號碼，這樣當事情沒有完美結局時，對方也不會找到她。她也不透露自己的真實姓名，她用了個假名——玲。春明向我說明了她的遊戲規則，也詳細解釋了她的計畫之後，她說：「現在我想找個從來沒上過網的男人。」

「誰從來沒上過網？」傅貴問她。

「自從有了網路之後，」春明感嘆地說：「人和人之間的關係就變得不真實。」

「自從有了手機之後，人和人之間的關係才變得不真實，」傅貴提出她的看法：「因為大家都可以說謊，說自己正在某個其實根本不在的地方。」

我後來又遇到春明時，問起她和那位四十二歲男人的約會進展。

她皺著臉，「不太好。」

「哪裡不好？」

春明指著自己的頭頂，「他的頭這裡有個地方……」

「什麼？禿頭嗎？」

「他那個地方的頭髮很稀少，」春明說：「我不喜歡頭髮太少的男人。他傳給我看的相片根本看不出來。」那個男人還有一個十七歲大的女兒，這個他也沒在聊天室裡坦白。禿頭加上女兒，春明馬上斷了念頭。不禁讓人揣想為什麼有些男人會認為自己可以長期掩飾禿頭和有個女兒這樣的事。

＊　＊　＊

春明和老闆之間的關係也在她不為公司做任何工作之後，毫無意外地繼續每下愈況。二〇〇五年四月，大約在春明搬進零件商場辦公室時，陳董事長減了她五百元人民幣的薪水，並且禁止春明在深圳簽訂新客戶。她在五月正式被炒魷魚，六月時春明發現公司竟然不支付她前一年賺到的業務獎金；這些錢和遣散費加起來超過一萬一千塊人民幣，相當於台幣五萬多元。春明試著和陳董事長聯絡，但是他針對這件事的回應方式是相應不理。**為了保持高人一等的形象，為了提升個人的重要性，盡量減少曝光的頻率**。春明和我及一位朋友一起吃午餐的時候，仔細思考了她的選項。「目前我先等著看他會給我多少錢，」春明說：「如果太少，我就告他。」

「打官司很麻煩的，」春明的朋友說：「還有其他辦法能拿到錢。」春明的朋友有張消瘦的臉，顴骨的皮膚緊繃，加上短到不能再短的頭髮，讓他的臉看起來老是處於驚嚇狀態。他在運輸業工作。

「什麼其他的辦法？」我好奇地問。

他說他有個表親也曾被客戶欠錢不給，「有一天我就到這個客戶的公司停車場去，我看見一輛賓士車停在那裡，我問旁邊的人說：『那是公司董事長的車子嗎？』然後得到我要的答案。」春明的朋友接著做了一些調查，然後打電話給這家公司的董事長，「我說我有他家的地址，也說出他小孩的年齡，他馬上還了百分之九十的欠款。」

幾個星期之後，春明決定到廣州的省勞工局提出正式投訴。「這對一家公司會有很大的影響，」她告訴我：「一旦勞工局開始進行調查，所有的員工都會開始思考公司有沒有欠他們錢，公司就得對這些員工更好。」春明很興奮，我也一樣。生活裡有很多不公平的地方，春明比任何人都明白得很，然而她相信自己個人所經歷的遭遇也很重要，她也願意到法院爭取正義。這是我從沒想過的事。

隔週的星期一早上，我們搭巴士到廣州。春明特別打扮了一下，她和往常一樣充滿時尚感，黑色針織衫、卡其褲和一雙高跟鞋。我們輾轉搭地鐵到省勞工局，但卻立刻被打回縣勞工處。

勞工處的辦公室有一長排的矮櫃檯，一邊放很多椅子給民眾坐，另一邊的每個椅子上都坐了一位為民眾服務的辦事員。這樣的安排應該是為了讓政府官員更平易近人，但是辦公室的服務人員根本不夠，每個人面前坐的都不只一個民眾，每個辦事人員前面至少圍了六個人以上，大家都在等空檔。在等待的時間裡，大家就聆聽其他人的案子，然後偶爾提供一些建議。我們到勞工處時，一位中年男子已經坐在椅子上向辦事員詳細描述他的老闆沒付薪水就消失的過程。春明擠到最前面，拱著背坐在那位男士身邊，像個坐在網球場旁聚精會神盯著球網的球僮。當那位男士停下來喘口氣時，春明馬上跳起來，「對不起，我有一個小問題。」

辦事員仔細看了她準備的文件——勞資合約、解雇信函、公司的營利事業登記證影本。這些文件也顯示了為什麼一般工人沒辦法提出投訴的原因，因為他們很少簽雇用合約，也幾乎不可能像春明這樣輕易取得公司的登記證。春明之所以有這份文件，是因為她之前的客戶有時候想要看。辦事員告訴春明還需要一份公司在廣州合法設立分公司的證明文件。

但是現在已經接近中午，整個廣州的公務人員都已經休息。在這個幾乎人人都必須日夜工作的世界裡，中國的公務人員還享受兩個小時的午休時間。春明到另一間辦公室想要問個問題時，門口的警衛看起來好像被打擾了似的說：「大家都還在睡覺。」

我們在自助餐廳裡吃飯，春明提出她的B計畫。她打開名片夾，拿出一張上面印著GORAN WIDSTROM, GROUP CHAIRMAN（集團總裁）的名片。那是她的前任公司位於瑞士總公司的總裁，他幾年前曾到東莞來視察，也留下春明認為他很仁慈的好印象。

「陳董事長不知道我還有衛—斯—特—林的名片，」春明一個字一個字音譯出名片上的瑞士名字。她用手將卡片壓平，認為只要衛─斯─特─林知道發生了什麼事，就會幫她把錢要回來。春明請我幫她打電話，我看了看手錶，瑞士人現在和中國公務員一樣，都還在睡覺。我們又喝了好幾杯濃茶，打發等待的時間。

「有時候我懷疑自己這麼努力工作是為了什麼？」春明有感而發地說：「我看到一本書上說，成功就是說你想說的話，做你想做的事情。我現在一點都沒有那種感覺。」

「妳想做什麼？」我問她。

「我想讀書，我真的很想學英文。」她的雙眼突然充滿淚水，春明拿張衛生紙用力壓了壓眼睛。

我像往常一樣，措手不及。「妳已經做了那麼多，」我說：「只要看妳寫的日記，妳就會發現自己的成長。」

「別理我，」春明對我說：「我很容易掉眼淚。大家都覺得我很奇怪。」她擦擦眼睛，對我微笑，然後站起來準備面對勞工局。

那天下午春明為了拿到前公司的分公司證明文件，一共跑了三個地方。市勞工局將她推給省勞工局，省勞工局又推給縣勞工處，每個辦事員說的都不一樣。最後縣勞工處裡終於有個女辦事員說只要付六塊錢，她可以幫春明把文件影印出來。只要有個價錢，就有希望。時間已經是下午的四點十分，文件一拿到手，春明馬上跑到市勞工局提出投訴，她賣力地跑，還經過上面寫著**請勿製造噪音、抽菸和吐痰**的標示牌。但是她又跑到錯誤的地方，只有縣勞工處才受理外商分公司的投訴，一個辦事員告訴她，還給春明一份解釋這些申請的說明書。

就在五點之前，春明回到縣勞工處，這是她今天的第三趟，但是坐在低矮櫃檯後面的同一位辦事員，也第三次退回了她的投訴。「妳必須到市勞工局，他們才受理外商公司的事。」

「他們不管外商公司的分公司，」春明提出反駁，把申請說明書用力甩到櫃檯上。辦事員將說明書拿起來，書面文件總是能讓中國人心服口服。他看了申請說明書後放回櫃檯。然後慢條斯理地警覺自己今天可能真的需要做點事。他指著春明要她到櫃檯最後面拿一張仲裁單。

春明填單子的時候，才明白這張仲裁單需要填寫的地方比她想的還複雜。她還需要和前老闆面對面，討論最後是否能夠和解，這是她最不想面對的事情。到時候她還需要回到廣州談和解，還有不管有沒有拿到錢都得付一筆費用。但是現在也沒時間好好想這些了，因為她需要時間快速填寫足足有四大張表格欄位的仲裁單，而且需要一式兩份。這棟樓的公務人員開始準備下班，女辦事員將提包的拉鍊拉上，宣告一天工作的結束。

「等等，我今天就要投訴！」春明喊住其中一位。

最後一個留在辦公室裡的女辦事員站起來關電腦，「現在已經五點二十八分了，妳兩分鐘之內寫得完嗎？」她刻薄地問。

「妳能不能幫幫忙？」我問她，「我們今天一早從東莞趕過來。」

「我也從很遠的地方來的。」她依然無動於衷。

春明最後終於放棄，她得改天再過來一趟。「他們對自己的工作完全沒有一點責任感。」她在我們走出勞工局大門時對我說，我們身後的鐵門也噹一聲關上。

走在人行道上的春明開始猶疑了起來，那些仲裁單實在太複雜，況且正式投訴可能會替衛－斯－特－林先生帶來麻煩，在中國的外國投資者很容易受到非議。春明對人和人之間的仲裁比較有信心，即使那個人住在隔了七個時間區的世界之外，而且她幾乎也不甚了解他。「只要能通上電話，我知道他一定會記得我。」春明說：「然後我們可以好好談一談這件事。」

我告訴春明接電話的比較可能是祕書，衛－斯－特－林先生一定非常忙。我還勸她不要抱太大的希望。

「我在中國見到他的時候，他不像是個重要的大忙人，我覺得他是那種真的懂得如何生活的人。」春明對自己很有信心，她深信只要和這位瑞士油漆公司的全球總裁通上電話，他們兩個人就能像朋友一樣，地位平等地交談。然而就是這一股盲目的自信，才讓春明擁有現在的一切。

我撥了名片上的號碼，那頭接電話的是答錄機，還是祕書的聲音，如同我猜測的結果。我在答錄機上留下春明要我說的話。

我代表東莞業務部的伍小姐打電話給您。
她在二〇〇三年底的東莞會議中遇見您。
她已經離開了公司，但是依然非常崇拜您。
如今她被毫無理由的解雇，公司還不將欠她的業績獎金發給她，
她原本想要向勞工局提出仲裁的要求，
但是她不確定是否會危及您或是您的公司，

她希望您能給予協助。

衛－斯－特－林先生一直沒回那通電話。

春明沒再回廣州提出仲裁單，她的前老闆願意償還他欠的一部分錢，那些錢對春明來說已經夠了。她的生活有太多的變化，她決定離開塑膠模具公司，她把公司的股份全讓給傅貴，之後傅貴會將春明投資的錢還給她。她們的公司已經有兩位固定客戶，而且公司每個月的收支也已經打平。「我們還沒賺到很多錢，」春明對我說：「但是就算我賺了很多錢，也不會覺得滿足。賺錢不是人生的目的和意義。」

春明計畫回家過中秋節，慶祝農曆夏季的豐收。經過那麼多年的城市生活，春明依然記著每一次的傳統中國節日，視這些節日為人生中的暫停。當她再度回到了東莞之後，春明決定花兩年的時間學英文，她已經下定決心，春明對我說：「我想學英文，這樣才能過更快樂的生活。」

13、愛情與麵包

小敏回鄉過新年又回來後，開始對自己的每一件事情都感到不滿意。她在工作上沒學到什麼新技能，工資也很低。她可以預見自己不怎麼樣的未來。由於在人力資源部門工作，所以她大概知道工廠裡每一個人的薪資數目。她也對男朋友感到不開心，因為阿傑只是個樓管助理，每個月的薪水比小敏多三百塊人民幣，但是那份工作沒有任何前途。阿傑只有中學畢業，這點小敏之前都沒提過。阿傑之前提過要小敏跟著他到北京，他可以在那裡找個警衛的工作。小敏拒絕了，「每個人都看不起當警衛的，」她告訴我：「那是比一般工人還低下的工作。」

阿傑如同一般鄉下人的內向特質，變成了不利的條件。阿傑有一次和小敏一起跟她從前工廠的朋友林佳，以及林佳的兩個姊姊相約吃晚餐；阿傑一整晚一句話也沒說。之後林佳傳來一則簡訊替阿傑打分數。上面寫著——**我和姊姊們討論之後，都覺得他太軟弱了，配不上妳。**小敏在長沙一間銀行擔任業務的姊姊貴敏，也說出她的看法，她說：**在這個社會裡，一個過於循規蹈矩的人將無法生存。**

阿傑缺乏野心這件事，逐漸影響小敏對他的感覺。「自從我和他約會之後，我就沒有念書了，」她開始抱怨：「我不能再這樣繼續玩樂下去，如果我再繼續這樣過個一、兩年，我的一生也就是這樣了！」阿傑有充分的理由過現在這種舒適的日子，這裡有三分之二的工人都和他是同鄉，而且這一行所有頂尖的工廠老闆都和他一樣是河南家鄉出身。阿傑在工廠裡有很多朋友，反觀小敏自從姊姊走了之後，就比從前更寂寞孤單。她在工廠裡沒半個朋友，這是她刻意和大家保持距離的結果。

「如果和某個人太親近，」小敏說：「就很容易讓別人背叛妳！」

我長久以來一直不太知道小敏工廠裡的事，只知道是一間香港人開的，專門做皮包。這些都是小敏告訴我的，就這麼短短一兩句話。但是當我們坐在返鄉的火車上時，她給了我一個驚喜，送我一份新年禮物——Coach零錢包，上面有字母C的壓紋設計，還沿邊縫製了一圈棕色的麂皮。我以為那是假的，就像所有在東莞銷售的東西。後來在偶然的機會下，我才發現小敏的工廠為好幾家國際大廠牌做代工，例如：Coach、Le Sportsac、Dooney & Bourke、Lacoste。所以她送我的零錢包是真品——如果在美國買的，可能要花十五塊美金。

小敏回到東莞的某一天晚上，我問她和阿傑是怎麼拿到那些皮包的。「如果和警衛變成朋友的話，他們就會讓你把那些皮包帶出工廠。」阿傑說。

「你的意思是偷的？」我問他。

「我們在工廠裡工作，」阿傑一副理所當然的口吻：「如果生產部門下訂單，我們就會多做幾個，如果警衛是你的朋友，你就可以把這幾個帶出工廠。」

「工廠不管嗎？」我問。

他聳聳肩，「只要我們把訂單趕出來，他們不會在意。」

「我今天才又拿了一個皮包出來，」阿傑繼續說：「那個在美國要賣兩百元美金喔，妳要嗎？妳乾脆過來看看好了？」

我連忙說自己不需要皮包，「你應該送給你的母親當禮物。」我說。

「他的母親住在鄉下，」小敏告訴我：「她提那個皮包要做什麼？」

小敏和阿傑的宿舍裡到處都是Coach包，上面印有C圖案的錢包、縫了一條白線邊的黑色鈔票夾、一個麂皮製的酒紅色手拿包，「那個是放化妝品的。」小敏大聲說。我發現其中一個皮包的夾層裡有一張英文小卡片，上面印著：

美國經典

1941年，一個年代已久但皮質光潔的美式棒球手套，

啟發了COACH創始人利用同樣材質的柔軟皮革，

經由六位手藝精湛的皮件工匠，

製作出十二個比例完美、風華永恆的獨特皮包。

這些皮包的風格清新、款式實用，

每個地方的女性都對它們愛不釋手。

一項美國經典也從此誕生。

在小敏的世界裡，每個Coach包都有不同的價值。她把上面印有C圖案的錢包送給了林佳，因為她讓小敏還沒找到工作時借住在她家裡。當林佳的大姊在城裡最大的飯店舉行婚禮時，小敏送她一個昂貴的皮包當禮物。不過大部分的時候，這些在美國定價好幾百美元的皮包在這裡一點價值也沒有，因為小敏的朋友圈裡幾乎沒有人需要這些皮包，也不了解這些名牌包的價值。小敏將鑰匙和身分證放在她最喜歡的一個皮包裡——一個鱷魚牌的亮綠色麂皮扁包，不過她從沒揹這個包出門。她認為這麼好的東西要是帶出門，可能很快就會被偷走。

小敏決定先維持現狀。夏季已經降臨珠江三角洲地區，每一天的溫度都超過三十二度以上。晚上的宿舍讓人悶熱得難受，工廠裡的化學味道也濃臭到偶爾讓某個生產線的年輕女工昏倒，然後被抬出工廠。夏天也經常讓個人的雄心壯志突然熄滅，就像動物到了冬眠期一樣。

但是小敏的決心戰勝了天氣。二〇〇五年六月的某一個晚上，小敏和我一起吃晚餐時宣佈她已經跟老闆說要離開工廠。不過後來在阿傑的請求下又決定留下來。「我跟阿傑說我今年會留在這裡，」小敏對我說：「過新年時我會跟他回家見他的父母親，過完新年之後我會辭職，然後再換個新工作；再下一年就換他跟我回家。」

我們繼續聊天時，她說的話讓我的心逐漸往下沉，她已經計畫好兩年之後的事，還有她接下來的一生。小敏只有十九歲，但已經決定要嫁給阿傑。

「妳什麼時候結婚？」我問。

「大概三年之後吧！」

「妳跟父母說了嗎？」

「沒，在我帶阿傑回家過新年之前，我不想讓他們知道。那是兩年後的事。」

「可是妳明年不回家的事呢？」

「我只要告訴他們工廠不給假就行了！」

「妳的意思是……撒謊嗎？」

「是啊！」瞞著父母已經成為她得心應手的事。小敏的大姊和男朋友住在長沙，不過當她打電話回家時會假裝自己還住在東莞，她也強迫小敏幫忙隱瞞真相，而小敏也守口如瓶。

＊　＊　＊

不是每一個人都把小敏要訂婚這件事當一回事，她的朋友林佳和她的兩個姊姊持續說阿傑的壞話。**河南來的都很窮！他沒有什麼真本事！找別人吧！**七月的一個週末，林佳決定把家鄉的一位同學介紹給小敏，他在清溪郊區工作，不過會到城裡一天。「我已經有男朋友。」小敏提出抗議，不過她也很好奇，所以並沒有拒絕。

小敏前一天晚上到我家住，她下了公車，手上卻連一件行李也沒有，鄉下人都這樣，兩手空空地出現在別人家門口。我找出一件上衣和一條短褲讓她當睡衣穿，還帶她去買一把牙刷。我們坐在一起看電視時，她的手機響了，那時候大概是晚上十點。她接起電話後也沒打招呼，聊一下子之後她說：「我們明天會去找林佳。」

電話又響了，我以為兩次都是阿傑打來的，實際上卻是她的男朋友候選人。他連小敏都沒見過，就一直打電話過來。「林佳對他說我長得很美又聰明，所以他真的很想要見我。」小敏對我說。小敏的手機整個晚上都是那男孩傳來的簡訊，十一點半我們準備上床睡覺時，電話又響，小敏對他說：「我們要睡覺了，如果你再打電話來，我就要關機。」

他們的約會地點是一家人聲嘈雜的廣東茶餐廳。林佳和她的姊姊林雪已經到了，還有林雪的丈夫及四歲的女兒；林雪的二姊、她們的父親，以及最近從鄉下上來的一個表親也來了。今天的男主角張斌臉瘦瘦的，眼睛圓圓的，蒼白的兩頰因緊張而泛紅。他穿一件白襯衫配藍色條紋西裝褲，也帶一位他工廠裡的朋友一起來。這個兩人約會總共有十一個人參加。

我和小敏一坐下，林雪就湊過來：「他是個大學畢業生，也是工廠生產線的領導。」她低聲說：「而且很勤勞喔！」

林雪的丈夫尷尬地夾在小敏和那男孩中間，他們兩個在整個飯局裡都沒和對方說話。林佳在遙遠的飯桌對面咯咯笑，試著引起話題。**你們今天怎麼這麼安靜？待會兒計畫要做什麼呀？**吃到一半的時候，那男孩離開飯桌，一個人走到餐廳的窗前看著窗外。他看起來就像中國電視連續劇裡的白馬王子，準備向他愛的人表白。這時候的劇情應該是小敏走過去站在他身邊，但是小敏卻轉頭小聲地對我說：「我不是很喜歡看起來那樣的男生。」

吃過飯後，林雪的丈夫巧遇一個工作上的朋友，所以過去打聲招呼。男孩鼓起勇氣面向我們，他對小敏說：「我很高興見到妳和妳的朋友。」我們趕緊舉起杯子喝茶，小敏依舊沒說話。

晚上十一點，小敏打電話給我。「我們現在才回到家。」聽起來很興奮。午餐之後她和林佳一起跟那男的和他朋友到公園散步。他們爬上山丘到電視塔附近，然後又到市區附近走走。

「那男孩怎麼樣？」我問她。

「不錯，妳覺得呢？」

「我並不認識他，」我避免直接回答地說：「不過他看起來像個好人。」

「比阿傑好嗎？」小敏逼我做選擇。

「妳認為呢？」

「好，」她說：「至少他知道該怎麼表達自己。」

原來那天晚上男孩又打電話給小敏，小敏告訴她自己已經有男朋友了，「我只希望妳能給我個機會。」那男孩這麼說。

＊　＊　＊

之後的事進展得很快，小敏買了一張新電話卡。自從她和阿傑約會之後，兩個人就一起共用他的手機，現在小敏有了自己的號碼，就等於宣佈獨立。

幾天之後，林雪剛好到我家附近，於是我們一起約了吃午餐。「小敏決定跟那男孩了，」林雪一見到我馬上透露消息，「現在她想離開工廠，從阿傑身邊逃開。」林雪就像是打了勝仗，但是隱約擔心自己的湊對成功。「我告訴她別這麼急，她真的確定要這麼做嗎？」

第二天小敏打電話來，她說有要緊的事，不過並不是我想的那樣。「我剛剛跟我父母通電話，」她說。

「他們都還好嗎？」我問小敏。

「我要回鄉下了，我想要拿到畢業證書。」

這張畢業證書一直是小敏和父母親之間的衝突，因為小敏提早一個學期離開學校，所以來不及在離鄉前拿到她的畢業證書。雇主通常都要看畢業證書的，雖然小敏一直都能順利得到她想要的工作，但是有時候很難向別人解釋為什麼都畢業兩年了，卻還沒有畢業證書。她曾經請父親到學校幫忙領取，但是她父親不願意，他不想要小敏再換工作。對小敏的父母來說，能有個工作已經很好了，他們不了解有些工作比其他的工作還要好。小敏試著解釋：「這個工作沒有前景。」她曾在電話裡向父母說明。

「妳又沒上過大學，」她的母親說：「還跟人家談什麼前景？」小敏實在不知道該怎麼說，就掛了電話。

幾天之後我和她一起吃晚餐，小敏告訴我那男孩二十四歲，是一家數位相機工廠的管理主任。「他真的很不錯，」她說：「他不但有資質，也很上進。他知道正確的行為舉止，他照顧很多人。他在很多方面都比阿傑好。」小敏說她這個月底領到錢之後就會回家，領了她的畢業證書，然後再到那男孩的工廠附近找一個新工作。

我問她為什麼要馬上離開工廠。

「我不敢和阿傑分手，」她說：「我不知道他會有什麼反應。」

「什麼意思？」

原來幾天前林佳接到一通不知道是誰打來的電話，「不關妳的事就別插手，」一個男子的聲音警告她，「不要再對小敏說阿傑配不上她。」這是為了維持戀情而發出的死亡威脅，我都不知道阿傑這麼有魄力。

「所以妳不告訴阿傑嗎？」我問小敏。

「等我離開之後我會打電話給他，」她說：「我會告訴他我要走了，請他不要再找我。」

「他會接受嗎？」

小敏聳聳肩，「我不曉得，但是他不會知道該怎麼找到我。」她計畫什麼東西都不帶，這樣就沒有人懷疑她想離開。「我會帶一套換洗的衣物和這些年的工作經驗，」小敏神情嚴肅地說：「其他的東西我可以再買。」

但事情並不如預期的那樣。我在八月初收到小敏的e-mail，她仍然在原來的工廠。**我的新朋友還好**，她寫道，**但是我們之間的狀況不太好，或許他和我更適合當朋友。**她的妹妹三兒已經從高職畢業，也想到東莞工作。小敏在工廠的運送部門找到一個離她家不遠的鎮上來的人，他幫三兒安排了一個部門辦事員的工作。現在只剩一個問題，三兒只有十七歲，也就是說她還太年輕，沒有工廠會雇用她，小敏付了三十元人民幣給一個專門替人更改身分證出生日期的人，三兒的新證件上證明她是在一九八六年六月出生的，而小敏是在同一年的二月出生。如果仔細看看這兩姊妹的證件，就會覺得奇怪，但是沒人這麼做過。

和之前比起來，我現在真的覺得壓力沒那麼大了。小敏寫給我的信上這麼說。

那是二〇〇五年的九月，微涼的天氣是給小敏的信號。三兒來到東莞的一個月後，小敏又換了另一個工作。她在一家五金製造工廠找到採購部門助理的工作，那地方離三兒的工廠大約兩個小時的車程。小敏沒和阿傑把事情說好就離開，她也沒和另一個男孩繼續聯絡。她對這些糾纏不清的麻煩所採取的解決之道，是她唯一知道的方式：繼續往前邁進。

小敏這一次找工作比之前容易多了，因為她終於拿到畢業證書。她的父親從學校把證書拿回來，卻不願意寄給小敏，他還是不想讓她換工作。小敏只好說謊，騙她父親工廠裡頒佈了一項新規則，沒有證書的人都會被炒魷魚。她的父親聽了，慌張地多付錢用快捷郵件把畢業證書寄給小敏。小敏告訴我的時候還忍不住笑了。

＊＊＊

小敏的新工廠專門製造電力供給、電腦螢幕，以及DVD播放器的金屬零件；她每天需要工作十一個小時，隔週的星期天才有休假。她一個月的薪水是一千元人民幣，如果表現得好，有可能升任正式的採購。她開始閱讀一本書名叫做《生產計畫與原物料採購》的書。

她去年總共寄了五千元人民幣回家，相當於台幣兩萬三千多元，但是她的父母覺得太少。小敏的父親說：「別人的小孩受的教育比妳少，為什麼寄回家的錢比妳多？」

「別人的父親賺的錢夠，所以他們的小孩不必出外工作。」小敏如此反駁。

現在的她用比較帶有批判性的眼光看待自己的父母親，小敏的父親曾在一九九〇年代時，在溫州的鞋廠短暫工作過一陣子，後來因病打道回鄉。小敏的母親也出外工作過一年，但是回家時沒存半毛錢。他們當初失敗了，但是小敏成功了。小敏第一次恍然大悟，「他們也嚐過當民工的滋味，應該知道這樣的生活有多辛苦，」小敏對我說：「可是他們卻覺得我們在外面工作賺錢很容易。」

小敏在新工廠工作了五個月之後，被提拔擔任工廠的模具採購。這是她的好機會，原本擔任這個工作的女孩只是回家鄉一趟，但是被她的父母發現她在城裡交了個男朋友，「他們把她關在家裡，不讓她回來工作。」小敏告訴我：「所以我才有這個機會。」她的新工作一個月有一千兩百塊人民幣的薪水，再加上一個月六千到一萬元的回扣。才半年的時間，小敏就存了三萬塊人民幣——超過十二萬台幣。她寄了一千三百塊人民幣回家，然後第一次違背她父母的意思，自己在城裡開立了一個私人帳戶。

「如果公司發現我拿回扣，一定會當場把我辭掉。」小敏對我說。

「可是每個人都這樣，不是嗎？」我問她。

「是這樣沒錯，不過我們從不去說這件事。」

我們坐在小敏工廠附近一家購物商場裡的一間麥當勞，小敏點了一杯冰咖啡和薯條，她現在常常外食。我還記得小敏兩年前第一次到麥當勞時，把臉貼在桌子上瞪著大麥克漢堡，然後一層一層分開吃她的漢堡。她東張西望確認附近沒有同事在場，才壓低聲音告訴我有關她工作的事。店家通常會付百分之十的回扣給採購人員，小敏會和他們約在離工廠遠一點的地方拿錢，現金交易。她開戶的銀行也離工廠很遠，這樣就可以避免在銀行碰見熟人。採購人員在工廠裡通常最為大家所厭惡，因為他們的工作實在太有利可圖。所以小敏如果在公眾場合遇見她的同事，除了打招呼之外，也會替他們付帳來維持彼此的關係。

成功帶來更多的壓力。「我以前如果不喜歡某個工作，就會馬上辭職不做，」她說：「但是現在我反而擔心公司不願意再雇用我。」

當小敏開始賺錢的時候，她和父母之間的關係也有了改變。他們停止抱怨她寄太少錢回家，也開始夢想要怎麼花她的錢。他們想要在鄰近的武穴買一間公寓，需要十二萬塊人民幣，將近五十萬台幣；她的父親想要從事飼養淡水螯蝦的生意，需要兩萬到五萬的本錢，他去年種棉花已經虧損了很多錢，所以自己根本沒錢。小敏兩件事都拒絕。「你不能妄想一下子賺很多錢，」小敏教訓自己的父親：「你得一步一步來。」

我很訝異小敏一下子就掌握家裡的決定大權。當初我的祖父離家七年後從美國回到家鄉時，因為沒有得到允許就擅自更改主修科目，還受到他父親的家法伺候。這個男人當時已經是個受過外國教育的現代人，但是在他父親眼裡卻沒有任何的地位。相對地，小敏卻能夠遙控家裡的一切。她控制父親的花費，拒絕他的生意計畫，這都是在她寄了一千三百塊人民幣回家之後所獲得的權力。

這當然也和階級差異有關，這在中國大多指一個人的教育程度。我祖父的父親也是個受過教育的人，即使他從未離開家，仍然擁有相當的權力地位。而像小敏這樣的民工來自於社會的底層，如果他們在城市品嚐到成功的滋味，立刻就一躍成為家庭中最有權威的人。很快地，小敏也開始主導其他手足的生活。小敏答應她的小弟，如果在學校保持優異的成績，暑假就讓他到東莞上英文課。小敏今非昔比的財務狀況也改變了她小妹的命運，陳秀沒考上高中，之前沒考上的三個姊姊都進入高職就讀，畢業後馬上出外工作。但是現在小敏能夠負擔額外的費用讓呂秀進高中——三年之後再考大學。

「妳的成績怎麼樣？」小敏每次打電話回家都會問呂秀。

「我不知道。」呂秀回答，她是一個非常內向的孩子。

「妳知道我在這裡辛苦工作好讓妳能念書的嗎？」小敏說：「妳最好拿到好成績，別讓我失望。」

「我知道，」呂秀說：「我會的。」

小敏也插手大姊的生活。貴敏的工作和感情都面臨失敗的景況，她後來回到東莞一間製造木槌的工廠工作。小敏認為她的姊姊年紀也不小了，不適合再到處換工作。「妳應該好好待在一個地方，讓自己成長。」小敏這麼對她說。

二〇〇六年夏天，小敏回家一趟。她幫家裡買了一台長虹品牌的電視機、一台DVD播放機，還給了五千塊人民幣。她替父親買了一件八十塊錢的襯衫，那是他穿過最好的襯衫，小敏在家時他每天都穿在身上。小敏的父親最近才剛過五十歲生日，他還去算命。算命的說他五十歲之後就會走運，算命的還真說對了，這都得感謝他的二女兒。

＊　＊　＊

我在二〇〇七年的農曆春節再度回到小敏的村子。她向工廠請了兩個星期的休假，因為家裡要辦婚事，小敏家隔壁的表哥要娶住在幾個村子遠的一位年輕女孩。他那年加入一班建築工人，到搭火車需要四十四個小時那麼遠的烏魯木齊工作；而她則在武漢的一家工廠當裁縫女工，距離家裡三個小時車程。兩個人是前年媒人介紹認識的，當時馬上就訂親。接下來那一年開始透過電話「談戀愛」。我覺得先訂婚、再開始約會的過程好像反了過來，然而即使如此，這樣的方式似乎又很現代，因為它可以讓男女雙方在結婚之前先彼此了解。

我抵達的那天晚上，小敏帶我到她表哥家。兩年前，那間房子的主臥室只是鋪了一層水泥地板的空房間，現在不但貼上瓷磚，房間裡還添了很多家具，像是衣櫥、沙發和一張茶几。雙人床上放了一張上面印有草寫字體「Happiness」（快樂）的粉紅色床墊，床的上方掛了一張結婚照，照片中的表哥穿一套三件式的象牙白燕尾服，準新娘則是一件低胸禮服。

「她真漂亮！」小敏不禁讚美。

「明天就不漂亮了。」她的表哥開玩笑地說。

「你說什麼！」小敏對她表哥說：「新娘子在婚禮當天最漂亮。」

雖然傳統上兒子結婚之後應該和妻子一起住在男方父母家裡，但是小敏的表哥和他太太只會在家裡住幾天，然後就回城裡工作。中國各地的鄉村有無數個像這樣的房間，花錢裝修得美輪美奐，但是一整年都空無人住。

第二天一早，村裡的年輕人一起到新娘家迎娶，他們肩上扛著傳統的扁擔，準備把嫁妝扛回來。鄉村人家好幾百年來扛著這些扁擔在田間小徑來回，但是現在的年輕人都在都市謀生，所以只有老人們扛起扁擔來才顯得拿手。新郎穿著藍色條紋西裝和漆皮的皮鞋，他只要一有機會就不忘消遣他的新娘。「妳今天看到她，」他對我說：「一定會嚇一跳！」小敏和她姊姊負責陪著新娘回到她的新家，她們兩個之前都不曾參加過婚禮。

新娘家的鄰居們擠在泥濘的院子裡看熱鬧，大廳裡放滿了新娘的嫁妝，看起來有如家電行的大清倉，有一台冰箱、一台冷氣機、一台開飲機、洗衣機、高畫質彩色電視機、音響和一台卡啦OK伴唱機。另一間房裡，新娘低著頭坐在床上，她的母親、祖母和阿姨們悲傷得嚎啕大哭，這是新娘離家前的傳統習俗。

接著代表男方家的年輕男子輪流跑進新娘的家裡「偷」嫁妝，新娘的家人和朋友假裝阻擋。這樣一來一往總共花了一個多小時才把嫁妝搬到院子，然後放進竹籃，再用繩子綁在扁擔上。新郎被逼著戴上一頂紙摺的傻瓜帽，臉上還被畫上鬍鬚和眼鏡，脖子上掛了一個夜壺。他走在迎娶隊伍的最前面，準備回他的村子。這跟文化大革命遭受鬥爭然後遊街示眾的受害者所面臨的狀況並無兩樣，除了新郎的臉上掛著微笑。

在新娘家舉行的午餐婚宴也遵循傳統的嫁娶規矩，每一桌總共有十二道菜，上菜的空檔中還放了很多次鞭炮，菜色包括每一桌都有一整條魚、一隻雞周圍放了十二顆水煮蛋和一盤甜湯圓——代表婚姻幸福圓滿。用餐時一次只上一道菜，然後每一道菜還沒吃完就被收走，代表的是這樁婚姻會充滿富足與有餘。

下午，新娘準備啟程到新郎的村子。小敏和她的姊姊是伴娘，不過許多賓客會過來阻擋新娘被帶走。一群人走沒幾步就被擋在路上，他們逼小敏和貴敏唱一首歌；長長的隊伍往前走沒多遠，又被擋下來，然後要求更多的處罰。大多數的村民也走出來加入這個有趣的活動，一起聯合起來找小敏和貴敏的「麻煩」。

唱大聲一點！
一首歌不夠！

雖然大家都是開開玩笑，但是感覺上很讓人不安。兩個魁梧的男人和幾個中年女人帶頭發號施令，小敏和貴敏開始慌亂了起來，兩個人用孩子般的顫音唱著歌，眼睛瞪著地上。我突然像個外人，獨自遠遠看著一幕中國人被桎梏在團體中的熟悉場景。就算是看起來單純的普通相親，似乎也落入全國性的劣習，讓人沒辦法打破團體的無形枷鎖，做自己想做的事。此時此刻也讓我感受到文化大革命之所以能在中國鄉間大行其道的原因，因為這些習俗就隱藏在團體裡。獨自一個是很危險的事，在團體裡才能讓人感到自信、獲得力量。當村裡的人對著小敏和貴敏嘶喊，要她們倆唱大聲一點的時候，最敢說話的人總能得到大家的支持。兩個年輕女孩就站在人群中，低著頭等一切結束。

男方的人馬終於出現在前方路上，年輕男子一個一個走上前，獻上菸或來段即興表演，希望對方能把新娘交出來。男方的人表演時，女方家的親友持續他們的批評和侮辱。新郎終於忍不住衝進人群牽起新娘的手，帶她坐上等在一旁的黑色轎車，那部車是為了這場婚禮特別租的。

新郎家裡的每個人都坐著等另一場喜宴的開始，雖然肚子裡的上一餐都還沒消化完。我一直等待某種儀式或正式宣佈這樁婚姻的時刻，但是卻撲了個空。在這些習俗裡，婚姻被描述成兩個不同的定義——兩個家庭互相交換東西，以及兩個村落的對立，但是卻沒有任何著重於新郎和新娘相互允諾的傳統習俗。事實上，這兩個人的結合幾乎是一個意外。當婚宴上的酒杯被斟滿了酒時，貴敏舉杯祝賀她的表哥和新婚妻子：「早生貴子。」

婚禮過後，我在村子裡的時間過得飛快，先和小敏一家人上山向他們的祖先墳墓磕頭；接著到小敏一個叔叔家羨慕他用當磚瓦工人賺的錢蓋的一棟三層樓房子，這棟房子會一直空著，等她叔叔明年帶錢回來買家具。另一天，小敏去找在城裡賣衣服的阿姨，和她討論一起投資開店的可能性。晚上，小敏的叔叔替貴敏帶回一位可能的男朋友人選，貴敏整個晚上都沒和那男的說一句話，不過等對方上床睡覺之後，貴敏立刻判他出局。「他腦子裡的齒輪轉得不夠快。」那男的第二天連早餐都沒吃就離開了。

最後一天早上，小敏陪我到車站，她還有一個禮拜才會回東莞。她穿著一件西瓜紅的綁腰帶夾克、黑色九分牛仔褲和一雙高跟馬靴。胡濤，那個小敏兩年前帶他到城裡的前男友也和她聯絡上，他想要和小敏復合；那天稍晚，胡濤帶小敏去見他的母親。

「如果我找不到其他的對象，幾年以後還是可以嫁給他。」小敏對我說。另一個在鎮上開店的同鄉男孩也希望和小敏見面，不過小敏似乎不太擔心她的婚姻大事，因為家裡的四個姊妹按傳統要照排行出嫁，就像珍・奧斯汀（Jean Austen）的小說。只要貴敏還單身，就沒有人會給小敏壓力。

我在車站買了車票，坐上開往武漢的巴士。我在座位上對小敏揮手，她也微笑著向我揮揮手。天空開始飄下雨滴，她跑到附近的商店躲雨。當車子開離站時，我看見小敏認真地在手機上打簡訊，忙著安排接下來要做的事，而她也一如以往地早已有了計畫。

14、皇陵

一九八七年秋天，父親的立教表哥寫了一封信到東北省的兩個政治協商議會，信上的標題是「張莘夫石碑亟需題字之請求」，立教希望能在已經過世四十一年的叔叔墳墓旁的石碑刻上墓誌銘。

張莘夫是我的叔叔，我誠摯希望能盡快解決他的墓誌銘問題，這將對我們發展海外統戰有很大的好處。

這份十二頁長的手寫稿從立教的兒女們轉交到我手上，他們無法告訴我家族的故事，但是立教在這些粗糙不平的紙上敘述得很詳細——祖父在美國那些年和他的私交、祖父戰時在中國礦產上的貢獻、暗殺事件及埋葬的過程。

墳墓前的一小塊黑色大理石刻著「張莘夫之墓」，每一個字大約十公分乘十公分大小。墓的右邊是一座石碑，上面什麼也沒刻……瀋陽在一九四八年的秋天重獲自由，

張莘夫的墳被遺忘在北陵靠近下馬石的左側，
他的石碑上一個字也沒有……
李薌蘅和她的子女搬到臺灣……
她的姪子張立教留在本土未隨行，

他從一九四九年之後，就不曾與他們再有聯繫。

一九七九年，立教在三十年後第一次到祖父墳前。墓碑不見了，祖父的屍骨也被四處棄置，只有墳墓旁的石碑依然屹立——如同祖母所預期的，空白的碑面保護了這面石碑。立教在他的信中請求相關當局准許修繕祖父的墳，並且重新立一面刻上字的石碑。因為這座墳位於公園裡，所以他無法獨立完成這件事。

張莘夫的大兒子和二兒子對偉大的祖國有很深厚的情感，
他們回國很多次，也對祖國的建設盡心盡力……
近來黨中央委員會也積極促進海外的統戰，
並釋出友好善意，以贏得大眾的支持。

「統戰」是共產黨想要贏得黨外中國人民的忠誠所實施的政策，包括那些居住在香港、臺灣和其他海外地區的人。身為政治運動的老兵，立教明白以個人名義為他叔叔進行請託，絕對不可能有什麼成效。所以必須藉助愛國主義及攸關國家大計的名義才行。祖父的一生被迫活在這樣的框架下，即使早已離開人世之後還是如此。

礙於黨中央的官僚制度，立教沒有得到立即的回覆，於是兩個月之後，他又執筆寫了另一封信，尋求當權者的支持，並明確表示一切開銷將由他來支付。第二年的十一月，立教的請求總算獲得允許，祖父墳墓旁終於豎起刻上墓誌銘的新石碑。立教寫了最後一封信，標題是「我及海內外家人長久以來的夢想終於實現」。

這面無字的石碑已經刻上字，
我們的後代子孫也有一個可以供奉祖先的地方，
對此，我們感到非常地幸運。

立教於二〇〇六年二月與世長辭，就在我到哈爾濱拜訪他們全家不到一年後的時間。他已經長壽到有幸看著三個子女在自己曾任教的大學裡有份工作，還有一位孫女也在同一所大學念書。立教在一九八五年曾獲頒省級的教學卓越獎，也是他任職大學裡唯一獲獎的人。對立教的家人而言，這份獎讓他多年所受的苦得到些許的安慰。「我父親能夠從那個時代活到現在，我想也是因為他擁有寬大的心胸。」立教的女兒銀橋對我說：「大家都很敬佩他的正派與寬容，當時有四百個人來參加他的葬禮，我們都沒想到會有那麼多。」

銀橋還說，她父親直到嚥下人生的最後一口氣，還是非常相信共產黨。他從來不談政治對立的兩個黨派如何造成他父親的自殺，他對自己所受的苦難與迫害也從不自怨自艾。父親說他曾好幾次問立教在文化大革命時遭受的事，但是立教從未提起。「我認為立教被徹底洗腦了，」父親說：「不論什麼時候談到這些事，他說的都是當時有多麼好，共產黨有多好。我想他在過世之前都被恐懼所包圍。很多經歷過那些恐怖時期的人，都以為現在只不過是另一個政治操控，他們不確定事情會不會回到之前的樣子。」

立教的女兒有不一樣的解讀：「我父親從沒對妳父親提過這些事情，」她對我說：「我想他應該是覺得妳父親已經住在國外，而那些是國內的醜聞。」在立教女兒的想法，他父親之所以絕口不談的原因不在於恐懼，而是羞愧。

＊　＊　＊

我在二〇〇五年的最後一天，到祖父位於瀋陽公園的墳前。那是一個冰冷的早晨，空氣中瀰漫著燒煤炭的味道，太陽被冷空氣包圍著，蒼白暈黃得像顆檸檬。公園裡倒是人來人往，一片生氣蓬勃，大部分是退休的老人。老人們漫不經心地拖著腳步，老太太們在一旁打太極拳。我停在人行橋上望著底下的湖，湖面上的積雪被清除了，留下一圈橢圓形的湖面讓人們在上面溜冰。我看見一位穿著臃腫，臉上戴著手術用口罩的中年婦女——這是瀋陽嚴寒冬日下的普遍裝扮，嘗試將一隻腳往後抬高，用單腳向前滑行，可是差一點往前仆倒，還好即時保持平衡，她環顧四周，看看是否有人注意到她。

我繼續往前走到下馬石，兩旁矗立的柱子刻著滿文，標示這裡是通往清朝皇帝墓陵的「神道」起點。就在此處的左邊，我看見一小片被松樹包圍的墓地。

祖父的墓碑大約十八公尺高，灰色的水泥面用紅字刻著：

張莘夫紀念碑

中國煤礦工業工程師

吉林省・九台市・六台鄉人

1898—1946

我一個字一個字緩慢地讀著那些刻文，內心因此而感到慰藉。雖然墓誌銘只有短短四行字，描述的也只是生硬的基本資料——但寫的都是事實。沒有被更動或竄改，也沒有受到政治的干涉。如果必須用三十五個字描述一個人的一生，他的生辰、死時，他的職業、出生地，還有他的名字似乎是一個合理的選擇。

我面對著墓碑，不確定自己應該怎麼做。我沒有磕頭，也沒有任何的供品，我只是站在祖父的墳前。沒有人前來打擾，下馬石附近有幾個人在踢毽子，不過他們沒特別注意我。最後我不得不離開，因為實在太冷了。

我走的時候，有個人騎腳踏車經過。他的腳踏車後面綁著一台錄音機，播放那年紅遍民工界的一首流行歌曲，那首歌來自遙遠的地方，那地方的每一條街上都有一間工廠，那地方的歷史博物館一點都沒提到毛澤東。

我愛你
愛著你
就像老鼠愛大米
不管有多少風雨
我都會依然陪著你

回想起祖父的一生，幾乎都在錯失機會的抑鬱中度過。年輕的時候離開家鄉——遠赴北京、美國，都是為了有朝一日為國家貢獻所學；他在陌生的環境中為了這個目標辛苦掙扎，但卻總是全力以赴地努力奮鬥。為國家奉獻的責任感驅使他無視所有的警告，毅然到撫順礦業任職。在最終的那個冬日夜晚，當那些武裝軍人逼迫他上火車，並用刺刀致他於死的時候，所有的努力和學習都付之一炬，也變得一點用處也沒有。一個人的理想在面對如此殘暴的力量和武器時，也不具任何的價值。祖父死後的第二年，中國的前途與希望也跟著凋零。

這樣的結果卻不令人意外。當我閱讀祖父的日記，或是目睹小敏和她的姊姊在村莊婚禮時遭受大家聯合起來欺凌時，我覺得自己好像一遍又一遍見證中國之所以沈淪的原因。中國人對國家與家庭的深刻使命感與責任感讓數以百萬人民深陷其中，認命地接受他們無法選擇的人生。如果不是為了國家，我的祖父就不會成為礦產工程師，也就不會到撫順礦業。然而生為中國人的重責大任，讓他不得不做這些選擇。立教和趙鴻志為了同樣的原因選擇在一九四八年的秋天留在中國，我的父親也為此壓抑著他的感受。因為這樣，我的奈麗阿姨只能透過寫詩來表達她的情感；也讓立教的兒女看淡過去的一切。只有張宏選擇記得，而他也飽受這些過去的折磨。

或許我骨子裡的中國因子比我想像得還要多，因為現在我懂了——懂了為什麼有人選擇不去說他的故事，或者無法說出來，又或者不願意承認自己的任何感受，因為這些深刻的情緒會把人給吞沒。我明白了奈麗阿姨寫給她父親的詩裡所蘊含的感情，她試著將個人的憂傷化為更有意義的事情，卻在詩句的最後——**但是我好恨啊！父親**，讓所有的情緒傾瀉而出，讓隱藏的傷口顯露在全世界之下。

而探查家族故事也改變了我看待南方工廠小鎮的眼光，雖然在小敏和春明的民工世界裡有很多令人厭惡的地方，像是功利至上、腐敗和低下的生活環境；但這卻也是一個離開鄉村、改變命運的機會，一個可以想望過不一樣的生活，並且讓這個夢想實現的機會。祖父當年經歷的旅程，是好幾百萬個年輕男女現在每天經歷的事——他們離開家、來到陌生的地方，他們努力工作。然而他們的目的不再是為了改變中國的命運，而是為了追尋他們自己的未來，這個未來就掌握在他們自己的手裡。即使這個世界醜陋不堪，至少還是他們自己的世界。

或許正因為中國在二十世紀犯了如此可怕的錯誤，所以它的人民才能夠重新開始，這一次他們將家庭、歷史和國家責任放一邊，放手追求個人的目標。長久以來，我以為東莞是一個沒有過去的城市，但是現在的我知道事實並非如此。過去一直都在，提醒著我們——或許、希望，這一次我們能克服萬難，走對的路。

＊
＊
＊

最後一個和我談到家族歷史的親戚，是艾琳阿姨，父親最小的妹妹。她父親死的時候艾琳阿姨才七歲，她對父親唯一的記憶，是他有一次出差回到家，臉上留著新蓄的鬍鬚，然後親她的肚子逗她笑。

祖父死後，祖母一個人獨立撫養子女。每當艾琳阿姨累得不想繼續讀書時，她的母親會說：「妳的父親為國犧牲，妳一定要努力用功，這樣才能不負他的期望。」北京以前有十二條煤礦車道，每一條都是以國家烈士來命名，路克伯父還記得小時候曾搭過「張莘夫煤礦車」，撫順地區有一個稱為「莘夫煤礦場」的煤礦區，瀋陽也有一條「莘夫路」，而祖父當年被迫下火車並被殺害的偏僻火車站，也改名為「張莘夫」站。死亡，讓祖父的名號遍佈整個中國，然而在共產黨接收大權之後，這些又全都被改了。

艾琳在台灣上初中時，她的班級進行了一次校外教學，參觀一個革命期間被殺害人士的展覽，展場上描述了這個人被謀殺的經過，還有一張屍體照片。「我心裡還想著，這個可憐的人，」艾琳回想起當時的情形，「然後我看見我父親的名字。」她當場昏倒。這些照片是國民政府為了進行反共產主義的宣傳活動，艾琳以前從沒看過這些照片。她其實認不得父親的臉——只記得他的名字。

所有離開臺灣的手足中，艾琳是成人之後唯一和她母親相處過的一個。當她的哥哥、姊姊們到美國之後，她一個人和母親度過多年的時光，也聽了許多她的故事。後來艾琳也到了美國，但是她在母親即將過世的那年夏天回到台灣，陪在母親身邊。很多人和我分享他們的記憶，但是艾琳的不一樣。在她敘述的話語裡，祖母是一個獨立自主的女性，她勇於挑戰傳統、渴望到世界各地旅行；她父親年輕的時候很叛逆，曾經因為過度理想化的愛國主義與家人產生嫌隙。祖父那一代所承受的家國重擔，讓他們每一件事情都以政治為優先考量。但是艾琳阿姨對我說的故事，為他們的生命增添了許多個人色彩。

抱憾終生。好幾個人對我說過這句話，這幾個字被寫在曾祖父下葬的帽子上，表達他對日本佔領滿州的遺憾，不過艾琳對這四個字有不一樣的解釋。當年祖父滯留美國七年終於回到家鄉後，他的父親希望他能留在六台管理家產，但是他還是執意決定離開，他的父親因此勃然大怒。日軍的侵略讓這對父子失去聯繫，也讓他們失去和好的機會。所以「曾祖父遺憾的，是他對待子女的方式。」我的阿姨這麼說。她對於祖父過世的故事也有不同的版本，根據我查詢的許多報導指出，祖父因傷而瀕死之際，依然掛念著自己對國家的責任，「我授命於中央政府，」他說：「在執行任務中身亡，我死而無怨。」但是艾琳告訴我，祖父當時用自己的血在一張紙條上寫了一些字，後來在那次事件當中得以全身而退的一位隊員將那張紙條交給祖母。紙條上只有草草幾個字，「我母親沒辦法了解所有的意思，」艾琳說：「但是她看到上面寫了她的名字。」

在閱讀或聆聽祖父的所有生平當中，我不曾找到一絲個人的情感，他的一生似乎都在為拯救國家而活，這個愛國甚於愛家的形象在他的日記和他的信裡表露無遺。我想要喜歡他，但是當我看了愈多有關他的一切，他和我的距離似乎就愈遠。他就像是個從自己的故事中消失的男主角，而那讓我感到糟糕透頂。然而或許這當中另有隱情，另有我無法看透的事實；而從艾琳阿姨告訴我的故事裡，顯露出一絲微弱的曙光。

我之前並不打算訪問艾琳阿姨，因為她當時太小，對她父親的生平或死亡理應沒有太多的記憶。我和我的父親、奈麗阿姨、路克伯父、立教一家人，還有許多親戚交談過，他們每一個人對於自己說的事，都有一些隱諱不明、不甚確定的地方。

我對家族歷史知道的不多，我們從沒機會談到這件事。

其實，我對中國的印象很模糊。

沒有人知道我爺爺的父親叫什麼名字。

當我和其他人都交談過的幾個月後，艾琳阿姨有一天打電話給我，她聽說我正在寫一本書，她想要和我談祖母的事。

「讓我告訴妳一些我的哥哥、姊姊所不知道的祖母。」我之前完全沒想到應該詢問有關祖母的事，她從來沒離開過家，也沒有留下任何書面資料，她的生活又有多少值得被知道的事？但是許多讓人最歷歷在目的家族歷史——她和曾祖父的衝突，祖父遭受家法鞭打事件——都來自於艾琳阿姨。我和艾琳阿姨第一次通電話之後，她寄了一封電子信件給我，信裡真情流露的感情，是家族裡任何一個人從未表現出來的。

我的母親（妳的祖母）來自於一個非常傳統，而且家教嚴格的家庭。
她曾受過高等教育，這對那個年代的女性來說是非常罕見的。
她之後的事業發展也很成功。她在資源貧困的艱苦情況下，
幾乎一手擔起教育子女的責任。我非常愛她，也非常佩服她。
當我的哥哥、姊姊們相繼離家之後，我才真正了解我的母親。
在我們的簡短談話之後，我開始思考那些改變，
和那些中國女性需要面對的挑戰，
這或許是中國女性向來非常堅忍不拔的原因。
在我們家族裡，妳的祖母、我，還有妳，身處於一百年來最急遽轉變的世界，
對中國尤其是如此。我們犧牲、承受、堂堂正正的生活。
我期待收到妳的訊息，並且和妳交談。

愛妳的艾琳阿姨

我的阿姨告訴我，她目前在一家美國生物科技公司的總經理職位，已經是「半退休」狀態，不過我們還是得在一個星期之前敲定通電話的時間。她的丈夫已經完全退休了，所以負責替她打點一切。在現在的中國，一個像我阿姨這樣的女性會被稱為「女強人」。我在約好的時間拿起電話，撥了艾琳阿姨的號碼，她的故事是這樣開始的：**我會告訴妳我知道的。**

15、完美的健康

春明有時候會在夢裡說英文，她在夢裡發現自己在一個周圍都是外國人的地方，例如：東莞圖書館，她會用英文和大家交談，對方也會回答她。

我問春明夢到自己不會說的語言是什麼感覺。

「我不知道怎麼形容，」她說：「我只知道在那個夢裡我會說英文。」

春明曾在生產線英語上了幾堂課，不過還沒學會二十六個英文字母，在發音部分也只學了一些「萬國音標」，那是學習外國語言普遍使用的音標系統。這些古怪的符號是她的英文之鑰，在一排上鎖的大門後面，她不懂的語言正等著被解放。「我認為學習英文的祕訣，就在這些音標符號上。」春明對我說。那麼多人談論學習英文的目的，但是沒有一個人像春明這樣投入了這麼多的意義。

如果我學了英文，就能看到更多的世界。我可以更享受生活，我想要尋求不同的快樂。如果我不學英文，那我會覺得自己的生命永遠被受限。

二○○五年九月，就在春明參觀東莞科學博物館過後的第九個月，她再次去找吳老師。十幾個年輕女孩在吳老師的學校裡學習，地點還是在他的公寓裡。這些女孩替吳老師整理課本的教學內容，以換取免費在這裡學英文和住宿，她們也要輪流下廚煮飯。學生們住在教室後面的狹窄房間裡，每個房間有四張上下舖，床架上晾著洗淨的衣物，地上則放了一桶桶水。這些房間看起來就像工廠裡的宿舍。

我們過去的時候吳老師不在，他的前任學生——劉以霞老師帶我們四處參觀。那天還停電了，春明緊咬著唇，不以為然地走過那些悶熱的房間。

「我們幾乎整天都在這裡，」其中一位名字叫做蕭永麗的學生說：「吳老師不讓我們出去。」

「他不讓妳們出去？」春明看起來有點擔心。

「他覺得那樣對學習不好。」

「如果到了外面的世界，妳會對學習開始產生懷疑，」劉以霞解釋道：「那也是這些女孩都把頭髮剪得那麼短的原因。」

「每個人都要把頭髮剪短嗎？」

「對，這樣她們才不會煩惱為了要變漂亮而分心。」

我和蕭永麗用英文聊天，她說話的速度很快，也充滿自信。她今年二十歲，來自四川省。她曾經在三星電子工廠工作過，大概一年前到生產線英文，她現在每天花十個小時學習英文。

「妳週末的時候也唸英文嗎？」我問她。

蕭永麗用中文問我「weekend」這個字的意思，然後回答沒錯，她在週末還是繼續學習。

我問她為何到東莞來，她沉默了一陣子；所以我改用中文問她是否明白我的話。

「說來話長，」她誠懇地說：「我想想該怎麼說。」

最後，她用英文告訴我：「我到東莞來工作。」

她想要成為同步翻譯，這在東莞可是一個奇特的工作選項，即使是在美國，口譯這份工作的需求也不高。「我們的老師說這是學習語言的最高境界，」蕭永麗說：「我想要達到最高境界。」她顯然沒想過自己學了英文之後要做什麼，不過那是之後的事。現在的她擁有完全的決心和毅力。

我們之後和吳老師在他公寓附近的一間咖啡店見面，我不是很專心聽他向春明解釋腦部、右手、左手和眼球的事。我倒是注意到每次說完一句話，吳老師都會自動微笑——或許他在哪本書上看到這麼做可以讓別人喜歡他。

「我的學生可以在一個小時之內做六百個句子。」微笑。

「六百個句子……」

「不是每一個都可以，只有成績最好的才行。」吳老師立刻糾正自己。

「你的意思是，她們可以一個小時閱讀六百個句子嗎？」春明問他。

「讀？當然不是，她們一分鐘可以閱讀一百零八個句子！我說的是寫。」

春明轉頭看我，「妳能在一個小時裡寫六百個句子嗎？」

「我很確定她做不到。」吳老師自鳴得意地說，然後微笑。

我本來想說那些並不是最重要的技巧，不過後來決定不說。我的腦袋開始痛了起來。

「所以，你的意思是大多數人的潛能都沒有被發揮出來，」春明說：「我很同意這個說法。」她似乎掉入吳老師的銷售圈套，不過她接著問起吳老師的好學生。「那劉以霞呢？你覺得她的學習成果好嗎？」

「她還好，」吳老師說：「畢竟她只在我這裡學了一年，不過在寫的方面，她就比不過我的學生了。蕭永麗一個小時可以寫六百個句子。」

春明問起學校的規定，發現吳老師每個晚上都把學生關在房間裡，每天清晨六點就把大家叫起來做體操。女孩們一個星期只能出去一次，就在星期天的黃昏，出外採買一些個人用品；每個人一個月可以打一次電話回家，但是謝絕訪客。吳老師說像春明這樣的舊學生可以在附近租房子住，白天再過來上課。但是在春明尚未完全下定決心之前，他對春明成功的機會抱持懷疑的態度，「學習需要不辭辛勞。」吳老師嚴肅地說，這一次他忘了微笑。

春明非常同意完全投入和改變這樣的說法，但是她實在沒辦法忍受學校的居住品質和偏僻的環境。同時，她也才剛投資一間新公司，就這樣放棄一年後即可回收的利潤，然後只是為了學英文，肯定會讓春明所有的朋友震驚。春明在回程的巴士上再三考慮，「如果我的朋友聽到我才剛開一家公司，然後立刻拋下一切去學英文，她們大概會覺得我很奇怪。」

「我猜他們也一定會很嫉妒。」我對她說，回想起自己每一次都被一堆陌生人包圍，然後他們對我的英文讚不絕口的景象。

「我不知道，」春明說：「不過等我學了英文之後，找到一份新工作，她們就會看到我的成就。」巴士窗外，一間間工廠的燈亮了起來。「我可以兩年內都不和我的朋友聯絡，」春明喃喃地說：「等我做到了，我再和她們見面。」或許，她已經準備好放棄這個世界，但是她也再次到了外面的世界，而疑慮總是由此開始。

＊＊＊

我在兩個月之後再次和春明見面，她這段時間曾回家探望了父母一趟。「家裡還是一樣，甚至比以前更窮。」她已經把前面的兩顆牙拔了，準備戴牙套，她最後總算捨棄了美齒手術。她搭朋友的車回東莞的那天晚上，一輛豐田轎車超速闖過他們停下來的十字路口，撞到車子的左側，然後揚長而去。坐在駕駛座上的男子馬上被送往醫院，頭上縫了好幾針。事發當時坐在後座的春明，則扭傷了肩膀。

我在意外發生之後的第三天見到她，她依然感到疼痛，手臂也抬不起來。「每當我回想起這件事，真的覺得很害怕。」她說：「一個人真的必須珍惜所擁有的一切。」我們坐在金屬零件公司樓上房間的沙發上，「我意外地擁有一個人生的新機會，」春明說：「無論何時想到這件事，我覺得自己曾經有的夢想又回來了。」

我等著她繼續說。

她低聲說了兩個字：「直銷。」

她在一九九六年曾經過做過的「完美直銷公司」，在政府禁止傳銷事業之後並沒有解散，它重新整頓，更將產品線擴大到範圍更廣的健康食品上：高纖食品、氨基酸錠、花粉營養食品等，整個公司又重新快速發展，所有來自馬來西亞華僑的三個合夥人都開賓士車。春明開始吃「完美」的營養沖泡粉當每天的早餐，並將這些產品賣給她的朋友。

她一夜之間變成健康專家，「只有百分之五的人真的很健康，百分之七十的人都是處於『亞健康』的狀態」，春明如此告訴我。根據她新購買的其中一本健康書籍描述，亞健康的症狀包括：**容易疲倦、做很多夢、容易激動、常常感冒、注意力不集中**。春明大部分的話題都繞著身體的功能打轉，偶爾穿插她知道的某個人，或是歷史上的名人，像是蔣介石的妻子。**我有個朋友整整四天沒大便，宋美齡常常藉由灌腸來洗去身體內的毒素。**

春明開始參加完美公司為銷售人員舉辦的激勵演講，她抓起我的筆寫下這幾個字：

讀萬卷書不如行萬里路
行萬里路不如認識一萬個人
認識一萬個人不如靠一個成功的人為你指引方向
靠一個成功的人指引方向不如和那個人一起走向成功之路

她放下筆，說：「這就是那些演講所要表達的。」

我問春明她是怎麼又進這一行的。原來幾個月前一個從事傳銷的老朋友主動和她接觸，他重新加入「完美」的行列，所以也想邀請春明加入，「完美」的業務其實就是靠所有下線的分紅，那個人記得春明在銷售上的天賦。他告訴春明直銷事業現在已經合法了，並且給了她一片「完美」的宣傳光碟。春明那時候的心思都放在新公司上面，所以她告訴對方自己並不感興趣。

有一天，春明聽見新聞上播報政府已經通過直銷事業的法律，可見她的朋友說的都是實話，所以她把那片光碟找出來看。「生產錄音機的人，在一九八〇年代賺了很多錢，」光碟上的旁白說：「到了一九九〇年代，經營網路更為人們帶來好幾百萬的商機。而二十世紀就是直銷攀上高峰的年代。如果你將直銷排除在外，就等於排除了成功的機會。」這片光碟的內容並沒有避開人們對這一行的疑慮，事實上這些疑慮正是辯論的焦點。愈多人拒絕完美，代表那些最早加入的人有更好的機會。這和傳教的福音沒什麼兩樣——只不過如果你太晚讓耶穌基督進入你的生命，依然能夠獲得救贖；但是如果你太晚加入直銷的行列，你可能將自己的財富拱手讓給比你早加入的人。

春明把自己在塑膠零件公司的股份賣給傅貴，她的經營夥伴。她搬出商店，在東莞市中心租了一間坪數很大的公寓。她在入口處掛了一張從天花板到地板大的海報，展示完美集團的廠房，上面的標題寫著：「完美事業・完美人生」。她買了一組挑高的玻璃櫥櫃，放置沐浴膠、營養餐包，和飲品沖泡粉。公寓裡貼滿了廣告單，有蘆薈露、蜂王乳、皇家果醬、健康茶、沙棘（一種在沙丘地帶生長的植物，果實含有豐富的維生素及微量元素），和對體重過重或抵抗癌症的人非常好的「大蒜膠囊」。這些都是春明告訴我的，她從機器零件賣場搬出來，然後住在看起來像間展示廳的房間。

她現在每天食用公司的四種產品——幫助清腸的高纖食品、進康茶、對皮膚很好的蘆薈、礦物質、花粉的綜合粉末，以及當早餐的營養沖泡粉。她看起來不比從前更健康或不健康，不過她戴上牙套，也燙了頭髮，還把頭髮染成橘顏色，就像南瓜派的顏色。她奉為圭臬的新聖經是《直銷到富有：議論焦點》，她還背下所有損害營養吸收的食物組合。春明警告我，不管在任何情況之下，都不能吃狗肉配大蒜。我也不能同時喝高粱酒和咖啡。在一本名為《一百種健康警告》的書上，詳列出讓任何一個人都不免憂鬱起來的症狀：**乾性或油性肌膚**——「妳看，我覺得妳就是這樣。」春明唸出剩下的病症：**「口氣不清新、壞脾氣、睡眠品質不佳、注意力無法集中、眼睛容易流眼油。」**

飽受春明連續兩次的疲勞轟炸之後，我認為「完美」的創辦人——開著賓士的馬來西亞人，或者不管是誰——一定是個天才。健康是所有中國人的迷思，由於大多數人沒有醫療保險，所以更生活在害怕自己的經濟被病痛拖垮的恐懼之中。中國人也喜歡談論自己的身體疾病和地方療法，詢問一個人的生育能力或是腸胃狀況是很平凡普遍的事，即使是對剛見面的人也是如此。中國傳承千年的傳統醫藥技術，是藉由飲食和藥草的平衡來達到治癒的效果，而且每一個人都認為自己是這方面的專家。然而中國一下子就進入不虞匱乏的時代，這個時代裡的垃圾食物就像病毒一樣，入侵到每個人體內尚未發展完全的免疫系統裡。每一個人都知道讓自己更健康的方式——戒菸、運動、避免吃過油的食物；但是「完美」看待這件事的觀點更吸引人——科學包裝的神奇解藥，而且還能讓人變富有。

「我在三年之內就可以達到經濟獨立和自由的目標，」春明說：「最快到了二〇〇八年，我每個月就可以有十萬至二十萬的收入。到時候我會有一部自己的車，還有自由運用的時間。我可以想到哪裡就到哪裡，想什麼時候出發就什麼時候出發。」

最後，我忍不住問春明：「妳為什麼選擇做直銷而不是學英文？」

她點點頭，這是她的新習慣，不管我問了什麼問題，春明一定先點頭，因為她現在擁有所有問題的答案。「如果我今天不做，明天就不能做了。」她說：「我現在加入，才可以說服朋友當我的下線；如果我等到明天，我就會變成別人的下線。等我一、兩年內賺了錢，我可以把英文學得更好！」她的世界有了新的思考重心，她的生活也跟著它打轉。英文課或是沙棘和大蒜膠囊，都只是她想要變成另一個人的方式。現在的她，似乎不記得自己以前是從哪裡來的。

＊　＊　＊

加入「完美」之後沒多久，春明參加公司舉辦的銷售大會。從各個地方來的遊覽車聚集在離東莞一個小時遠的廣州，這裡是「完美」的基地，包含一家製造產品的廠房，和一棟五星級飯店。這次的大會只邀請最頂尖的銷售人員——強調階級制度是這間公司的管理原則，所以很多銷售經理會自己掏腰包，租車載客戶過來，好讓大家也能親身經歷「完美」的喜悅。不過中國各地仍然有好幾百萬人將到工廠參觀的過夜巴士旅遊，當作一種假期。

每一個人都帶著嘆為觀止的心情離開，唯有高度成功的健康產品公司能夠擁有自己的豪華旅館。「這是所有經理們來這裡受訓時住的地方，」春明告訴我：「我很快也會變成資深經理。」她穿了一件時尚的斜紋西裝，頭髮綁了兩根辮子——很像「長襪皮皮」的造型（英國兒童文學作家林格倫筆下的淘氣女孩），她的眼睛興奮地睜得好大，就像第一次參加園遊會的小女孩。金鑽石旅館的停車場擠滿了人——雙眼佈滿眼翳的老人、穿著寬鬆外衣的民工、家庭主婦和肩膀歪斜及長期在戶外工作導致皮膚粗糙的婦女，這些人是社會上最弱勢的一群，但在他們對「完美」的奉獻之下，這些人聚在一塊兒。這次的聚會，讓我覺得宛如置身反天賦的市場。

春明穿過人群，指出知名人士。「天啊，我只在照片上見過這些女的，」——她快速掐指一算，「一個月賺五萬！」她走向另一位中年婦女身邊，「我聽過妳演講——『這些產品改變了我的生活』，」春明說：「我深受感動。」

那位婦女一直都保持微笑。

春明轉頭對我說：「這個女的曾經是一個洗碗工。」

我們進到旅館參觀大理石的大廳，女廁外大排長龍，春明趁機認識別人，鍛鍊自己的膽量。

「妳從哪裡來的？」

「湖南。」一位女士說。

「湖南哪裡？」

「長沙。」

「我聽說長沙的生意真的很好！」春明說，「妳的皮膚真好！」那女的進了廁所，春明立刻轉頭面對排在她後面的女生。「妳從哪裡來的？」

還不到中午，「完美」總部的活動已達到最高潮，遭受表揚的人在進入旅館之前，先擺姿勢拍照；人群湧入大廳，電視螢幕上不斷播放「完美」的廣告。十點三十分，業績最高的經理踏上鋪在停車場上的大紅毯，紅毯的走道四周都站滿了新會員，許多人還拿著上面有年度銷售冠軍姓名的布條。當這些頂尖的銷售經理步入旅館時，現場響起一片歡聲雷動的呼喊聲，為連續三天教導銷售業務如何賣出更多完美產品的訓練揭開序幕。

我走進一家商店告訴老闆：「我是完美的業務。」

他說：「出去。」

我重複說了一遍，

他說：「給我滾蛋！」

（現場笑聲）

我走出來之後，心裡想著下一個人應該不會這麼沒水準。

所以我進到下一家商店，和老闆聊天。

這位老闆後來變成我的客戶，

還跟我買了六萬元的產品。

（鼓掌聲）

那天稍晚，春明參加了業務人員的「分享」時間，總共有一百多個人聚集在一起，在一間舞台上仍然掛著新年裝飾的簡陋演講廳裡，聆聽發人深醒的演說。一個穿著奶油色褲裝的女人站上講台，她在一九九六年加入「完美」的行列，在政府禁止直銷時辭職不幹，之後又回來；就像春明一樣。

我想要問問聽眾裡的女性，妳們滿意現在的生活嗎？
妳們想要改變妳的生活嗎？
要！
妳只要嫁個好老公就滿足了嗎？
當然不是！
我不相信，我知道妳們當中有人覺得嫁個好老公就夠了，
但是如果妳既無知、又缺乏教養，
妳能抓住妳的丈夫嗎？
不能！
那就對了，我們身在一個現實的社會。

這些演講者都沒有帶小抄，她們善用手勢、眼神的接觸與微笑和聽眾互動；她們知道如何複述重要的語句建立節奏感，讓群眾感受到一股興奮的氛圍。她們的手也不會抖。一位退休的音樂教師站起來走到演講台後方，她的頭髮像雲一樣灰灰白白。她已經六十歲，她用很溫柔，但卻是老師的口吻說：

過去的我看起來比現在還要老，我常常感冒，也常覺得疲倦，

從頭到腳都有毛病。我有一些健康問題：像是消化和腸胃問題、肺部問題、皮膚出狀況、失眠、心臟疾病、眼睛疲勞等等。我甚至只走半個小時就累了。二〇〇三年十一月，我的一位同事介紹「完美」商品給我，我才吃一個星期，左鼻孔的鼻塞問題不見了，第二個星期，另一邊也通了！（鼓掌）在短短的兩個星期裡，「完美」解除了我所有的感冒，幾個月之後，我已經能走路走一整天，（鼓掌）也能一覺到天亮。（鼓掌）我非常感謝陳經理，我當時的醫療狀況非常嚴重，他教我如何使用這些不同的藥，還有各種不同的劑量。

中國人謙遜的個性讓他們很少在公眾場合發言，但是這裡在場的每一個人都忙於分享，每個人對自己的故事都充滿自信，也相信自己的個人故事非常有趣。他們比我看過的那些中國學者或官員演講得還好，到目前為止也比這個國家最高階層的領導人物表現得還要好，這位領導者每年才出現一次，進行公眾演說，他看起來就像個剛從博物館坐輪椅過來的蠟像。

一個穿著羽絨夾克、臉龐粗糙的農村婦女也站起來，她的聲音粗嘎，還帶有濃厚的廣東腔，其他人根本聽不太懂她說的話。

我過去的健康狀況很差，幾乎每個星期都為了感冒、頭暈、頭痛到醫院報到。一個朋友把「完美」介紹給我，我也開始來聽課。

透過「完美」的訓練，我改變了自己。

過去的我不會說國語，也不敢站在大家面前分享我的經驗。

我覺得自己很不如人，因為我只是個普通人。

但是透過「完美」，我變得更健康，我們一起受訓，一起成為朋友。

這些都不是錢買得到的。

＊　＊　＊

銷售大會結束之後的幾個月，春明一直等待政府發下「完美」的營業執照，沒有這張營業執照，春明就不能招收會幫她賺很多錢的新會員。她開始聽見一些謠言，像是「完美」的超級營業員賺的錢不是來自於銷售產品，而是藉由訓練會收取高額的費用。看起來完美公司的「完美事業‧完美人生」，可能也不過只是另一場騙局。

直銷再一次讓春明陷入困境，她當初向朋友借錢租房子、買家具的錢全化為烏有，所以她到一家由家族經營，專門生產黏鞋子和皮包的膠水工廠，擔任業務員的工作。她搬到膠水工廠附近一間有瓷磚外牆的一個房間。這一次的打擊也讓春明又改變了髮型，她的頭髮長長了，所以已經不怎麼捲，她把頭髮剪了，背後剪了不對稱的層次。

她沒有時間失望或懊悔，她的生命中出現了一個新的男人，一個五十多歲的美國人，他的名字是哈─維・戴─孟─德。

妳即將找到自己多年以來所尋尋覓覓的東西。

哈維・戴孟德是一個美國籍的健康生活倡導家，他相信大部分的藥都具有毒性，人類的身體則有自癒的能力。他大力推廣「單一食物」的飲食習慣──只吃水果、蔬菜、喝果汁，或者能有幾天生食，並且減少食用動物性產品，以達到潔淨身體和抵抗病菌的目的。根據宣傳資料顯示，他的《適應生活》（譯自Fit for Life）系列叢書已經銷售超過一千兩百萬本，更被翻譯成三十三種語言。

二〇〇六年夏天，春明在一家東莞書店無意中發現哈維・戴孟德的觀念，春明立刻就被他的故事所吸引，他曾經染上瘟疫而病入膏肓，直到他發現醫療上的戒律，才改變了自己的生命。春明把哈維・戴孟德最新出版的書連續看了兩遍，她開始每天早餐只吃水果和喝蔬果汁，午餐和晚餐就只吃米飯和蔬菜。她每天喝三大桶的水，更遵循哈維的建議，不管到哪裡都帶著水壺。他的倡導中所蘊含的哲學吸引著春明，**為自己的健康負責**，哈維是這麼寫的：**再造你的生活，你的一舉一動都會導致接下來的後果**。這些是美國自救運動的宗旨，當中也顯示出人們對第二次機會的殷切渴望；這些宗旨也同樣適用在從鄉村來到都市、剛獲得第一次機會的女孩。除了水果和蔬菜的飲食禁忌之外，哈維所要強調的是每一個美國學童都知道的標準常識──吃水果和蔬菜、少吃肉、多運動。但是對春明來說，基本的營養計畫是她重新檢視人生的機會，就像哈維一樣，一個第二次的機會。

春明的新住所很小，也很樸素，一張上面吊了蚊帳的床佔據大半個房間，一邊擠了一張桌子和一個書櫃。房間裡有一間小廁所，但是沒有廚房；門旁的一張矮桌子上堆放了芹菜、胡蘿蔔、橘子、蘋果和番茄。每一次我到春明家，她做的第一件事就是抓一大把水果，然後在浴室裡幫我切成小塊。蔬果飲食突然之間成為宇宙的自然規律，春明也成為生物發展進化的專家。

尖銳的牙齒是為了吃肉，但是人類只有兩顆牙是尖的，意思是說我們應該吃比較多蔬菜，少吃肉。

我遇到每一個人都說：「多喝水。」我現在可以光看一個人的皮膚狀況，就知道這個人有沒有健康方面的問題。

中國人太依賴吃藥，如果小孩發燒了，他們會帶去打退燒針。但是發燒是一種身體嘗試打敗病菌的現象，發燒基本上是一件好事。

我發現自己對春明說的很多事都深表贊同，中國人的確吃太多藥，他們對喝水好像也有莫名的恐懼。在我看來，這整個國家的人都有水分不足的病症。女人被告誡不應該喝冰水也是很普遍的事，因為會對她的子宮造成影響；晚上喝水也會導致胃的毛病。然而春明一如往常般走極端，「我看了這本書之後，就一個星期沒吃米飯。」她告訴我：「我只是把水果和蔬菜打成汁，再喝下去。」她在這一天總共喝了兩杯番茄汁，和吃了一顆蘋果。

哈維鼓勵她的讀者逐漸增加生食的份量。**為了改善健康和防止疾病的努力，不應該是充滿壓力的過程。這段過程可以是歡愉的，這不是一場比賽！**或許哈維從沒遇過像春明這樣的人，她已經發現這種飲食方法的許多好處，她的鼻子不再泛油光，她也不再飽受便秘之苦，她的睫毛不再常常掉，臉上的疣也變得愈來愈小，腳上的一條疤痕變淡了，牙齒也比較白亮，她不再使用牙膏刷牙。

春明對完美健康的追求，也讓她在新工作上受益。在一天的工作結束之後，她會站在製鞋或皮包工廠的大門外，詢問工人他們的老闆和生產部門負責人的名字；然後她會打電話給那些總經理，假裝自己曾經和他們做過生意，或是有一個共同的朋友。在東莞如此混亂的工作環境中，沒有人懷疑過她，幾乎每個人都同意與她見面。結束銷售拜訪之後，春明會寄上一封感謝函，還附上幾本健康叢書當作禮物。她在一封信裡這麼寫：

> 我知道您非常忙碌，所以我推薦這些書給您，
> 希望您在空閒的時候能仔細閱讀，我相信將能帶給您非常有用的幫助。
> 我由衷推薦這些書，這些書是我看過最好的健康書籍。
> 無論我們將來是否能有生意上的往來，我們還是能夠當朋友。
> 每一家公司都必須做出自己選擇，當然如果您願意給我機會，
> 我也會好好珍惜，並且盡己所能地為您的公司提供最滿意的服務。

春明用這個方法和將近百位潛在客戶見面，也有了四位常客。

我試著想像哈維的典型美國讀者，或許是一個厭惡了長年減肥的中年男子，也許是一位擔心家族乳癌病史發生在自己身上的中年婦女，或者是一個每天醒來都要進行雞尾酒療法的退休人士。這裡提到的每一個人，可以說都是現代生活、科技、醫藥，甚至加工食品的受害者，他們嚮往一個健康、簡單、純淨的生活方式。而春明從小在鄉間長大，吃的大多是蔬菜、水果和米飯，幾乎沒有人到醫院去，也沒有人吃從商店買來的食物。但是現在的她卻想要過美國人嚮往的生活。無論是好是壞，那是她一路走來的過程。

＊＊＊

我在東莞遇見的每一個人，幾乎個個都是力爭上游。從某些方面來看，這是他們自己的選擇，一個懷有抱負的人比其他人更容易接受新事物，那包括了和我說話。我不知道小敏和春明算不算龐大民工群裡的典型人物，她們只是我最後在書上描述，也是我最了解和關心的兩個年輕女孩。但是她們的生活和掙扎卻是這個國家現在所面臨的問題，其中也包括我在中國的親戚，他們努力彌補過去所失去或是背棄的一切。到了最後，這些故事橫越了時空和階級，這些都是中國的故事——離鄉、吃苦、重新生活。他們面對許多的難關，然而這些挑戰或許不比一個世紀前來到美國的新移民所面對的問題還要令人心生畏懼。

無論最後成功與否，離鄉改變了一個人的命運。而近來有關民工生活的研究也指出，他們大多數人並不想回到鄉下。那些事業有成的，就在城市裡買間公寓定居下來；其他人最後也會搬到家鄉附近的城鎮或都市，然後開間商店、餐館，或者做點像是美髮沙龍或服裝店的小生意。這些事業也相對地傾向於雇用回鄉的民工，因為一般認為他們比從沒離鄉過的人更有能力。

當我認識這些工廠女孩之後，我經常忍不住擔心她們。她們冒著一切的危險，被貪腐或不誠實的人包圍。她們也擁有相同的缺點，那些幫助她們在這個世界立足的勇敢無畏，可能也是造成她們掉入深淵的原因。小敏對於人生中的重大抉擇不假思索就做了決定，而春明則讓一時的喜好掌握了她的生活。劉以霞前進得太快，以致於無法依她想要的方式改進自己的英文。就某些程度而言，我可能比她們的朋友還要了解她們。然而身為一個外來者，我也因此無法融入她們覺得自在的環境中。不過她們也迫切地想要了解我的世界，她們問我美國人怎麼吃、怎麼約會、怎麼結婚、怎麼賺錢，還有怎麼教養孩子。或許我的出現對她們來說是一種鼓勵，因為有人關心她們，在乎她們經歷過的每一件事情。然而在我和她們相處的這些日子裡，她們和其他的民工從來沒有要求我為她們做些什麼，她們不曾尋求我的協助，甚至連建議都沒有。生活是她們必須獨自面對的課題，如同我們第一次見面時她們所說的：「我只能靠自己。」

我第一次遇見伍春明時，她在一家外商公司工作，一個月賺一千塊人民幣，住在東莞市區一間三房公寓裡。我最後一次見到她時，已經是兩年半之後，她在一家中國工廠工作，每個月賺一百五十塊，住的只是一個小房間，而且是在小鞋廠林立、工作環境非常不好的地方。不管怎麼看，她的一切都差了過去一大截，但是她比過去還要沈穩。在一個以有沒有賓士車來衡量一個人的地位象徵的城市裡，春明由於某種原因讓自己破繭而出，建立了她個人的道德觀。

「我以前老是一直想要，」她告訴我說：「如果看見喜歡的衣服，就一定要馬上買到手。現在就算我不能吃最昂貴的食物，不能買品質最好的東西，對我來說都已經無關緊要了。只要能看見朋友或家人快樂，那就是最有意義的事。」她對於三十二歲的單身年齡，已經不再慌張失措，她也和那個在網路上認識的男人斷絕了來往。「我相信自己會愈來愈漂亮，愈來愈健康，我的經濟狀況也會愈來愈好。」她對我說。

春明希望有一天能生養小孩，她也經常問我美國人對於教養孩子的態度。「我希望小孩長大能有快樂的生活，然後對社會有所貢獻。」她說。

「對社會有所貢獻？」我感到意外地問她：「那是什麼意思？」

「我指的不是成為大科學家或是之類的，」春明說：「有幾個人能做到那樣？我認為只要能過著快樂的生活，當一個好人，就是對社會的貢獻。」

＊＊＊

我在二〇〇七年二月最後一次來到東莞，空氣嚐起來有濃煙和冷冽的滋味，街道上擠滿了準備回鄉慶祝新年的民工潮。春明工廠裡有位司機要到廠商那裡送紅包——裡頭有八百塊人民幣，順便參加他們的新年晚宴。他說服春明和他一起去，因為她懂得如何應付這種場面。春明邀我一塊兒去。晚宴的地點應該會在不錯的餐廳，她說，大多數的工廠都在那樣的餐廳裡辦晚宴。

當我們抵達丸德皮件實業有限公司時，春明大感失望。工人們已經在工廠的食堂裡圍著大圓桌，就著日光燈吃起來了，這裡是他們每天用餐的地方。雖然今天每一桌都有一整條魚，但是菜色油膩，春明挑著蔬菜吃，但也是包覆了一層油。在食堂前方，工廠老闆帶領工人玩大風吹和打電話之類的遊戲，他知道每個員工的名字，還故意捉弄那些有男朋友和女朋友的員工。「我看得出來這個老闆是一個好人。」春明說。

吃過晚餐之後，工人們拋下免費的食物和啤酒，紛紛擠到最前面，就像軍隊收到往前進的訊號似的。他們總共大約有一百個，大多數是青少年，穿著短袖的工廠襯衫。有些男孩年輕得看起來像個女孩。新年抽獎是每一間工廠過年餐會的高潮，對我來說，倒比較像是個靠運氣的賭博遊戲，因為有人或許可以在每年一次的機會裡真的不勞而獲。今晚的第一大獎是一條羊毛毯，二獎是棉被，然後是吹風機和熱水瓶。另外也有現金五十元、一百元和兩百元人民幣的獎金。而什麼也沒抽到的人還可以拿到一份安慰獎——一條擦臉巾和從大袋分裝成的一小瓢洗衣粉。工人們聽到老闆宣佈這些獎品時，全都大聲歡呼，就像他們也拿到其他大獎一樣。

身為贊助廠商，春明被邀請上台抽出一百元的現金得主。她走向前，拿起麥克風，從容地說出以下的話：

你們希望工廠在二〇〇七年做得好嗎？

希望！

你們希望老闆賺很多錢，這樣你們就可以有更高的薪水和更多獎品嗎？

希望！

你們今年都願意努力工作，讓這些希望實現嗎？

願意！

春明告訴我，她在工廠的那些日子裡，很少遇到外面來的人。如果真的遇到這樣的人，會覺得很新鮮、很新奇，然後就會試著從那個人身上學會每一件事。現在的她彷彿和這些年輕人認識多年似的在台上和他們對話，她的聲音傳遍整個大廳。**我就和你們一樣**。工人們擠向前，替他們的訪客歡呼，用力的拍手，每個人似乎都不想讓這個夜晚結束。

我的感謝

有位朋友曾經提醒我，他說寫一本書可不是團體活動。然而我必須感謝許許多多協助我完成這本書的人。

我要感謝那些在東莞認識的朋友，他們教我這個外來者關於這座城市的一切。呂清敏和伍春明慷慨地讓我進入她們的生活，同時讓我擁有她們的信任、耐心與永存的友誼。張倩倩和賈紀梅帶我了解生產線的生活，蔣海燕與陳英和我分享她們身在其中的掙扎與力爭上游，劉憶霞則讓我對這座工廠之城學習英文的方式大開眼界。

裕元的路克・李和艾倫・李詳細解說製鞋工廠的運作，並讓我自由進出位於東莞的廠房基地。感謝愛迪達公司William Anderson及Kitty Potter的安排，讓我得以多次到工廠進行採訪。感謝智通學校的鄧順章老師及其他老師們容許我坐在白領課程教室裡，還有交友俱樂部為我打開它的大門及會員名冊。Ben Schwall陪我見識卡啦OK俱樂部的另一個世界，林雪和我分享許多關於工廠生活的見解，並成為我在東莞的第一位好朋友。中國社會科學院的譚深給了我在珠江三角洲的工廠城鎮通行的寶貴建議，還有小敏的父母親在我拜訪他們村莊時的熱情招待。

當我為這本書進行研究的同時，也讓我有機會認識廣佈的家族成員。Nellie Chao、Luke Chang及Irene Chow為我撥冗並敘述他們的回憶，更感謝奈麗阿姨分享她寫的詩。張立教的遺孀朱淑蘭，及他的子女張淞、張濟和張銀橋歡迎我進入他們的家庭，並待我如小妹，更在我享用最愛的東北菜餚時和我分享信件及回憶。張宏在三天的拜訪傾囊而出，告訴我所有他知道的家族歷史。還有我在北京的姨婆張連讓我享用家鄉菜，並提供剪報和她在六台成長的回憶。趙鴻志帶我回到粉子胡同六號的老家，同時提供每一個人幾乎都遺忘的許多細節。六台的張同興是個知識豐富的嚮導，也是我有幸遇見的許多素人歷史學家之一。

在《華爾街日報》工作的那幾年，我很幸運地與一群資質聰穎又非常投入工作的同儕共事。Marcus Brauchli教我如何寫引言，我一直非常珍惜也感謝他自從我們在布拉格的一間電影院相遇的那天起的友誼與支持；Ian Johnson總是不吝分享他的知識與見解，更感謝他仁慈地檢閱我的稿子，並且提供有益和幽默的意見。Jonathan Kaufman是我早期撰寫民工報導時的熱情夥伴，Mike Miller讓我擁有每一位記者應得的專欄空間。Sophie Sun、Kersten Zhang和Cui Rong提供珍貴的研究協助，更感謝他們面對我無止盡的質詢時所展現的幽默感與耐心。感謝Urban Lehner、Reg Chua以及John Bussey在華爾街日報工作時的相互扶持，並允許我離開工作崗位為這本書而努力。感謝Lily Song、Dou Changlu和Yue Dingxian許多年來在各方面的協助。我也從與同樣從事報導工作的Kathy Chen、Charles Hutzler、Karby Leggett、Peter Wonacott、Matt Forney、Matt Pottinger、Jasonn Dean、David Murphy、Joseph Kahn、Craig Smith和Rebecca Blumenstein的友誼與對話當中獲益匪淺。

我也受惠於Doug Hunt，他不但細心閱讀我的初稿，也幫助我解決了這本書的幾個主要問題。Susan Jakes閱讀文稿之後不但熱心提供改進的建議，也給我許多書籍參考的引導——我由衷感謝她，更珍惜我們這幾年的友情。我也要感謝科爾比學院（Colby College）的Michael Meyer、Terzah

Becker和Zhang Hong，謝謝他們細心閱讀文稿。感謝何宏玲與郭道平耐心辨認並解釋祖父的日記，以及Travis Klingberg提供我賦予這本書視覺元素上的寶貴意見。謝謝Jane Lee和Jeen Lin-Liu，在我決定寫這本書的那一刻起所給予我的鼓勵與友誼。

我更要感謝我在Spiegel & Grau的編輯Cindy Spiegel和善與充滿洞察眼光的閱讀——沒有一位作者能找到更好的。至於我的經紀人Chris Calhoun，我更要給他一個大感謝，謝謝他對我的信任與不斷的支持；也謝謝Marcy Posner對這本書的國外版權處理。

我要將最大的榮耀歸於我的父母，他們教我中文，告訴我許多關於中國的事，然後讓我自由地自己學習更多的一切。我的父親耐心地回答我一次又一次的問題，而我的母親則在閱讀文稿時幫助我改正錯誤。這個讓我離家很遠很遠的工作，卻也讓我和我的父母更親近。我也要感謝我的哥哥Justin，即使我在人生旅程中選擇走一條異常艱辛的路，他總是鼓勵我，也了解我的選擇。

還有Peter Hessler，謝謝你讓我看見一切的可能，無論是在生命中或是寫作。每一位作家都應該有一位像你一樣的讀者。

工廠女孩——與作者的對話

問：

呂清敏和伍春明是書中的兩個主要靈魂人物，她們同樣都從工廠女工升上薪水更好的工作。她們在中國民工當中有多大的代表性？

答：

我很清楚自己想要寫的是一般民工背景的年輕女孩，小敏和春明都符合我的期待——她們都來自貧窮的農家，沒上高中或大學，而且在青少年時期就離鄉到城市來。除此之外，我選擇她們的理由是因為兩個女孩都很坦率，也都很好奇、有趣。當我認識她們之後，我才發現兩個人其實都有各自獨特的個性，小敏過人的勇氣和韌性，春明則不斷追尋快樂和生命的真義。但是她們對未來的抱負和挫折忍受力，也是中國民工的一般特質。

我在為這本書做資料蒐集的時候，也閱讀了很多由中國和西方學者針對民工所做的學術報告。我並沒有將大部分的資料納入這本書中，但是這些報告讓我確認自己所寫的這些故事的確符合研究觀察與結果。書中描述的許多事件是民工們普遍的經驗。像是春明差一點被拐騙為娼，小敏和第一個老闆吵架反而促使她離職然後找到更好的工作。

問：

中國有非常多的寫作題材，為什麼選擇民工？

答：

如同我在書中所說，這本書其實是有一個起源。國外媒體，包含我工作過的《華爾街日報》，都報導過工廠裡的可怕環境。這些媒體大多將民工描述成一群迫於無奈而離鄉，卻又遭受非人待遇的工人。我懷疑這其中應該有其他的解讀，或許這一切並不是那麼是非分明。對鄉下農家出身的年輕人而言，從離鄉到城市的這整段經歷，可能和我們美國人的看法或所感受到的有極大的不同。十六歲就離開家鄉到一個全然陌生的城市、住在一個陌生的地方、誰也不認識、在工廠裡工作、第一次賺錢、想和誰約會就和誰約會，是什麼感覺？和家人的關係有什麼樣的改變？妳的友誼又有什麼轉變？世界觀是否變得不一樣？我對這些問題非常地好奇，我認為其他的讀者一定也跟我一樣。

雖然這些民工生活在工廠的特定環境裡，但是他們的故事卻同時也是當代中國大多數人的寫照。中國在生活上的快速轉變，讓社會上每一個階層的人都無所適從，彷彿住的是一個陌生的國度。他們必須自我學習如何在工作上競爭，如何創業、如何購買公寓住宅、如何開車，還有如何在一個和他們的成長環境全然不同的世界養兒育女。我的一位中國朋友是在北京任職的律師，她在閱讀完小敏的故事之後告訴我，她覺得這也是她和身邊一群朋友的故事。即使她們都是受過教育的專業人士，她們的生活也充滿了不安定感及戲劇性的變化。「我覺得小敏就像是我的朋友，她和我之間沒有什麼不同。」她對我說：「她的行為、思想和努力不懈的堅持，就像我們一樣。」

問：

這本書出版之後，全球經濟衰退嚴重影響到中國的出口貿易，許多工廠也因此而關門大吉。這對妳書中描述的兩個女孩，以及一般民工的影響有多嚴重？

答：

製造業城市，像是東莞，絕對受到衝擊，生意往來不再那麼頻繁、工廠面臨停工、很多工人被裁員，然後回家。但是這當中有更多的變化是一般人意想不到的。像是民工們在鄉下的家有如安全的庇護所，讓他們再次前往城市之前，有一個可以休息、享用家鄉菜、看電視、打麻將的地方。有些民工持續回到像東莞這樣的城市找工作，有些可能就在家附近打一些零工。外來的觀察者或記者常常假設如果事情不如民工們所預期，他們就會發動抗爭，但是事實上民工面對經濟不景氣的態度就像面對每一件其他事情的態度：在有限的資源下更腳踏實地、更想盡辦法。當亞洲經濟危機在一九九〇重創中國時，許多民工選擇回鄉；但是幾年之後經濟好轉了，他們又開始回到城市裡。

我在書中提到的女性們在這波低潮時期都度過了難關，小敏接受百分之十五的減薪，但是也和老闆簽訂一份兩年的工作合約，雖然未來幾個月或許薪水上減少了，但是長遠來看卻更有保障。二〇〇九年初，小敏懷孕了，她休了三個月的有給薪產假，她回到家鄉和同是民工的另一半結婚，生了一個女娃之後才又回到東莞。她也存夠了錢幫父母親在家鄉附近的鎮上買一間公寓，她和丈夫還替自己買了一輛二手的別克轎車，她還說自己是一位優良駕駛。這本書完成之後，春明陸陸續續換了四次工作，販售史努比尿布、賣保險和人造皮件，她依然持續尋找她夢想的工作，還有夢想的男人。劉以霞，那位英文老師，繼續同時做三份工作，存錢開一家她自己的幼稚園。

民工在中國已經有將近四分之一個世紀的歷史，因為數以百萬的人寧願在城市裡試試自己的運氣，也不想當一個農人。只要有選擇的機會，民工們依然會繼續追求他們的未來，就像這些女孩們一樣。

問：在中國這麼一個快速轉變的地方，妳如何避免讓自己所寫的文章成為過時的作品？

答：我想重點在於把焦點放在個人而非事件上，然後花很多時間和這些人共處，對他們做深入地了解。因為我花了兩年的時間追蹤春明和小敏，所以我能寫的不只是民工，還有她們和老闆及其他工人的互動關係、和家庭的關係、她們約會的情況、商業上的腐敗，還有她們吸收外來想法以及學習這個世界的方式。這些都是和人有關的故事，超越了時間和地點。

如果只是把焦點放在單一事件上，就會產生過時的危機。就像一九九〇年中期，許多學者們爭論中國的快速發展是否會造成這個國家的分崩離析，如今這個爭論已經永遠有了定論，而那些「中國會崩盤嗎？」之類的書籍，如今看起來就像古老的歷史。一本關於奧運如何改變中國的書，幾年之後恐怕也是如此。我認為托爾斯泰在他的著作《戰爭與和平》中的一句名言——**拿破崙軍隊裡一個下等兵的生命，比拿破崙的生命更重要**——正是中國這個時期的寫照。當你以後回頭看看這些年，所有發生過的大事大概都比不上個人生命上的轉變。

問：

很多我們習慣看到的中國，像是政治分裂、抗爭、污染等等，在妳的書中幾乎完全沒提到。是妳刻意將這些議題排除在外嗎？

答：

不，我只是依循民工想要談的，而這些議題幾乎從未出現在我們的談話中。傳統的新聞寫作偏向詢問引導性的問題，以新聞人員緊迫的截稿時間壓力來說，這也是難以避免的事；因為寫一篇故事最快速的方法就是選擇一個特定的主題，然後問特定的問題。如果你問一個中國人：「你對政府感到滿意嗎？」對方大概會滔滔不絕地告訴你官員如何無恥、如何腐敗，這在世界上的許多國家也是事實。但是如果你已經和某個人相處了兩年多，類似的政府相關議題可能從來沒被提起過，那表示對方真正關心的應該另有其事，或者他根本一點也不關心這些。

我對這本書進行研究時，放棄了在筆記本先列下一堆問題，然後在訪問時一一追問的基本新聞技巧，我發現最好的方法是先和你的對象相處，靜靜地觀察，然後再看接下來的發展。我們會談那些當時在她們腦子裡的事——約會、找工作、和父母爭執……任何的事。根據我對小敏和春明的熟悉與了解，她們幾乎不談政治。小敏有一次甚至問我：「現在誰是毛澤東？」那是她對國家元首的形容，而她也對當時的政治人物，例如：江澤民和胡錦濤，完全一無所知。還有一次春明帶我到一家湖南餐廳，那裡有毛澤東的照片，她對我說相片中的人是一個詩人，他背棄傳統娶一個他深愛的女人。那是她對毛澤東的印象——一個浪漫的英雄。

問：

像這樣長期且開放性的報導，它的缺點是什麼？是否有哪些故事的發展不如妳所預期的？

答：

首先是需要花非常多時間，而且還不保證故事最後會是你想要的結局。當我第一次遇到小敏的時候，她才剛剛說服上司讓她從女工升任辦公室職員，我心裡有點擔心她之後的生活可能會太穩定而沒什麼好寫的，但後來證明那不是事實。但是我的其他東莞報導倒是有一堆失敗的經驗，事實上這本書的一開始就是個失敗的故事，那兩個我在公共廣場遇見的女孩，我就從此不曾遇到過。那次的事件給我很深的感觸，讓我發現在這座工業城裡和其他人失去聯絡幾乎是每個人的生活經驗，那也是貫穿這整本書的線索。

描述裕元鞋廠的那個章節，在某方面來說也是個失敗的故事。我最初的想法是長時間追蹤一群感情緊密的朋友，觀察她們的互動、工作、感情生活、如何彼此互相扶持，或是最後各自走向不同的方向。但我沒找到這群人，我在那裡遇見的女孩都很神祕，也很保護自己；她們彼此防衛，對同事或者室友就像陌生人一樣不了解。我才警覺到我的主要角色，其實是這間女孩們來來去去的製鞋廠。那也是我希望讀者們看完這一章節的最後印象——即使女孩們已經各奔東西，但這座工廠依然繼續挺立。

春明的故事也不像我原先預期的那樣。當她決定離開自己創立的工業模具公司，然後全心投入英語學習時，我非常的興奮，因為這不就是這本書最完美的結局——一個邁向全球化的絕佳隱喻。然而當我再次遇見春明的時候，她放棄了英文，加入傳銷販賣健康食品。這不是我所想的結局，但這就是東莞這地方的真實生活寫照。我猜這其中的警惕是你必須讓故事帶著你往下發展，而那常常比妳想像的情節更為弔詭。

問：這本書的發想來自於妳刊登在《華爾街日報》的一系列報導，這些故事在報紙和在書裡的撰寫方式有什麼樣的改變？

答：我需要學習用完全不同的寫作方式。舉例來說，這本書的一開頭是以一位民工女孩心裡所想的話語，來描述工廠生活的規範和日常作息；但是在傳統的新聞寫作上就行不通了——你需要提前確認故事內容、大概知道誰會說什麼、知道為什麼某個議題很重要。不過因為我覺得自己非常了解民工的世界，所以我能夠以想像自己進入民工女孩思考模式的方式來開場。我在開始坐下來寫這本書的第一天的第一個早晨，寫下了開頭的這七百多個字；那是一種徹底解放的美妙感受——同時也感到驚恐，因為我了解到自己將不再安於當一名新聞記者。

問：妳在書裡提到自己是寫這本書的時候，才開始追溯家族的歷史。妳是在什麼時候決定這兩個故事可以相互結合？

答：

探訪家族歷史的最初動力其實很自然，那是在我決定從《華爾街日報》離開，準備寫這本書之前。當時我到小敏的村子待了兩個星期過農曆新年，因為有了比較多的空閒時間，所以我決定到自己祖先的家鄉去看看。回來之後，我開始思考我的家鄉和小敏的家鄉，還有祖父的故事和民工的故事，我發現這是兩條中國歷史上的平行線——雖然不完全平行，但或許是這本書的一個有趣的結構。東莞是一個只存在著「現在」的城市，但是我認為一本描述中國卻忽略過去的書，似乎有點不夠完整；就像只描述工廠城市卻不了解農村是一樣的道理。唯有和民工一起在農村裡，才能夠了解城市對他們的意義；也為有知道過去，明白過去的悲劇和失敗，才能珍惜此時此刻對中國人民而言的機會。

我也認為以作者本身的角度帶入我的家族歷史，能讓這本書更加豐富有趣；因為除了身為報導者和觀察者之外，我還必須以身為故事角色的身分，來面對我對中國以及和中國之間的矛盾問題，然後寫出來。這些是這本書裡最難寫的部分。

問：身為華裔美人，妳享有某個程度的機會和幫助來提升妳的報導能力。妳認為身為中國家庭裡的一份子，如何影響妳了解這些故事，以及敘述這些故事？

答：我認為我的中國背景及華裔美人的身分，讓我背負著沉重的情緒包袱——我是這兩個非常強大，卻也完全迥異的兩個文化下的產物。我在許多華裔美人身上也看見因為這樣所產生的不同衝突與分歧。然而他們有些人對中國完全不關心；有些人卻變得比中國人還要中國人，他們推崇共產主義，只要有任何人批評這個國家，他們也會百般維護。若是想要就我的中國身分下一個定義，其實是一個很艱深的過程，我也有很長一段時間刻意避免碰觸到這個問題，因為我不知道自己該怎麼想。

我在書裡面提到中國人對自己的個人遭遇和磨難通常保持緘默，在為這本書蒐集資料時的我，也發現到自己具有這樣的傾向。如果有人問起這本書，我會含糊帶過，尤其是說到家庭歷史的部分。同樣具作家身分的我的丈夫曾好幾次從中插嘴，解釋這本書是描述我的祖父在戰後被暗殺的一個非常戲劇化、也很重要的故事。之後我通常會對他說：「我不想才遇到別人沒幾分鐘就給對方壓力，如果他們不知道該怎麼反應怎麼辦？」我後來才了解到這是非常中國式的回應。我明白了這種隱瞞實情的天性，以及將自己最重要的事情埋在心底的想法，因為我就是這樣的人。當我和留在中國的親戚見面，並且聊了好幾個小時之後，他們才會透露自己可能隱藏了一生，關於某個自殺、失去，或淒苦的故事細節。他們說故事時完全沒有顯露任何的哀戚與自怨自艾，只是陳述一段事實，這部分可能影響了我寫這些故事的方式。

我認為中國的確讓我產生情感的糾結，因為這是我的父親及母親緊密相連的地方，這裡有他們的語言和兒時的回憶。我嘗試在書裡保持中立的觀點，嘗試同時看見其中的好與壞，然後把它們都寫出來。但是我沒辦法隱藏自己內心對中國的關愛，我希望它能做得更好、變得更好。如果沒有這份和這片國土的家族關係，我不認為自己會投注這麼多的情感在裡面。

國家圖書館出版品預行編目資料

工廠女孩 / 張彤禾 (Leslie T Chang) 著 . -- 第一版 . -- 臺北市 : 樂果文化出版 : 紅螞蟻圖書發行, 2012.09 面 ; 公分 . -- (樂故事 ; 7)
譯自 : Factory girls : from village to city in a changing China
ISBN 978-986-5983-16-1 (平裝)
1. 製造業 2. 女性勞動者 3. 通俗作品 4. 中國

555.92　　101015035

樂故事 07

工廠女孩

作　　者 / 張彤禾 (Leslie T Chang)
總 編 輯 / 何南輝
行銷企劃 / 張雅婷
封面設計 / Christ's Office
內頁設計 / Christ's Office

出　　版 / 樂果文化事業有限公司
讀者服務專線 / （02）2795-3656
劃撥帳號 / 50118837 號　樂果文化事業有限公司
印 刷 廠 / 卡樂彩色製版印刷有限公司
總 經 銷 / 紅螞蟻圖書有限公司
地　　址 / 台北市內湖區舊宗路二段 121 巷 19 號（紅螞蟻資訊大樓）
電話：（02）27953656
傳真：（02）27954100

2012 年 09 月第一版　定價／ 320 元　ISBN 978-986-5983-16-1
2014 年 12 月第一版第四刷
※ 本書如有缺頁、破損、裝訂錯誤，請寄回本公司調換

樂果文化

樂果文化

樂果文化

樂果文化